| 시작한 날 | | | | | 년 | | | 월 | | | 일 |
| 마지막 날 | | | | | 년 | | | 월 | | | 일 |

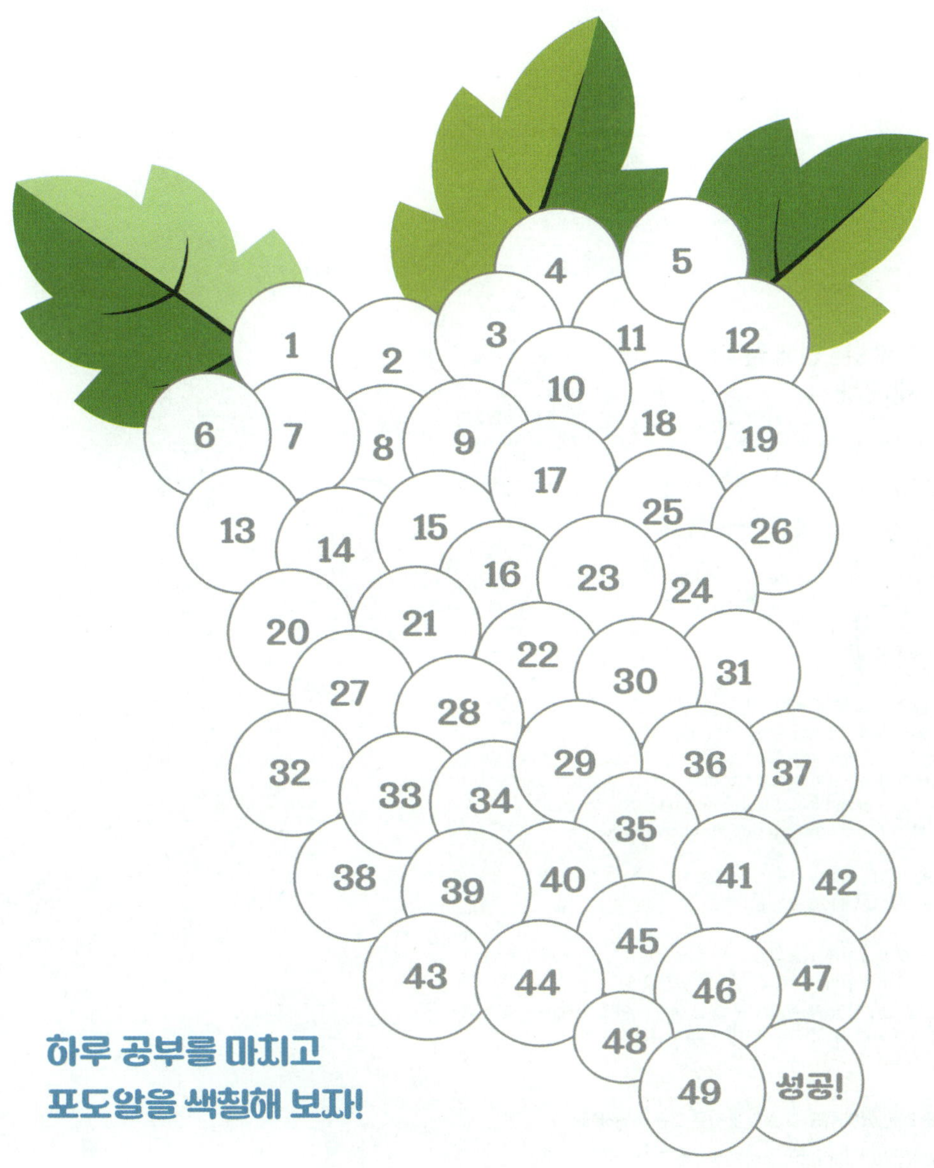

하루 공부를 마치고
포도알을 색칠해 보자!

1일 1주제 9분 만에 끝내는
119 세계사

초판 1쇄 발행 2025년 12월 30일

지은이 김두리

펴낸이 윤주용
편집 도은주, 류정화 | 마케팅 조명구 | 홍보 박미나
외주편집 장기영, 박미선

펴낸곳 초록비책공방
출판등록 2013년 4월 25일 제2013-000130
주소 서울시 마포구 동교로27길 53 308호
전화 0505-566-5522 | 팩스 02-6008-1777

메일 greenrainbooks@naver.com
인스타 @greenrainbooks @greenrain_1318
블로그 http://blog.naver.com/greenrainbooks

ISBN 979-11-24126-15-8 (44080)
       979-11-24126-02-8 (세트)

* 정가는 책 뒤표지에 있습니다.
* 파손된 책은 구입처에서 교환하실 수 있습니다.
* 저작권을 준수하여 이 책의 전부 또는 일부를 어떤 형태로든 허락 없이
  복제, 스캔, 배포하지 않는 여러분께 감사드립니다.

어려운 것은 쉽게 쉬운 것은 깊게 깊은 것은 유쾌하게

초록비책공방은 여러분의 소중한 의견을 기다리고 있습니다.
원고 투고, 오탈자 제보, 제휴 제안은 greenrainbooks@naver.com으로 보내주세요.

1일 1주제 9분 만에 끝내는 세계사

50일 완성

김두리 지음

초록비책공방

119 시리즈는 하루 9분, 하나의 주제로 공부 습관을 만드는 책이야. 교실에서 아이들과 함께해 온 현장 선생님들이 직접 쓴 책이라서 너희가 꼭 알아야 할 개념과 생각하는 방법을 쉽고 정확하게 알려 줄 거야. 이 책을 더 잘 활용할 수 있는 방법을 소개할게.

1. 하루 한 꼭지, 9분만 집중해 볼까?

119 시리즈는 '읽기 → 생각하기 → 정리하기' 순서로 이어져 있어. 먼저 질문으로 호기심을 열어주고 이어지는 짧은 이야기와 설명을 통해 자연스럽게 개념을 익힐 수 있지. 하루 2~4페이지 분량이라 부담 없고 꾸준히 하기에 딱 좋아.

2. 교과와 연계된 학습 키워드로 중심 잡기

각 꼭지는 학교에서 배우는 교과 단원과 연결되어 있고, 교과 개념과 연결된 학습 키워드를 중심으로 내용이 이루어져 있어. '왜 이걸 배우는지', '교과에서 어디와 연결되는지'를 자연스럽게 이해할 수 있지. 학교 수업과 함께 보면 훨씬 더 깊게 이해되고 복습 효과도 좋아.

3. 배운 내용을 '나만의 말'로 정리해 보기

이 책은 단순히 외우는 공부보다 생각 흐름을 따라 개념을 이해하도록 되어 있어. 본문 중간에 나오는 질문에 스스로 답해 보면 "아, 나는 이렇게 이해했구나!" 하고 정리가 돼. 이런 과정은 바로 논술형 평가에서 필요한 사고력으로 이어져.

4. <실력 쑥쑥 119>로 바로 복습하기

각 꼭지 바로 뒤에는 <실력 쑥쑥 119> 문제가 있어. 오늘 배운 내용을 잘 이해했는지 스스로 확인할 수 있고 중요한 개념만 다시 한 번 떠올릴 수 있어서 공부 효과가 훨씬 커져.

5. <더 알아보기 119>로 배움을 확장하기

선생님이 직접 고른 책·영상·사이트가 매 꼭지마다 소개되어 있어. 궁금한 내용을 조금 더 깊게 알고 싶거나 호기심이 생긴 부분이 있다면 여기 있는 자료들을 통해 탐구를 이어가 봐. 스스로 공부를 확장하는 힘을 자연스럽게 기를 수 있어.

6. <진로 119> 코너로 배움과 미래를 연결해 보기

각 챕터 끝에는 <진로 119> 코너가 있어. 오늘 배운 내용이 어떤 직업과 연결되는지 알려 주고 내가 좋아할 만한 분야가 무엇인지 생각해 볼 수 있어. 공부와 진로를 따로 떼어놓지 않고 자연스럽게 이어주는 구성이야.

7. 매일 9분, 꾸준함이 진짜 실력이야

하루 9분은 짧아 보이지만 매일 쌓이면 사고력·문해력·기초 개념·교과 이해도가 놀랍게 자라게 돼. 119 시리즈와 함께 익숙한 교과 내용을 새로운 이야기와 질문으로 만나다 보면 자기만의 공부 루틴이 단단하게 자리 잡을 거야.

혹시 이런 생각해 본 적 있니?

"역사는 너무 오래된 이야기라서 내 삶과는 상관이 없어."

많은 사람이 역사를 그저 시험을 위해 암기해야 하는 과목이라고 생각해. 하지만 사실 역사는 '고리타분한 옛날 이야기'가 아니라 우리가 살아가는 오늘을 비추는 거울이자 내일을 준비할 수 있도록 도와주는 길잡이의 역할을 해. 이 책은 그런 역사의 특별한 힘을 나누기 위해 쓰였어.

이 책에는 인류가 처음 문명을 일으킨 순간부터 고대 왕국들의 흥망성쇠, 중세와 근대의 변화 그리고 오늘날 우리가 마주한 세계 속 여러 문제가 담겨 있어. 한 나라의 역사만 보는 것이 아니라 서로 다른 지역과 문화가 어떻게 이어지고 영향을 주고받았는지, 세계사라는 큰 흐름 속에서 살펴보게 될 거야.

하지만 단순히 사건과 연도만 나열하지 않을 거야. 사람들의 삶과 선택 그리고 그 속에서 생겨난 고민과 희망을 중심으로 이야기를 풀어 갈 거거든. 왕과 장군, 사상가와 예술가뿐만 아니라 평범한 사람들의 목소리도 함께 담으려 했어. 그래서 아마 너희가 책장을 넘기다 보면 마치 타임머신을 타고 시간 여행을 하듯 다른 시대와 공간을 살아간 사람들을 만날 수 있을 거야.

　또 이 책에는 세계사와 함께 살아가는 직업도 함께 등장해. 세계사 콘텐츠 크리에이터, 세계 여행 가이드, 국가유산 감정평가사, 고고학자, 역사 교사처럼 역사를 '현재의 삶'과 연결하는 사람들의 모습이지. 역사는 교과서 속에만 있는 것이 아니라 지금도 다양한 자리에서 사람들과 세상을 바꾸는 데 쓰이고 있음을 보여 주고 싶었어. 어쩌면 이 책을 읽는 너희 가운데서도 그런 길을 걷는 사람이 나올지도 모르잖아.

　너희가 이 책에서 꼭 얻어 가길 바라는 것은 단순한 지식이 아니길 바라. '역사를 배운다는 건 곧 질문을 배운다는 것'이라는 사실이야. "왜 이런 일이 일어났을까?", "다른 길은 없었을까?", "그 선택은 오늘날 우리에게 어떤 의미일까?" 이런 질문을 스스로 던지고 답을 찾아가는 힘이야말로 역사가 주는 가장 큰 선물이니까.

　마지막으로 역사는 결코 끝나지 않은 이야기라는 걸 기억해 주었으면 해. 우리가 살아가는 지금 이 순간도 언젠가는 역사가 되고, 우리의 삶을 미래의 사람들이 배우게 될 거야. 그러니 이 책을 통해 과거를 배우면서 동시에 '나는 어떤 역사를 남기고 싶은가?'를 스스로 물어보는 주체적인 사람이 되길 선생님은 바라고 있어.

　자, 이제 우리 함께 긴 시간의 문을 열고 인류가 걸어온 길 위로 발걸음을 옮겨 볼까? 세계사 속 수많은 인물과 사건이 너희를 기다리고 있어!

차 례

1부. 문명의 첫걸음! 나라가 만들어졌어요
고대 문명의 탄생과 발전

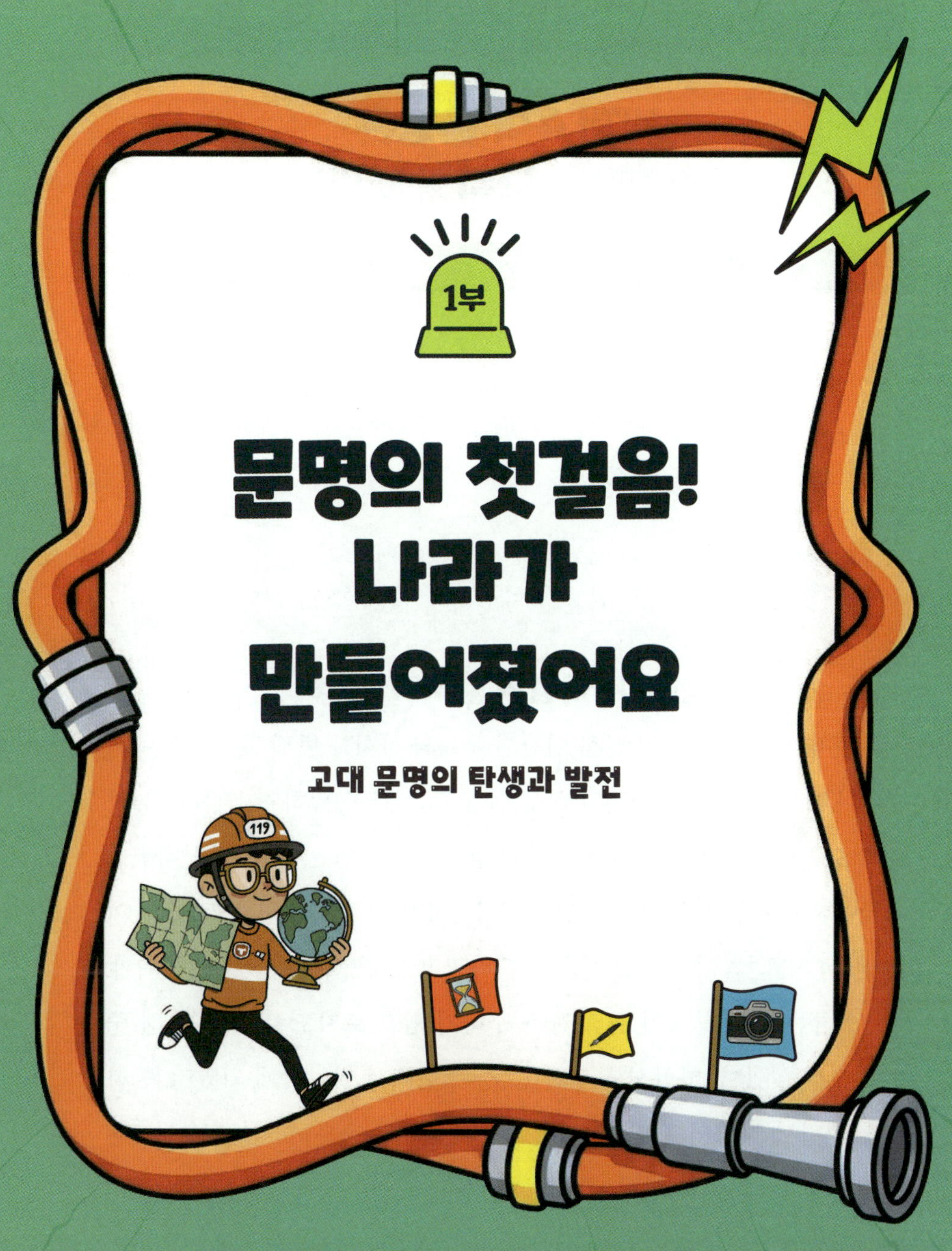
1부
문명의 첫걸음!
나라가
만들어졌어요
고대 문명의 탄생과 발전

세계 4대 문명은 어디에서 나타났을까?

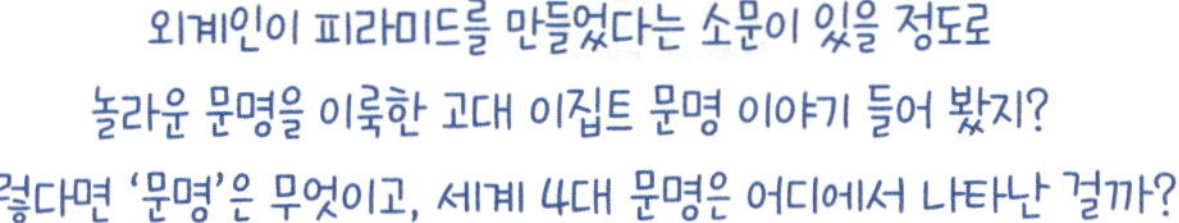

외계인이 피라미드를 만들었다는 소문이 있을 정도로
놀라운 문명을 이룩한 고대 이집트 문명 이야기 들어 봤지?
그렇다면 '문명'은 무엇이고, 세계 4대 문명은 어디에서 나타난 걸까?

학습 키워드 #문명 #메소포타미아문명 #이집트문명 #중국문명 #인도문명
교과 연계 중2 1학기 〉 역사(세계사) 〉 Ⅰ-2. 세계의 선사 문화와 고대 문명

신석기 혁명과 문자의 발명

'문명'이란 고도로 발달한 인간의 문화와 사회를 뜻해. 원시생활에서 벗어나 보다 세련되고 발전된 삶을 살게 된 상태를 말하지. 인류는 농사를 지으면서부터 한곳에 정착해서 생활하게 되었어. 식량을 생산하면서 조금이나마 자연을 통제하게 된 것을 '신석기 혁명'이라고 부르는데, 이는 산업 혁명만큼이나 인류 사회를 뒤바꿔 놓은 큰 사건이었기 때문이야.

인류는 농사를 짓기 위해 물을 구하기 쉽고 토지도 비옥한 큰 강 주변에 모여 살았어. 따라서 문명은 큰 강 주변에서 발달하게 되었지. 농사가 잘되면서 각자의 재산(사유 재산)과 사람들이 충분히 먹고도 남는 생산물(잉여 생산물)이 생겨났어. 이렇게 남는 생산물을 독점하는 사람들이 나타나자 자연스럽게 재산을 얼마나 많이 가졌느냐에 따라 계층이 나뉘

는 불평등한 계급 사회가 되고 말았지. 지배 계급은 자신의 권력을 유지하기 위해 궁전이나 신전 등을 건축해 도시를 만들었어. 그들은 구리와 주석을 녹여 만든 청동기라는 합금으로 자신들의 권위를 상징하는 장신구와 무기, 제사 도구도 생산했지. 또한 세금을 걷고, 기록을 하며, 효율적인 행정 처리를 위한 법률을 만들기 위해 문자를 발명했단다.

세계 4대 문명의 발생

세계 곳곳에서 생겨난 대표적인 네 곳의 문명을 '세계 4대 문명'이라고 해. 티그리스 강과 유프라테스 강 사이의 메소포타미아 문명, 나일 강 유역의 이집트 문명, 인더스 강과 갠지스 강 유역의 인도 문명, 황허 강 유역에서 나타난 중국 문명이 그것이지.

메소포타미아 문명이 발생한 티그리스 강과 유프라테스 강은 '비옥한 초승달 지대'라 불릴 정도로 농사가 잘되는 지역이라서 여러 민족이 모여 살았다고 해. 이곳에 가장 먼저 문명을 건설한 수메르인들은 '지구라트'라는 신전을 지었고, 외부의 침입이 많아서 현재를 살아가는 것에 초점을 맞추며 살았어. 이들은 쐐기 문자를 만들었고 태음력과 60진법을 사용했지. 이 지역을 통일한 함무라비왕은 함무라비 법전을 통해 통치 체제를 정비했단다.

반면 나일 강의 정기적인 범람 덕분에 생긴 비옥한 토지에서 농경을 시작하며 만들어진 이집트 문명은 폐쇄적인 지형이라서 외부의 침입을 받지 않아 오랫동안 통일을 유지할 수 있었어. 자연스럽게 죽음 이후의 세상을 생각하는 내세적 세계관을 갖게 되었지. 죽은 사람을 미라로 만들고, 사후 세계를 안내하는 『사자의 서』를 상형 문자로 기록했으며, 정치와 종교를 모두 장악한 파라오의 무덤을 거대한 피라미드로 만들었어. 이집

트인들은 나일 강의 범람 시기를 예측하기 위해 태양력을 사용했고, 오늘날과 거의 유사한 10진법을 사용했단다.

한편 인더스 강 유역에 모헨조다로, 하라파 등의 계획도시가 건설되며 만들어진 게 인도 문명이야. 중앙아시아에서 내려온 아리아인은 철기를 이용해 인더스 강 유역을 정복하고 갠지스 강 유역까지 진출했어. 이 과정에서 원주민을 효과적으로 다스리기 위해 엄격한 신분제도인 '카스트제'를 만들었지. 카스트제는 지배층인 브라만과 크샤트리아, 피지배층인 바이샤, 수드라로 나뉘는데 각 신분에 맞는 행동 규범을 규정하고 있어. 이 과정에서 성립된 브라만교는 카스트제와 함께 인도인의 삶에 많은 영향을 끼쳤지. 이후 브라만교와 민간신앙이 융합되어 힌두교로 발전하면서 인도 최대의 민족 종교가 되었어.

중국 문명이 발생한 황허 강 유역은 황토 지대로 간단한 도구로도 농사를 지을 수 있어서 많은 사람이 모여들었어. 이곳에 세운 상商 왕조의 왕은 국가의 중요한 일을 점을 쳐서 결정하는 신권 정치를 했다고 해. 점을 치는 과정에서 만들어진 문자가 바로 '갑골문'인데 이것이 한자로 발전하지. 상 왕조를 멸망시킨 주周 왕조는 영토를 효율적으로 다스리기 위해 수도 주변은 왕이 다스리고 나머지 지역은 왕족이나 공신을 제후로 임명해 다스리는 봉건제를 실시했어. 하지만 주 왕조와 봉건제가 흔들리는 바람에 춘추전국시대라는 혼란기로 접어들게 되지.

1. 신석기 혁명에 대한 설명으로 옳은 것은?

　① 인류가 불을 사용하기 시작한 사건이다.

　② 인류가 철기를 사용하기 시작한 사건이다.

　③ 인류가 바퀴를 발명해 교통이 발달한 사건이다.

　④ 인류가 농사를 짓고 정착 생활을 시작한 사건이다.

2. 이집트 문명의 특징으로 옳지 <u>않은</u> 것은?

　① 나일 강의 범람 덕분에 농업이 발달했다.

　② 태음력을 사용하여 농사의 시기를 예측했다.

　③ 내세를 중시하여 피라미드와 미라를 만들었다.

　④ 정치와 종교를 모두 장악한 파라오가 존재했다.

3. 인도 사회를 지배했던 신분 제도는 무엇일까? ------------------------------

4. 중국 상(商) 왕조에서 국가의 중요한 일을 점치는 과정에서 생겨난 문자는 무엇일까?

　------------------------------

5. 메소포타미아 문명과 이집트 문명은 왜 세계관에서 차이가 나는 걸까?

　힌트 지형과 관련해 생각해 보면 정답을 금방 찾을 수 있을 거야.

📖 도서　▶ 영상　🔍 사이트

더 알고 싶어 119

▶ **[벌거벗은 세계사] 피라미드와 미라 속 숨겨진 비밀! (디글)** 피라미드와 미라에 담긴 고대 이집트인의 종교관과 생활 모습을 정리하고, 교과서 속 이집트 문명 내용과 비교해 보자.

▶ **4대 문명의 발생 (로빈의 역사 기록)** 4대 문명의 공통점과 차이점을 표로 정리해 보고, 왜 모두 큰 강 주변에서 발달했는지 자신의 생각을 써 보자.

▶ **영화 〈십계〉** 영화 속 장면 중에서 실제 역사와 다를 것 같은 부분을 찾아보고 어떤 점이 과장되었는지 조사해 보자.

페르시아는 어떤 나라일까?

서울 강남에 '테헤란로'라는 도로가 있어.
이란의 테헤란과 서울시가 교류를 맺으면서 생긴 도로야.
이란은 과거 서아시아와 중앙아시아를 통치하던 대제국 '페르시아'의 후예지.

학습 키워드　#아시리아 #아케메네스왕조페르시아 #사산왕조페르시아 #다리우스1세 #페르시아 #서아시아 #왕의길 #왕의귀

교과 연계　중2 1학기 〉 역사(세계사) 〉 I -3. 고대 제국들의 특성과 주변 세계의 성장

페르시아의 역사

페르시아가 등장하기 이전에 서아시아 지역을 최초로 통일한 제국은 '아시리아'야. 기마 전술과 철제 무기, 전차를 앞세워 통일에 성공했지만 피지배민족을 강압적으로 통치하는 바람에 각지에서 반란이 일어나 멸망하고 말았어. 아시리아가 멸망하고 나타난 게 바로 아케메네스 왕조 페르시아란다. 키루스 2세는 아시리아 멸망의 교훈을 새겨 다른 민족의 종교와 문화를 존중하는 포용 정책을 펼쳤어. 아케메네스 왕조 페르시아의 전성기를 이끈 사람은 바로 다리우스 1세야.

다리우스 1세는 활발한 정복 활동으로 넓힌 영토를 효과적으로 다스리는 여러 정책을 펼쳤어. 총독(사트라프)은 그들이 다스리는 지역 내에서 정치, 사법, 군사, 외교 등 폭넓은 자치권을 가져서 왕이나 다름

없이 통치할 수 있었는데, 이들을 감시하고 견제하기 위해 '왕의 귀'라는 관리를 보냈지. 또한 '왕의 길'을 건설해 도로망을 정비하고 왕의 명령을 지방 곳곳에 효과적으로 전달할 수 있도록 했어. 왕의 길은 페르시아의 수도인 수사에서

↑ 페르시아의 페르세폴리스

서쪽 끝의 대도시 사르디스를 잇는 약 2,700km의 거대한 길이야. 왕의 명령을 빠르게 전달하기 위해 만들었지만 나중에는 상인들이 오가며 국내 교역이 활발해졌어. 다리우스 1세는 길 중간에 말을 갈아탈 수 있는 숙소를 세워 상인들이 쉬어갈 수 있도록 했대. 또한 다리우스 1세는 화폐와 도량형도 통일했어. 도량형은 길이, 부피, 무게 등을 재는 방법과 그것을 재는 기구 등을 말해. 이러한 정책들로 중앙 집권적인 통치 체제를 확립했지만 이후 그리스 원정 실패와 지방 반란 등이 겹치며 결국 알렉산드로스에 의해 멸망하고 말았어.

3세기 무렵 서아시아에는 또 다른 페르시아가 나타났어. 바로 사산 왕조 페르시아야. 아케메네스 왕조 페르시아의 후예라는 점을 강조하며 자신들을 '이란인'이라 불렀지. 이들은 오늘날 이란 민족의 정체성 형성에 결정적인 역할을 했어. 샤푸르 1세는 주변의 로마 제국, 쿠산 왕조와의 대결에서 승리를 거두고 메소포타미아 지역에서 인더스 강에 이르는 대제국을 건설했지. 사산 왕조 페르시아는 지리적인 이점을 적극 활용해 동서를 잇는 중계 무역을 통해 큰 번영을 누렸지만, 비잔티움 제국

과의 오랜 전쟁으로 국력이 약화되어 결국 이슬람 세력에 의해 멸망하고 말았단다.

페르시아의 문화와 조로아스터교

이슬람 세력이 등장하기 전까지 서아시아를 다스렸던 페르시아의 문화는 오늘날까지도 많은 영향을 끼치고 있어. 페르시아는 지정학적 위치 덕분에 대외 교류가 활발했고, 그로 인해 다양한 문화를 융합한 독특한 문화가 만들어졌지. 페르시아 제국 시대의 궁전이었던 페르세폴리스 궁전에서는 그리스식 돌기둥과 아시리아 미술 양식을 따른 인면수신상을 함께 볼 수 있어. 또한 페르시아에서 만들어진 정교한 유리 공예품들이 동아시아까지 전해질 정도였대. 우리나라의 황남대총에서 발견된 유리병과 유리잔은 각각 우리나라 국보와 보물로까지 지정되어 있을 정도로 그 가치가 높단다.

한편 페르시아인들은 아케메네스 왕조 페르시아 시기 예언자 조로아스터에 의해 널리 퍼진 조로아스터교를 믿었어. 조로아스터교는 사산 왕조 페르시아 때 국교로 지정되어 그 위상이 더욱 높아졌지. 조로아스터교는 유일신인 아후라 마즈다를 신봉하고, 그 상징으로 불을 신성시한 종교야. 불을 숭배한다는 뜻에서 '배화교'라는 이름으로도 불리고 있어. 세상을 선과 악의 대결로 보고 사후 세계를 믿는 것이 특징이야. 조로아스터교의 교리는 세계 4대 종교인 크리스트교와 이슬람교에 영향을 주었어. 이후 서아시아에 이슬람교가 유행하면서 조로아스터교는 서서히 쇠퇴했지만 헤르만 헤세의 소설 『데미안』에 나오거나 〈보헤미안 랩소디〉란 노래로 유명한 프레디 머큐리가 조로아스터교 신자였을 정도로 오늘날까지 이어지고 있단다.

1. 서아시아를 최초로 통일한 제국은?

　① 로마 제국　　　　　　② 아시리아 제국　　　　　　③ 알렉산드로스 제국
　④ 사산 왕조 페르시아　　⑤ 아케메네스 왕조 페르시아

2. 다리우스 1세의 업적과 관련이 <u>없는</u> 것은?

　① 화폐와 도량형을 통일했다.　　　② 페르세폴리스 궁전을 완성했다.
　③ '왕의 귀'를 파견해 총독을 감시했다.　　④ 광대한 영토를 정복해 전성기를 이끌었다.
　⑤ '왕의 길'을 건설해 교통과 행정을 정비했다.

3. 다리우스 1세가 지방의 총독을 감시하기 위해 파견한 관리의 명칭은 무엇일까?

4. 사산 왕조 페르시아가 국교로 삼았던 종교는 무엇일까?

5. 사산 왕조 페르시아가 오늘날 이란 민족의 정체성 형성에 중요한 역할을 한 이유를
　설명해 보자.

　힌트 '사산 왕조=이란인'이라는 인식이 핵심이야!

📑 도서　▷ 영상　🔍 사이트

👍 더 알고 싶어 119

▷ **[세계테마기행] 페르시아 문명을 걷다-1부 전설의 바위도시, 칸도반 (EBS)**
　페르세폴리스의 유적을 보며 페르시아 제국의 정치·문화적 특징을 3문장으로 요약해 보자.

▷ **[벌거벗은 세계사] 페르시아가 강대국이 된 이유는? (tvN Joy)** 영상에 나온 페르시아의 강
　점들을 적어 보고, 오늘날 국가와 비교해 공통점·차이점을 생각해 보자.

▷ **[세계저널 그날] 중동본색 4강-인류 최초의 제국, 페르시아** '제국'의 조건이 무
　엇인지 정리하고, 페르시아가 왜 최초의 제국 중 하나로 불리는지 이유를 찾
　아보자.

중국을 최초로 통일한 나라는 어디일까?

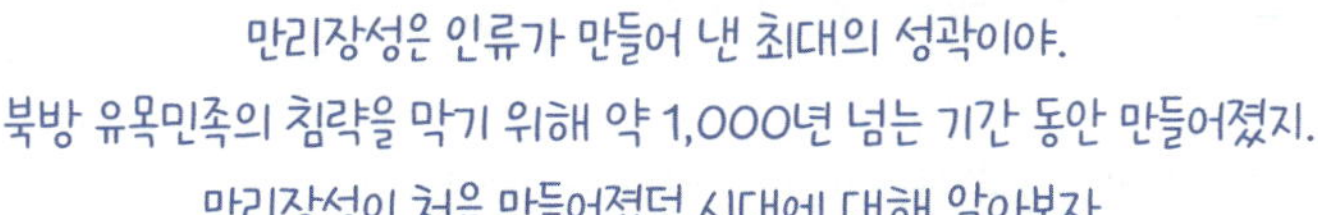

만리장성은 인류가 만들어 낸 최대의 성곽이야.
북방 유목민족의 침략을 막기 위해 약 1,000년 넘는 기간 동안 만들어졌지.
만리장성이 처음 만들어졌던 시대에 대해 알아보자.

학습 키워드　#춘추전국시대 #제자백가 #진시황제 #만리장성 #병마용갱 #아방궁 #한무제
교과 연계　중2 1학기 〉 역사(세계사) 〉 I -3. 고대 제국들의 특성과 주변 세계의 성장

춘추전국시대와 제자백가

　　중국 문명을 일구었던 주나라가 외적의 침입으로 수도를 동쪽으로 옮기면서, 각 지방의 제후들이 천하의 주도권을 다투는 춘추전국시대로 접어들었어. 이 시기부터 본격적으로 사용된 철기 덕분에 농업 생산량이 크게 늘어났대. 또한 철제 무기로 인해 전쟁이 더욱 치열해졌고 그 규모도 더욱 커졌지. 철에 대한 수요가 늘어나면서 광업과 제철업, 상업과 수공업 등 다양한 산업이 발달했고 사회는 활기를 띠게 되었어. 춘추전국시대에 살아남으려면 개혁을 추진할 수밖에 없어서 유능한 인재가 많이 필요해졌다고 해. 능력 있는 우수 인재들을 등용하는 분위기 속에 많은 사상가들이 다양한 학파를 만들어 냈는데 이를 '제자백가'라고 하지. 제자백가에는 인과 예를 중시한 공자와 맹자의 '유가', 자연 그대로의 삶

을 강조한 노자와 장자의 '도가', 엄격한 법 적용을 통해 사회 질서를 바로잡아야 한다고 주장한 한비자의 '법가', 차별 없는 사랑을 강조한 묵자의 '묵가' 등이 있어.

중국 대륙 최초의 통일 왕조, 진

춘추전국시대를 끝내고 중국 대륙을 최초로 통일한 나라는 '진秦'이었어. 진은 법가 사상을 바탕으로 힘을 키웠는데 진의 '시황제'는 황제가 지배하는 통치체제를 만들어 냈지. 이를 중앙집권 체제라고 하는데 후대 왕조에 계승되어 2천여 년 동안 유지되었대. 시황제는 영토와 백성을 효율적으로 다스리기 위해 다양한 정책을 추진했어. 전국을 군과 현으로 나눠 관리를 파견하는 군현제를 실시했고, 문자와 화폐, 도량형을 통일했지. 또한 북쪽에서 흉노가 침입하는 것을 막기 위해 전국시대부터

↑ 만리장성

만들어졌던 만리장성을 하나로 잇기 시작했고, 남쪽으로는 광둥 지방과 베트남 북부까지 영토를 넓혔어. 오늘날 중국을 뜻하는 '차이나'는 바로 진나라에서 유래한 거야. 하지만 시황제는 병마용갱이나 아방궁 등을 건설하며 대규모 토목공사를 과도하게 벌였고, 지나치게 엄격한 법률을 시행한 데다 법가 외의 사상을 탄압하기 위해 벌인 분서갱유(유학 서적을 불태우고 유학자들을 생매장) 때문에 민심을 잃고 말았어. 결국 시황제가 죽은 뒤 진승·오광의 난을 시작으로 각지에서 농민 반란이 일어나면서 진은 곧 멸망하고 말았어.

한나라와 중국 문화의 발전

진이 멸망한 후 한漢을 세운 고조(유방)는 초의 항우를 물리치고 중국을 다시 통일했어. 고조는 진의 멸망을 교훈 삼아 군현제와 봉건제를 합친 군국제를 시행했대. 수도 주변 군현은 황제가 직접 다스리되, 먼 지방은 제후가 독립적으로 다스리게 한 거야.

이후 한의 무제는 군현제를 확립해 중앙집권을 꾀했고, 동중서의 건의를 받아들여 유교를 국가의 기본 통치 사상으로 삼았어. 또한 북쪽의 흉노를 밀어내고 남쪽으로는 베트남 북부를 공격했으며, 동쪽으로는 고조선을 멸망시켰지. 흉노 정벌 과정에서 장건을 파견해 중앙아시아의 대월지와 동맹을 맺는 과정 중에 비단길이 개척되기도 했어. 하지만 무제의 무리한 대외 원정은 국가 재정에 큰 부담을 주었고, 이를 해결하기 위해 소금, 철, 술의 판매를 국가가 독점하는 전매 제도를 시행하게 되었어.

무제가 죽은 뒤 외척과 환관이 권력 다툼을 벌이면서 한이 쇠퇴하자 외척 왕망이 신을 건국했어. 하지만 신은 곧 멸망했고, 광무제가 한을 다시 세웠어. 신 이전의 한을 전한, 신 이후의 한을 후한이라고 한대. 후한 말기에 이르러 외척과 환관으로 인해 혼란이 심해지고, 지방 호족들이 넓은 토지를 소유하며 농민들의 생활이 어려워졌어. 결국 '황건적의 난'이 일어나 후한은 멸망하게 돼.

오늘날 중국에서 사용하는 문자를 '한자', 중국 민족을 '한족'이라고 부르는 것처럼 한나라는 중국 문화에 많은 영향을 끼쳤어. 한대에 크게 발전한 유교는 국가의 통치 사상으로 관리 선발의 기준이 되었지. 수도에는 '태학'이라는 유교 교육 기관이 설치되었고, 분서갱유로 불타버린 유교 경전을 다시 정리하면서 그 의미를 밝히는 훈고학적 성격의 유학이 발달했어. 또한 사마천의 『사기』, 반고의 『한서』 같은 역사서 편찬이 이뤄질 정도로 역사학도 발전했지. 특히 사기는 왕에 대한 기록인 본기와 인물에 대한 기록인 열전을 중심으로 하는 기전체 서술의 근본으로 자리잡으며 이후 중국의 역사 서술 방식에 큰 영향을 끼쳤어. 우리나라의 『삼국사기』도 이 서술 방식을 따른 역사서란다. 후한대의 환관이었던 채륜은 종이를 만드는 기술을 개량했는데, 이를 '제지술'이라 해. 제지술은 학문과 사상의 발전에 기여하면서 중국 문화의 수준을 한층 끌어올렸단다.

1. 춘추전국시대에 철기 사용이 늘어나면서 나타난 변화로 옳지 <u>않은</u> 것은?

　① 제자백가 사상이 등장했다.　　② 광업·제철업·상업이 발달했다.
　③ 농업 생산량이 크게 늘어났다.　　④ 만리장성을 처음 연결해 만들었다.
　⑤ 전쟁의 규모가 커지고 치열해졌다.

2. 진의 시황제가 추진한 정책이 <u>아닌</u> 것은?

　① 분서갱유　　② 군현제 실시
　③ 문자·화폐·도량형 통일　　④ 만리장성을 하나로 잇기 시작
　⑤ 유교를 국가 통치 사상으로 채택

3. 춘추전국시대에 등장한 여러 학파를 묶어 부르는 용어는 무엇일까?

4. 후한 말기에 일어난 농민 반란으로, 누런 두건을 쓴 농민들이 봉기한 사건은 무엇일까?

5. 한 무제가 중앙집권을 강화하기 위해 실시한 정책을 두 가지 이상 설명해 보자.
　힌트 행정·사상·대외정책·경제 등 다양한 영역을 떠올려 보자.

더 알고 싶어 119

📑 도서　▷ 영상　🔍 사이트

▷ **[벌거벗은 세계사] 세계 8대의 기적 진시황릉! 거대한 권력 뒤에 가려진 진시황제의 비밀은? (디글)** 진시황릉과 병마용을 보며 진시황이 어떤 통치 스타일을 가진 군주였는지 정리해 보자.

▷ **진나라 역사 한 번에 다 보기 (로빈의 역사 기록)** 진나라가 중국을 통일할 수 있었던 이유를 군사·정치·경제 측면으로 나누어 정리해 보자.

▷ **지도로 보는 한나라 역사 (로빈의 역사 기록)** 진나라와 한나라의 통치 방식 차이를 표로 정리하고, 어느 쪽이 백성 입장에서 살기 더 나았을지 생각해 보자.

그리스는 세계에 어떤 영향을 미쳤을까?

고대 그리스와 헬레니즘 문화

올림픽은 왜 하필 아테네에서 처음 개최되었을까?
그건 올림픽이 고대 그리스의 올림피아 제전에서 비롯되었기 때문이야.
그렇다면 고대 그리스는 왜 올림피아 제전을 열었는지 알아보자.

학습 키워드   #아테네 #스파르타 #폴리스 #아고라 #아크로폴리스 #헬레네스 #민주주의 #헬레니즘
#알렉산드로스

교과 연계   중2 1학기 〉 역사(세계사) 〉 Ⅰ-3. 고대 제국들의 특성과 주변 세계의 성장

고대 그리스의 폴리스와 민주 정치

기원전 8세기경 그리스 지역에는 아테네와 스파르타 같은 작은 규모의 국가인 '폴리스'가 등장했어. 폴리스의 언덕 위에는 종교 생활의 중심이자 최후의 방어 거점인 아크로폴리스가 있었고, 경제생활과 사회적 교류가 이루어지는 아고라라는 광장도 있었지. 그리스인은 수많은 폴리스에 살았는데 동족의식이 강해서 자신들을 '헬레네스'라고 불렀어. 그들은 4년마다 그리스인으로서의 유대감을 높이는 행사인 올림피아 제전을 열었다고 해.

그리스 세계의 발전을 이끈 아테네는 초기만 해도 소수의 귀족이 정치를 주도하고 있었어. 그런데 활발한 해상 활동으로 해외 무역과 상공업이 발달하면서 재산을 모은 평민들이 정치에 참여할 수 있는 권리를

↑ 그리스의 아크로폴리스

요구했고, 솔론이 재산에 따른 참정권을 허용하게 돼. 이후 클레이스테네스가 아테네 민주 정치의 기틀을 마련했어. 그는 독재자(참주)의 출현을 막기 위해 '도편 추방제'를 도입했지. 도편 추방제는 참주가 될 가능성이 있는 사람의 이름을 도자기 파편에 적어 가장 많은 표를 받은 사람을 추방하는 제도야. 하지만 잘못된 판단으로 무고한 희생자가 나올 가능성도 있었지.

페르시아와의 전쟁과 참정권 확대

한편 아테네와 스파르타를 중심으로 발전하던 그리스 세계에 걸림돌이 나타났어. 바로 페르시아야. 서아시아부터 그리스 일부 지역을 장악하며 대제국을 일군 페르시아는 에게 해까지 진출해 해상권을 넘봤지. 그러던 중 페르시아의 지배를 받던 이오니아 사람들이 독립을 위한 반란을 일으켰고 아테네는 군대를 보내 반란군을 도왔어. 페르시아의 다리우스 1세는 군대를 보내 반란을 진압했고 이오니아 사람들을 도운 아테네에 보복하기 위해 그리스 원정에도 나섰지. 하지만 페르시아는 1차 원정에 실패했고, 군대를 다시 정비해 2차 원정에 나섰어. 그럼에도 아테네는 마라톤 전투에서 페르시아 군대를 격파했지.

아테네의 승전보를 전하기 위해 42km를 달려간 페이디피데스를 기리는 의미로 훗날 마라톤 경기가 만들어졌다고 해. 3차 원정에서는 아테네와 스파르타 중심의 동맹군이 페르시아에 맞서 싸웠는데, 육지에서 싸운 스파르타는 패배했지만 해상에서 싸운 아테네는 페르시아에 승리했어. 이후 페르시아는 그리스 정복을 포기했고 이 전쟁을 승리로 이끈 아테네는 그리스 세계의 주도권을 쥐게 되었지.

아테네는 전쟁에 참여해 싸운 성인 남성들에게 참정권을 부여했어. 비록 여성, 노예, 외국인을 제외한 제한적인 민주 정치였지만 페리클레스 시기에 민회 중심의 '직접 민주 정치'를 꽃피우게 된 거지.

그리스·페르시아 전쟁 이후 폴리스들은 아테네의 주도로 페르시아 침입에 대비한 '델로스 동맹'을 맺었어. 그러나 아테네가 델로스 동맹을 이용해 세력을 확대하자 스파르타를 중심으로 한 폴리스들이 반발해 '펠로폰네소스 전쟁'이 일어났지. 펠로폰네소스 전쟁에서는 스파르타가 승리했지만, 이후 지속된 분열과 대립으로 폴리스들이 쇠퇴하면서 그리스 세계 전체가 몰락의 길을 걷게 되었단다.

고대 그리스 문화의 영향력

그리스인들은 조각과 건축에서 조화와 균형미를 살리는 합리적이고 인간 중심적인 문화를 발전시켰어. 호메로스의 『일리아드』, 『오디세

이』와 같은 문학 작품은 물론 그리스·페르시아 전쟁을 기록한 『역사』(헤로도토스)도 남겼지. 또한 소크라테스 – 플라톤 – 아리스토텔레스로 이어진 그리스 철학은 후대에 많은 영향을 끼쳤어. 그리스 세계가 쇠퇴한 이후 그리스 세계를 통일한 마케도니아의 왕 알렉산드로스는 동방 원정에 나서 이집트, 페르시아를 정복하고 인더스 강 유역까지 진출한 대제국을 건설했지.

알렉산드로스는 정복한 지역에 그리스식 도시인 알렉산드리아를 건설하고 그리스 문화를 전파했어. 동시에 페르시아인과의 결혼이나 페르시아인 관리 등용 같은 동서 융합 정책을 추진했지. 이를 통해 그리스 문화와 동방 문화가 결합된 '헬레니즘 문화'가 생겨났어. 헬레니즘은 세계화된 그리스 문화를 뜻해.

헬레니즘과 대제국 건설로 국가와 종족을 초월해 모든 사람을 존중하는 '세계 시민주의'가 등장했어. 이 시기에는 수학, 천문학, 의학 등 자연과학이 발달했지. 미술에서도 조각 분야가 발달하면서 전 세계적으로 유명한 라오콘 군상과 밀로의 비너스상이 만들어졌어. 헬레니즘 미술의 발전은 이후 북인도에서 간다라 양식이 탄생하는 데 기여했단다.

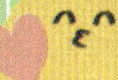

1. 고대 그리스의 폴리스에 대한 설명으로 옳지 <u>않은</u> 것은?

　① 폴리스마다 서로 다른 언어를 사용했다.

　② 아크로폴리스는 종교와 방어의 중심이었다.

　③ 그리스인들은 자신들을 '헬레네스'라 불렀다.

　④ 아고라는 정치·경제·사회의 중심 공간이었다.

　⑤ 올림피아 제전은 동족 의식을 강화하는 행사였다.

2. 아테네 민주 정치에 대한 설명으로 옳지 <u>않은</u> 것은?

　① 솔론은 재산에 따라 참정권을 허용했다.

　② 여성·노예·외국인도 모두 참정권을 가졌다.

　③ 클레이스테네스는 도편 추방제를 도입했다.

　④ 페리클레스 시기에는 직접 민주 정치가 발전했다.

　⑤ 전쟁에 참여한 성인 남성들에게 참정권이 확대되었다.

3. 참주가 될 가능성이 있는 사람의 이름을 도자기 파편에 적어 추방한 제도는 무엇일까?

4. 아테네가 페르시아 전쟁을 통해 어떻게 민주 정치를 발전시킬 수 있었는지 써 보자.

　힌트 전쟁 → 승리 → 참정권 확대 → 민주 정치 발전 순서로 생각해 보자!

더 알고 싶어 119

📑 도서　▷ 영상　🔍 사이트

📑 『**고대 그리스에서 1년 살기**』 (필립 마티작 저, 타인의사유, 2022)
　책 속에서 소개되는 그리스인의 일상 중 가장 해 보고 싶은 활동을 골라 그 이유를 써 보자.

📑 『**처음 읽는 그리스 로마 신화 시리즈**』 (최설희 글/한현동 그림, 미래엔아이세움, 2024)
　좋아하는 신이나 영웅을 한 명 골라 그 인물의 성격과 능력을 오늘날 직업과 연결해 보자.

▷ **[벌거벗은 세계사] 한 방에 몰아 보는 그리스 로마 신화 3시간 모음 (디글)**
　영상에서 소개된 신화 중 하나를 골라 만화 4컷으로 다시 그려 보자.

▷ **영화 〈트로이〉 (15세 이상 관람가)** 영화 속 트로이 전쟁 장면을 보고, 실제 트로이 전쟁 이야
　기와 다른 점을 찾아 정리해 보자.

로마는 어떤 과정을 통해 발전했을까?

로마의 발전과 크리스트교

"로마에 가면 로마법을 따르라."라는 말이 있어.
그런데 왜 하필 로마법을 따르라는 걸까?
그 이유는 아마 로마법이 로마가 남긴 위대한 유산이기 때문일 거야.

학습 키워드　#로마 #민회 #그라쿠스형제 #아우구스투스 #로마제국 #로마법 #크리스트교
교과 연계　중2 1학기 〉 역사(세계사) 〉 Ⅰ-3. 고대 제국들의 특성과 주변 세계의 성장

로마 공화정의 완성

　　도시국가로 출발한 로마는 왕정을 거쳐 공화정으로 발전했어. 공화정은 대를 이어 지배하는 군주가 아닌 집단이 통치하는 정치 형태를 말해. 로마 공화정은 원로원, 집정관, 민회를 중심으로 운영되었지. 원로원은 전·현직 정무관들의 모임인데, 행정과 군사를 담당하는 집정관을 자문하는 역할을 맡았대. 민회는 시민들이 모여 국가의 중요한 일을 결정하는 최고 의결 기구였어. 공화정 초기에는 원로원 중심으로 정치가 이뤄졌지만 영토 확장 과정에서 전쟁에 참여했던 평민들이 참정권을 요구하면서 평민회가 구성되었고, 평민의 대표인 호민관이 선출되었지. 호민관은 평민의 이익과 권리를 옹호하는 관직이야. 이로써 원로원, 민회, 집정관이 세력의 균형을 이룬 공화정이 완성된 거지.

로마의 평화와 몰락

로마는 기원전 3세기 중엽에 이탈리아 반도를 통일했고, 세 차례에 걸친 카르타고와의 포에니 전쟁에서 승리해 지중해 일대를 장악하게 되었어. 하지만 노예를 이용한 귀족의 대농장(라티푼디움) 경영이 발전하고, 점령 지역에서 값싼 곡물이 들어오면서 자영농이 몰락하고 말았지.

이를 해결하기 위해 등장한 호민관 그라쿠스 형제는 농지법과 곡물법을 제정하는 개혁을 추진했지만 원로원을 장악한 귀족들의 반대로 실패했고, 결국 로마 공화정은 쇠퇴하게 돼. 이후 평민파와 귀족파의 갈등이 커지자, 군인 정치가가 등장하는 내전이 일어났어. 그러던 중 카이사르가 권력을 잡으면서 독재 정치가 시작되었지.

카이사르는 평민들을 위한 각종 사회정책을 추진했지만, 권력 집중으로 공화정이 붕괴될 것을 우려한 공화정파 귀족에 의해 암살당했어. 이후 다시 발생한 내전에서 카이사르의 양자인 옥타비아누스가 승리하면서 권력을 잡았고, 로마의 행정권과 군 통수권을 장악하며 혼란을 수습했어. 원로원은 옥타비아누스에게 황제를 뜻하는 '아우구스투스(존엄한 자)'라는 칭호를 내렸어. 이때부터 로마의 제정 시대가 열리게 되었지.

로마 제국은 정복 활동을 통해 대제국을 건설했고 정치·경제적 번영을 누리며 전성기를 맞았어. 다섯 명의 현명한 황제가 연이어 즉위하며 제국을 통치했던 이 시기를 오현제 시대, 혹은 '로마의 평화^{Pax Romana}' 시대라고 불러. 하지만 2세기 말부터 군대가 정치에 개입하면서 황제를 마음대로 폐위했고, 상공업과 도시의 쇠퇴로 중산층이 몰락하면서 로마 제국은 혼란에 빠지고 말았어. 게다가 북쪽에서는 게르만족이, 동쪽에서는 사산 왕조 페르시아가 쳐들어오면서 제국을 위협했지. 디오클레티아누스 황제는 혼란을 수습하고 제국을 효율적으로 통치하려고 네 명의

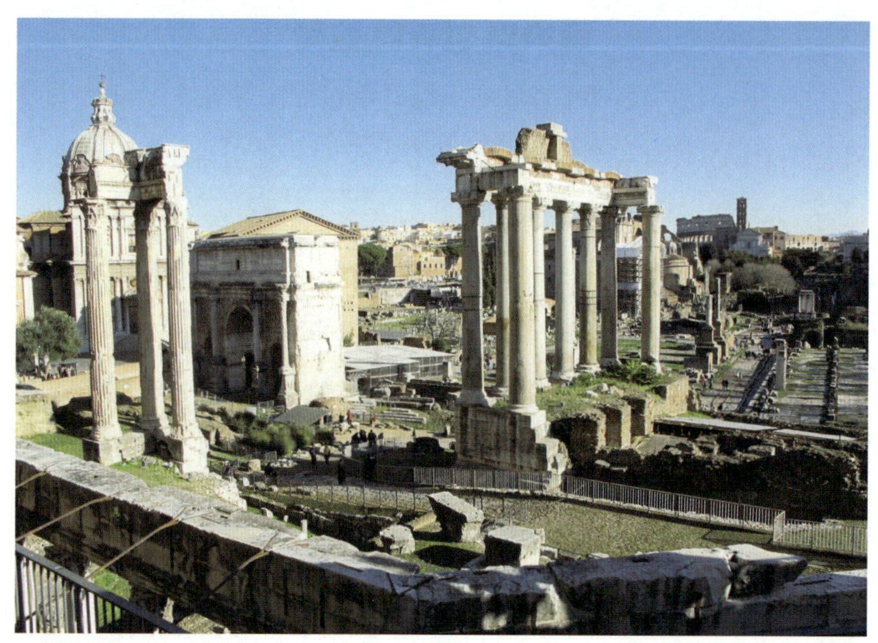

↑ 포로로마노

통치자가 제국을 공동으로 나눠 다스리는 4분할 통치를 실시했어. 하지만 이는 결국 동로마와 서로마로 분열되는 결과를 낳았지. 이후 콘스탄티누스 대제는 수도를 비잔티움(콘스탄티노폴리스)으로 옮기며 제국의 부흥을 위해 노력했지만 서로마 제국은 476년 게르만족에 의해, 동로마 제국(비잔티움 제국)은 이후 천 년 이상 지속되다가 1453년 오스만 제국에 의해 정복되고 말았어.

로마법과 크리스트교

로마는 그리스의 학문과 예술을 수용해 발전시킨 실용적인 문화가 발달했어. 가장 대표적인 것이 바로 로마법이야. 로마는 공화정 초기 최초의 성문법인 12표법을 제정해 시민의 의무와 권리를 법으로 규정했지. 12표법은 이후 모든 민족에게 적용되는 만민법으로 발전했고, 근대 유럽 여러 나라의 법체계에 큰 영향을 주었단다. 또한 건축 기술이 발달 해 콜로세움, 수도교, 개선문 등 규모가 큰 다양한 건축물을 만들어 냈 어. 정복지 곳곳에 계획도시를 세운 뒤 그 도시와 로마를 연결하는 도로 도 정비했지. 가장 대표적인 것이 고대 로마의 가장 중요한 도로였던 아 피아 가도야. 이 도로는 지금까지도 그 일부가 사용될 정도로 튼튼하고 정교하게 지어졌어.

한편 로마의 지배를 받던 팔레스타인 지방에서는 예수의 가르침에 서 비롯된 크리스트교가 생겨났어. 크리스트교는 "예수를 믿으면 누구 나 구원받을 수 있다."라는 교리 덕분에 빠른 속도로 로마 제국 전체로 퍼져 나갔지. 하지만 황제 숭배를 거부하는 바람에 로마 제국의 탄압을 받았어. 이러한 탄압에도 불구하고 크리스트교를 믿는 사람들은 계속해 서 늘어났고, 결국 콘스탄티누스 대제는 밀라노 칙령을 통해 크리스트교 를 합법적인 종교로 승인했어. 이후 테오도시우스 1세는 크리스트교를 로마 제국의 국교로 인정했지. 이런 과정을 통해 유럽의 보편적인 종교 로 자리 잡은 크리스트교는 오늘날 세계 인구의 약 3분의 1이 신자일 정 도로 영향력 있는 종교로 발전했단다.

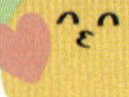

1. 로마 공화정의 정치 제도에 대한 설명으로 옳지 <u>않은</u> 것은?

   ① 집정관은 행정과 군사를 담당했다.

   ② 원로원은 집정관을 자문하는 역할을 했다.

   ③ 공화정 초기에는 평민 중심으로 정치가 운영되었다.

   ④ 민회는 국가의 중요한 일을 결정하는 최고 의결 기구였다.

   ⑤ 호민관은 평민의 권리를 옹호하고 거부권을 행사할 수 있었다.

2. 로마 제정 시기의 특징으로 옳지 <u>않은</u> 것은?

   ① 디오클레티아누스 황제는 4분할 통치를 실시했다.

   ② 서로마 제국과 동로마 제국은 476년에 동시에 멸망했다.

   ③ 옥타비아누스가 아우구스투스라는 칭호를 받고 황제가 되었다.

   ④ 콘스탄티누스 대제는 수도를 비잔티움(콘스탄티노폴리스)으로 옮겼다.

   ⑤ 오현제 시대는 '로마의 평화(Pax Romana)'라고 불릴 정도로 안정과 번영을 누렸다.

3. 로마 공화정 초기 시민의 권리를 보장하기 위해 제정된 최초의 성문법은 무엇일까?

4. 콘스탄티누스 대제가 발표한 칙령으로 크리스트교를 합법적인 종교로 인정한 것은?

5. 로마가 공화정에서 제정 시대로 변화하게 된 과정을 설명해 보자.

   힌트 공화정 쇠퇴 → 카이사르 → 옥타비아누스 → 제정 전환 순서로 정리해 보자.

더 알고 싶어 119

📖 도서　▷ 영상　🔍 사이트

📖 『**이윤기의 그리스 로마 신화**』(이윤기 저, 웅진지식하우스, 2020)
로마 관련 신화 하나를 골라 그 이야기가 로마인의 가치관과 어떻게 연결되는지 생각해 보자.

▷ **[다큐프라임] 위대한 로마 (EBS)** 로마가 공화정에서 제정으로 바뀌는 과정을 정리하고, 권력이 한 사람에게 집중될 때 생기는 장단점을 적어 보자.

▷ **[세계테마기행] 좀 더 깊고, 좀 더 새로운 이탈리아 완전정복 여행기! (EBS)**
오늘날 이탈리아 도시들 속에 남아 있는 로마의 흔적을 찾아 나만의 여행 일정을 짜 보자.

▷ **영화 〈글래디에이터〉 (15세 이상 관람가)** 콜로세움의 검투 경기 장면을 보고, 당시 로마 사람들이 이런 경기를 왜 좋아했는지 생각해 보자.

인도인들에게 힌두교는 어떤 의미일까?

인도의 불교 및 힌두교 문화

인도인에게 갠지스 강은 생명의 젖줄이자 성스러운 강물이야.
갠지스 강에서 목욕도 하고 시체를 화장해 강에 뿌리기도 하지.
갠지스 강이 인도인에게 성스러운 강이 된 이유는 무엇일까?

학습 키워드　#인도 #불교 #마우리아왕조 #아소카왕 #쿠산왕조 #카니슈카왕 #힌두교 #굽타왕조
#인도고전문화

교과 연계　중2 1학기 > 역사(세계사) > II-1. 불교 및 힌두교 문화의 형성과 확산

카스트제와 불교의 발전

인도에서는 농업 생산력이 향상되고 상업과 수공업이 발달하면서 상인 계급인 바이샤가 크게 성장했어. 전쟁으로 왕과 전사 계급인 크샤트리아의 지위도 올라갔지만 여전히 카스트제가 지배하는 인도 사회에서 크샤트리아와 바이샤의 불만이 커졌어.

그러던 중 고타마 싯다르타(석가모니)가 불교를 창시했어. 그는 누구나 욕심을 버리고 수행하면 고통과 윤회에서 벗어나 해탈에 이를 수 있다고 주장했지. 카스트제에 불만을 품은 크샤트리아와 바이샤는 자연스럽게 만인이 평등하다고 주장한 불교를 지지했고, 인도인들 사이에 널리 퍼진 불교는 세계적인 종교로 발전할 수 있었어.

한편 알렉산드로스가 물러간 후 찬드라굽타 마우리아가 최초로 북

인도 지역을 통일하며 마우리아 왕조를 세웠어. 마우리아 왕조의 전성기를 이끈 아소카왕은 도로망을 정비하고, 각 지역에 관리를 파견하며 중앙집권 체제를 이룩했지. 아소카왕은 부처의 말씀에 따라 나라를 다스리기 위해 불교 경전을 정리하고 그 내용을 돌기둥에 적어 전국에 세웠어. 이것이 바로 네 마리 사자와 수레바퀴 모양 법륜으로 구성된 아소카왕의 돌기둥이야. '티랑가'라고 불리는 인도 국기에도 아소카왕의 돌기둥 속 법륜이 그려져 있어. 아소카왕은 전국에 절을 세우며 불교의 가르침을 전파하려고 노력했지.

이 당시 발전한 불교는 개인의 해탈을 강조하는 상좌부 불교로 주로 스리랑카와 동남아시아에 전파되었어.

대승 불교와 간다라 양식

↑ 간다라 불상

인도는 마우리아 왕조 멸망 후 다시 분열되었지만, 쿠샨족이 쿠샨 왕조를 세우며 다시 북인도 지역을 통일했어. 쿠샨 왕조는 지리적 이점을 이용해 동서 무역로를 차지한 후 중계 무역으로 크게 번성했지.

쿠샨 왕조의 전성기를 이룩한 카니슈카왕은 아소카왕처럼 불교 경전을 정리하고 전국에 절과 탑을 세웠어. 이때 발전한 대승 불교는 선행을 통해 만인을 구제하는 것을 강조하며 많은 사람들의 호응을 얻었지. 대승 불교는 중국으로 전해졌고 이후 우리나라에도 전해지며 많은 영향을 주었어. 이 시기에 발전한 미술 양식이 바로 간다라 양식이야. 인도의 불교문화와 그리스의 헬레니즘 문화가 융합된 간다라 양식은 대승 불교와 함께 동북아시아 일대로 전파되어 각 지역의 불상 제작에 큰 영향을 주었어. 간다라 양식의 불상은 그리스 조각상의 영향을 받아 물결 모양 머리, 오뚝한 코, 입체적인 옷 주름이 특징이야.

힌두교와 아라비아 숫자

쿠산 왕조 멸망 후 북인도에 새롭게 들어선 왕조는 굽타 왕조야. 찬드라굽타 2세는 북인도 대부분을 통일하고 사산 왕조 페르시아, 로마 제국, 중국 등과 교역했어. 이 시기에는 인도의 민족 종교인 힌두교가 발생했지. 힌두교는 브라만교와 다양한 민간 신앙, 불교 등이 결합한 다신교로 특정 창시자나 체계적인 교리가 없는 것이 특징이야.

힌두교의 대표적인 신에는 창조신인 브라흐마, 유지를 담당하는 비슈누, 파괴의 신 시바 등이 있어. 힌두교도가 지켜야 할 법을 규정한 『마누 법전』에는 카스트제가 담겨 있어. 힌두교가 인도를 대표하는 종교로 성장하자 인도 사회에 끼치는 카스트제의 영향력이 더욱 강화되었어.

굽타 왕조 시기에 힌두교가 발전하면서 인도 고전 문화가 완성되었지. 브라만의 언어인 산스크리트어가 공용어가 되었고, 산스크리트어 문학이 발전했어. 대표적인 산스크리트어 작품에는 『마하바라타』, 『라마야나』 등이 있어. 건축 분야에서는 간다라 양식과 인도 고유의 예술적 특색이 결합된 굽타 양식이 등장하며 아잔타 석굴, 엘롤라 석굴 등이 만들어졌어. 또한 0의 개념과 10진법 등 오늘날에도 쓰이는 수학 개념이 등장했고 이것이 아라비아로 전파되어 아라비아 숫자가 만들어졌다고 해.

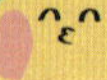

1. 불교가 인도 사회에서 빠르게 확산된 이유로 옳지 <u>않은</u> 것은?

   ① 만인이 평등하다는 가르침을 내세웠다.
   ② 브라만만이 구원받을 수 있다고 주장했다.
   ③ 크샤트리아와 바이샤가 적극적으로 지지했다.
   ④ 카스트제에 불만이 있던 계층의 지지를 받았다.
   ⑤ 욕심을 버리고 수행하면 해탈할 수 있다고 가르쳤다.

2. 대승 불교와 간다라 양식에 대한 설명으로 옳지 <u>않은</u> 것은?

   ① 카니슈카왕 시기에 크게 발전했다.
   ② 대승 불교는 만인을 구제하는 것을 강조했다.
   ③ 간다라 양식은 인도와 헬레니즘 문화가 융합된 양식이다.
   ④ 간다라 양식의 불상은 평면적이고 단순한 형태가 특징이다.
   ⑤ 대승 불교와 간다라 양식은 이후 동북아시아 불교 미술에 큰 영향을 주었다.

3. 아소카왕이 불교 경전을 돌에 새겨 세운 기념물은 무엇일까?

4. 굽타 왕조 시기에 발전한 수학 개념이 아라비아로 전파되어 만들어진 것은 무엇일까?

5. 힌두교가 인도 사회에 끼친 영향을 설명해 보자.

   힌트 힌두교 특징 → 대표 신 → 마누 법전 → 카스트제 강화 순서로 정리해 보자.

더 알고 싶어 119　　　　　　　　　📖 도서　▷ 영상　🔍 사이트

▷ **[세계테마기행] 천 개의 이야기, 북인도 기행 (EBS)** 북인도 사람들의 축제와 일상을 보며 종교가 삶 속에서 어떤 역할을 하는지 사례를 모아 보자.

▷ **[벌거벗은 세계사] 신성하다는 갠지스 강에서 빨래, 장례, 제사를 한 번에? (디글)** 갠지스 강이 인도인들에게 어떤 상징인지 정리하고, 우리에게도 비슷한 의미를 가진 장소가 있는지 떠올려 보자.

▷ **굽타왕조와 힌두교 한 번에 다 보기 (로빈의 역사 기록)** 굽타 왕조 시기에 힌두교가 어떻게 발전했는지 미술과 문화를 중심으로 정리해 보자.

▷ **영화 〈슬럼독 밀리어네어〉 (15세 이상 관람가)** 영화 속 인도 도시의 모습과 빈부 격차를 보며, 힌두교와 현대 인도 사회의 모습이 어떻게 연결되는지 생각해 보자.

수나라와 당나라는 어떤 정책을 펼쳤을까?

위진남북조 시대와 수·당 제국

당 현종은 당의 전성기를 이룩한 황제였지만,
양귀비와 사랑에 빠지면서 정사에 소홀했다는 평을 받고 있어.
당은 어떤 나라였고, 어떻게 쇠퇴하게 되었는지 살펴보자.

학습 키워드 #위진남북조시대 #대운하 #3성6부제 #당 #균전제 #조용조 #부병제 #안사의난
교과 연계 중2 1학기 > 역사(세계사) > Ⅱ-2. 동아시아 문화의 형성과 확산

위진남북조 시대를 통일한 수

중국에서는 후한 멸망 이후 위·촉·오 삼국이 대립했어. 이 시대를 삼국시대라고 하지. 삼국을 통일한 나라는 진晉인데, 위를 계승한 나라야. 이때 중국 주변에 거주하던 유목 민족이 화북 지방 곳곳에 나라를 세웠어. 이를 5개의 오랑캐가 16개의 국가를 세웠다는 뜻에서 5호 16국이라고 해. 수도를 빼앗긴 진은 강남 지방으로 이동해 동진을 건국했고, 양쯔 강을 경계로 북쪽의 유목 민족 왕조와 대립했는데 이 시기를 위진남북조 시대라고 해.

북쪽 지방에서는 5세기 초 선비족이 세운 북위가 화북 지방을 통일했는데, 북위의 효문제는 선비족과 한족의 융합을 목표로 적극적인 한화 정책을 추진했어. 효문제는 수도를 뤄양으로 옮겼고, 선비족과 한족

↑ 오늘날의 대운하

의 결혼을 장려했으며 선비족 고유의 풍습이나 언어를 금지했어. 북위는 불교를 보호하며 대규모 석굴을 만들었지. 남쪽 지방에서는 여러 한족 왕조가 이어졌지만 황제권이 약해 안정적으로 지속되지 못했어. 하지만 남조에서는 귀족 문화가 발달했고, 양쯔 강 유역을 중심으로 농업이 크게 발전했대. 남과 북으로 갈라져 대립하던 중국을 통일한 왕조가 바로 수隋야.

수는 통일 제국을 다스리기 위해 여러 개혁을 추진했어. 3성 6부제를 도입해 중앙집권 체제를 강화했고, 과거제도를 실시해 능력에 따라 인재를 등용하려고 노력했지. 또한 세금을 걷는 조세 제도와 토지 제도를 정비해 재정을 늘리고 군사력을 키웠지. 중국의 지형적 특성상 남북의 물자 교류가 제대로 이루어지지 않는 문제점을 인식한 수는 남북을 잇는 대운하를 만들었어.

대운하는 후대에 계속 증축되어 지금까지 남아 있으며, 그 기능도 유지되고 있단다. 하지만 대운하 건설 같은 대규모 토목 공사에 수많은 백성들이 동원되면서 불만이 커졌고, 수차례에 걸친 고구려 침략이 실패하면서 급격히 흔들리기 시작했어. 결국 건국된 지 얼마 되지 않아 멸망하고 말았어.

당의 토지, 조세, 군사 제도

수의 멸망 이후 건국된 당唐은 수의 3성 6부제, 과거제 등을 그대로 계승했어. 이 과정에서 당은 율령체제를 만들었는데, 이는 형법과 행정법 중심으로 국가를 운영해 나가는 통치 방식으로 동아시아 각국에 많은 영향을 주었어. 율령체제에 의해 토지, 조세, 군사 제도도 운영되었지. 당 전기에 완성된 '균전제'는 농민에게 일정한 면적의 토지를 분배해 농민들이 안정적으로 농사를 지을 수 있게 한 제도야.

조세 제도는 '조·용·조'로 농민에게 조(곡물), 용(노동력), 조(특산물)를 거두는 제도였지. 군사 제도인 '부병제'는 균전제를 통해 토지를 지급받은 농민들이 농한기에는 훈련을 받고, 전쟁이 나면 병사로 복무하는 제도였어. 율령체제에 의한 통치 제도가 효율적으로 운영되던 당은 외곽을 지키던 절도사인 안녹산과 사사명이 일으킨 안사의 난으로 큰 위기를 맞게 돼. 수년간의 전란으로 인해 화북 지방은 황폐화되었고, 백성들의 삶은 피폐해졌어. 이 때문에 지방에서는 여러 절도사가 독립적인 세력을 형성하게 되었지.

귀족이 장원을 확대하면서 농민은 땅을 잃고 소작농으로 전락했어. 이로써 균전제가 붕괴되었고, 조세 제도도 기존의 조·용·조에서 양세법으로 바뀌었지. 농민은 양세법을 통해 실제 재산 소유에 따라 여름과 가을에 세금을 내게 되었어. 균전제의 붕괴로 더 이상 부병제를 운영할 수 없어서 군사 제도도 자연스럽게 모병제로 바뀌게 되었지. 모병제는 급료를 받고 복무하는 직업 군인 고용 제도야. 이러한 상황에서 환관들이 마음대로 권력을 휘두르자 더욱 혼란해진 당은 결국 농민 반란인 '황소의 난' 이후 크게 쇠약해져 주전충에 의해 멸망하고 말았어.

당은 강력한 국력을 바탕으로 광활한 영토를 차지했는데, 주변 민족을 직접 통치하지 않고 그들의 자치를 인정하는 기미 정책을 시행했어. 그리고 일부 지역에 도호부를 설치함으로써 감시와 통제를 강화했지. 당은 고구려를 멸망시킨 뒤 평양에 안동도호부를 설치해 지배하려 했지만 신라와 고구려 유민의 반발로 뜻대로 되지 않았어. 하지만 당은 주변 국가와 친선 관계를 유지하고 교류하려고 노력했어. 당이 서역으로 진출하며 아바스 왕조와 격돌한 탈라스 전투에서 고구려 유민이었던 고선지가 당의 장군으로 출전한 기록도 남아 있대. 당은 탈라스 전투에서 아바스 왕조에 패하며 서역으로의 진출을 중단하고 말았어. 이때 제지술이 이슬람을 통해 유럽으로 전파되기도 했단다.

1. 수나라가 추진한 정책으로 옳지 <u>않은</u> 것은?

   ① 고구려를 여러 차례 침략했으나 실패했다.

   ② 3성 6부제를 도입해 중앙집권을 강화했다.

   ③ 율령체제를 마련해 형법과 행정법으로 통치했다.

   ④ 과거제도를 실시해 능력에 따라 인재를 등용했다.

   ⑤ 대운하를 건설해 남북 물자 교류를 원활하게 했다.

2. 당나라 전기에 운영된 토지·조세·군사 제도의 연결로 옳은 것은?

   ① 균전제 - 조용조 - 부병제   ② 봉건제 - 공납 - 상비군

   ③ 정전제 - 역 - 군현제   ④ 토지세 - 전매제 - 모병제

   ⑤ 대토지제 - 양세법 - 모병제

3. 북위 효문제가 추진한 선비족과 한족의 융합 정책은 무엇일까?

4. 당나라가 서역으로 진출하다가 아바스 왕조에 패배한 전투는 무엇일까?

5. 당나라의 균전제가 붕괴된 이유와 그 결과를 설명해 보자.

   힌트 균전제 붕괴 → 조세 변화 → 군사 제도 변화 순서로 정리해 보자.

👍 더 알고 싶어 119

📖 도서　▷ 영상　🔍 사이트

▷ **[벌거벗은 세계사] '진짜' 삼국지 알아보기 (디글)** 삼국 시대에서 수·당으로 이어지는 중국 역사의 큰 흐름을 정리하고, 누가 통일을 완성하는지 확인해 보자.

▷ **지도로 보는 위진남북조&수나라 역사 (로빈의 역사 기록)** 지도를 보며 분열된 중국이 다시 통일되는 과정을 연표와 함께 정리해 보자.

▷ **지도로 보는 어마무시 영토 당나라 역사 (로빈의 역사 기록)** 당나라의 넓은 영토를 보고, 이렇게 넓은 나라를 다스리기 위해 어떤 정책이 필요했을지 적어 보자.

당의 문화는 동아시아 각국에 어떤 영향을 주었을까?

당의 문화와 동아시아 문화권

한자, 율령, 유교, 불교 등 당의 문화는 동아시아 각국에 전파되었어.
이처럼 당은 문화적으로 융성했던 중국을 상징하는 나라야.
당의 문화가 동아시아 곳곳에 퍼져 형성된 동아시아 문화권에 대해 알아보자.

학습 키워드 #당 #한자 #율령 #유고 #불교 #동아시아문화권
교과 연계 중2 1학기 > 역사(세계사) > Ⅱ-2. 동아시아 문화의 형성과 확산

귀족적인 당의 문화

당의 문화를 이끌어간 주체는 귀족이었기 때문에 당 문화는 귀족적인 모습을 보이고 있어. 당 문화의 귀족적인 색깔이 드러난 대표적인 사례는 바로 '당삼채'야. 당삼채는 당나라 때 만들어진 세 가지 색으로 채색된 도자기를 말해. 주로 갈색, 흰색, 녹색 세 가지 색깔을 사용했는데, 색깔이 화려해 귀족적인 느낌이 든다고 해.

당나라 귀족의 취미와 생활 모습을 보여주는 이 도자기는 주로 귀족의 장례 때 껴묻거리(부장품)로 함께 묻을 용도로 만들어졌어. 발해삼채, 요삼채, 나라삼채 등 동아시아 각국에서 당삼채를 따라 만든 도자기가 만들어질 정도였다니 당 문화가 동아시아 각국에 끼친 영향력을 새삼 엿볼 수 있기도 해. 당의 귀족적인 문화를 보여주는 또 하나의 사례는 시야.

이 시기를 대표하는 시인에는 이백과 두보가 있지. 중국에서 이백이 시선詩仙이라면 두보는 시성詩聖이라고 불려. 이는 누가 더 우월해서 붙인 명칭이 아니라 각자의 스타일이 그러했기 때문이야. 강산과 함께 풍류를 즐기는 이백의 시에서는 도교적인 정취가 느껴지고, 사회 풍

↑ 당삼채

자와 교훈적인 주제를 담아 낸 두보의 시에서는 유교적인 색깔이 강하게 드러나지. 따라서 이백에게는 도교의 신선 이미지를 붙인 것이고, 두보에게는 유교의 성인 이미지를 붙여 준 거야.

국제적인 당 문화

당 문화는 귀족적이었을 뿐 아니라 국제적인 특징도 지니고 있어. 당은 대외 개방 정책을 펼치며 각국과 활발히 교류했어. 당의 수도였던 장안에는 신라, 일본, 중앙아시아, 서아시아 등 세계 각지에서 온 외국인이 활동했고, 이슬람교 및 조로아스터교 사원도 세워졌어.

장안성은 최전성기 인구가 100만 명에 달하며 당시 세계 3대 도시였던 동로마 제국의 수도 콘스탄티노플이나 아바스 왕조의 수도 바그다드보다도 규모가 훨씬 컸어. 당시 동아시아 각국에서는 장안을 본떠 수도를 건설했는데 일본의 헤이조쿄, 발해의 상경성이 대표적인 곳이야.

동아시아로 전래진 당의 문화

당이 세계적인 제국으로 발전하고 주변의 한국, 일본, 베트남 등과 교류하면서 당의 문화가 자연스럽게 동아시아 각국에 전해졌어. 이를 통해 한자, 율령, 유교, 불교 등을 공통 요소로 하는 동아시아 문화권이 형성되었지.

한자는 일종의 공용 문자 역할을 하면서 한반도의 이두, 일본의 가나 문자, 베트남의 쯔놈 문자에 영향을 주었어. 율령은 각국의 왕권 강화와 중앙집권 체제 정비에 이용되었지. 율령 체제는 형법과 행정법 중심으로 국가를 운영해 나가는 통치 방식인데, 한국, 일본, 베트남 모두 각국의 실정에 맞는 율령을 제정·반포했어. 유교는 동아시아의 정치, 사회적 이념이 되었고, 불교는 왕권을 드높이는 것뿐만 아니라 민심을 통합하는 데 큰 역할을 했지.

이 시기 동아시아 문화권에 속한 한국, 일본, 베트남 등은 당의 문물을 무조건적으로 수용한 것이 아니라 각자의 사정에 맞춰 주체적으로 수용했어. 따라서 동아시아 각국의 고유한 문화가 발전할 수 있었고, 이는 이후에도 오랫동안 계승될 수 있었지. 그래서 오늘날 한국·중국·일본·베트남 문화 속에도 공통점이 남아 있는 거란다.

1. 당 문화의 특징으로 옳지 <u>않은</u> 것은?

    ① 귀족적인 성격을 보였다.

    ② 당삼채와 시 문화가 발달했다.

    ③ 대외 개방 정책으로 국제성이 강했다.

    ④ 불교·유교·한자 등이 서양으로 전파되었다.

    ⑤ 장안에는 외국인과 다양한 종교가 공존했다.

2. 당나라 때 만들어진 세 가지 색의 도자기로 귀족 생활과 취향을 보여주는 것은 무엇일까?

    ---

3. 이백은 '시선', 두보는 '시성'이라 불렸는데, 그 이유를 설명해 보자.

    힌트 각각의 사상적 배경을 떠올려 보자

    ---

4. 동아시아 문화권의 공통 요소와 각국이 이를 수용한 방식에 대해 설명해 보자.

    힌트 공통 요소(한자·율령·유교·불교) → 각국의 주체적 수용 → 오늘날까지의 영향 순으로 정리해 보자!

더 알고 싶어 119   📖 도서   ▷ 영상   🔍 사이트

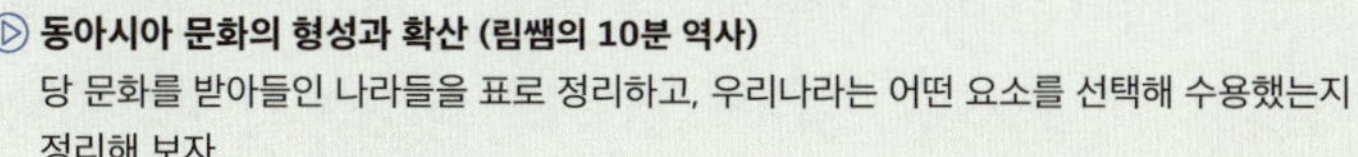

▷ **젓가락 길이만 봐도 어느 나라 젓가락인지 안다? (EBS)**
한·중·일 젓가락의 모양과 사용법을 비교해 보고, 음식 문화의 차이가 역사와 어떻게 연결되는지 생각해 보자.

▷ **동아시아 문화의 형성과 확산 (림쌤의 10분 역사)**
당 문화를 받아들인 나라들을 표로 정리하고, 우리나라는 어떤 요소를 선택해 수용했는지 정리해 보자.

이슬람교는
어떤 특징을 갖고 있을까?

전자 산업의 '메카'라는 말 들어 본 적 있지?
메카는 이슬람교의 창시자인 무함마드가 태어난 최고의 성지야.
이슬람교는 어떤 종교이고 무슬림의 문화는 어떤 특징이 있는지 알아보자.

학습 키워드　#이슬람교 #메카 #메디나 #헤지라 #무함마드 #아바스왕조 #쿠란 #할랄 #모스크
교과 연계　중2 1학기 > 역사(세계사) > Ⅱ-3. 이슬람 문화의 형성과 확산

이슬람교의 창시

　6세기 후반 동서 무역로를 차지한 비잔티움 제국과 사산 왕조 페르시아가 대립하면서 무역로가 막히자 아라비아반도의 교역로가 활성화돼. 그 결과 아라비아반도 서부의 메카와 메디나가 새로운 무역 중심지가 되었지. 이로 인해 소수의 귀족이 상업을 통해 얻은 부를 독점하면서 빈부 격차가 심해졌고 부족 간 갈등도 자주 발생했어.

　이 시기에 메카의 상인 출신 무함마드가 유일신 알라를 숭배하는 이슬람교를 창시했지. 모든 인간이 평등하다고 주장하는 이슬람교에 많은 사람들이 호응했지만, 메카의 귀족들은 이들을 탄압했어. 622년 무함마드는 귀족의 탄압을 피해 신자들을 이끌고 메디나로 이동하는데, 이를 '헤지라'라고 해. 헤지라는 이슬람력의 기원이 되었어. 무함마드는 메디

나에서 세력을 키워 다시 메카에 입성했고, 이후 아라비아반도 대부분이 이슬람 세력에 의해 통일되었지.

무함마드가 죽은 후 이슬람교의 종교적 지도자이자 정치 지배자인 칼리프를 선출했던 시대를 '정통 칼리프 시대'라고 해. 이때 이슬람 세력이 사산 왕조 페르시아를 멸망시키고 서아시아 지역의 주도권을 갖게 되지. 하지만 4대 칼리프 알리가 암살되면서 우마이야 가문이 칼리프 지위를 세습하는 우마이야 왕조가 수립되었어. 우마이야 왕조는 영토를 크게 넓혔지만, 아랍인 중심 정책을 펼치면서 정복지 주민에게 세금을 더 걷고 관직 진출에도 제한을 두었대. 이에 불만을 가진 정복지 주민과 알리를 추종하는 시아파 세력을 이용해 아바스 가문이 아바스 왕조를 열었지.

아바스 왕조는 우마이야 왕조와 달리 아랍인이 아니어도 중요 관직을 허용하고, 각종 차별을 폐지하며 사람들의 환영을 받았어. 또한 당과 맞서 싸운 탈라스 전투에서 승리하면서 비단길을 통한 동서 교역의 주도권까지 갖게 되어 경제적으로도 번영할 수 있었다고 해.

이슬람 문화의 확대

이슬람 제국은 정복지에 이슬람교를 강요하지 않았지만, 이슬람교로 개종하면 세금 일부를 면제해 주는 정책을 펼쳤어. 그 결과 이슬람교가 널리 퍼질 수 있었지. 이에 따라 이슬람 문화권도 점차 확대되었어. 이슬람교의 경전인 『쿠란』은 사람들의 일상생활에 큰 영향을 주었대. 이슬람교도(무슬림)는 쿠란에 적힌 5행을 반드시 실천해야 하는 의무가 있어. 5행은 라마단 기간에는 해가 떠 있는 동안 음식을 먹지 않는다, 재산의 일부를 가난한 사람을 돕기 위해 기부한다, 평생에 한 번 이상 메카를

↑ 쿠란

순례한다, 하루 다섯 번 메카를 향해 기도한다, "알라 이외의 신은 없고, 무함마드는 신의 사도"라는 신앙 고백을 한다는 내용을 담고 있어. 또한 『쿠란』은 원칙적으로 번역을 금지했기 때문에 이슬람교가 전파된 지역에서는 자연스럽게 아랍어가 공용어로 사용되었지.

한편 이슬람 세계에서는 소, 양, 염소 등의 동물을 이슬람식으로 도축하는 의식을 거쳐야 먹을 수 있어. 이를 '할랄'이라고 하는데 할랄은 '허용된 것'을 뜻해. 반면 '하람'은 '금지된 것'이라는 뜻이야. 이슬람교도들은 하람인 돼지고기를 먹지 않지. 또한 이슬람교도는 서아시아 지역의 기후와 환경에 맞춰 강한 햇빛과 모래바람을 막아 주는 헐렁하고 온몸을 가리는 옷을 입는데, 특히 여성들은 히잡, 차도르, 니캅, 부르카 등 지역마다 다른 전통 의상을 착용해야 해.

이슬람 문화권의 대표 건축물은 모스크야. 둥근 지붕인 돔과 뾰족한 탑으로 장식된 모스크는 우상 숭배를 금지하는 교리에 따라 사람이나 동물을 직접 그리는 것이 금지되었기 때문에 기하학적 무늬와 글자로 내부를 대신 장식했지. 이를 아라베스크 무늬라고 해. 또한 이슬람에서는 그리스 철학에 관한 관심이 높아서 철학 연구도 활발했어. 아리스토텔레스의 저술을 아랍어로 번역해 연구한 다음 유럽에 다시 전해 주어 르네상스에도 기여했지. 『천일야화』는 이슬람 문화권의 대표적인 문학 작품이야. 우리에게도 널리 알려진 신밧드의 모험, 알라딘 이야기 등이 담겨 있지. 지리학에서는 이븐 바투타의 『여행기』, 역사에서는 이븐 할둔의 『역사서설』이 편찬되었어. 또한 도시마다 큰 도서관이 건립될 정도로 지식과 학문이 크게 발전했대.

이슬람 세계에서는 페르시아와 인도의 학문을 받아들인 결과 과학이 발전했는데, 특히 화학, 의학, 천문학, 수학 등이 활발히 연구되었어. 의학에서는 이븐 시나가 『의학전범』을 완성했고, 수학에서는 인도에서 만들어진 0의 개념을 발전시켜 아라비아 숫자를 완성했지. 아바스 왕조의 수도였던 바그다드에는 천문대가 세워질 정도로 천문학이 발전했는데, 이는 학술적 목적으로 건립된 최초의 천문대였대. 이슬람 세계에서 발전한 자연과학은 중국의 제지술, 인쇄술, 나침반, 화약과 함께 유럽에 전파되어 유럽 근대과학의 발전에도 큰 영향을 끼쳤어.

1. 무함마드가 메카에서의 탄압을 피해 신자들과 메디나로 이주한 사건은?

① 쿠란　　　② 할랄　　　③ 지하드　　　④ 헤지라　　　⑤ 정통 칼리프 시대

2. 이슬람 제국의 왕조와 특징을 올바르게 연결한 것은?

① 정통 칼리프 시대 - 칼리프를 세습했다.
② 아바스 왕조 - 아랍인만 관직에 오를 수 있었다.
③ 아바스 왕조 - 정복 활동을 멈추고 쇠퇴만 거듭했다.
④ 우마이야 왕조 - 차별을 폐지하고 각종 개혁을 추진했다.
⑤ 우마이야 왕조 - 아랍인을 우대하고 정복지 주민을 차별했다.

3. 무슬림이 반드시 지켜야 하는 다섯 가지 의무를 무엇이라고 할까?

4. 무슬림이 먹을 수 있는 '허용된 것'을 뜻하는 용어는 무엇일까?

5. 이슬람 문화가 학문과 유럽 문명 발전에 어떤 영향을 주었는지 설명해 보자.

힌트 고대 그리스 철학 연구 → 아랍어 번역 → 유럽 전파 → 르네상스·과학 발전 순으로 정리해 보자.

 **더 알고 싶어 119**　　　📑 도서　▷ 영상　🔍 사이트

▷ **"한국인인데 왜 그래?" 17살, 저는 한국인 무슬림입니다 (중앙일보)**
한국에 사는 무슬림 청소년의 이야기를 들으며, 종교적 다양성을 존중하는 태도가 왜 중요한지 생각해 보자.

▷ **[차이나는 클라스] 분쟁의 역사부터 이슬람교에 대한 오해와 진실까지 (교양 Voyage)** 이슬람교에 대한 대표적인 오해 2~3가지를 적고, 영상에서 어떻게 설명하는지 정리해 보자.

▷ **최강1교시-이슬람학자 박현도의 히잡과 이슬람 (G1에듀플러스)** 히잡을 둘러싼 다양한 의견을 들어 보고, 나와 다른 문화·가치를 존중하는 방법을 글로 정리해 보자.

▷ **영화 〈킹덤 오브 헤븐〉 (15세 이상 관람가)** 십자군 전쟁을 배경으로 한 영화 속 장면을 보고, 기독교와 이슬람 세력 사이의 갈등이 어떻게 표현되는지 살펴보자.

중세 서유럽 사회는 어떤 모습이었을까?

서유럽 세계의 형성

프랑스, 이탈리아, 독일은 오늘날 서유럽의 핵심을 이루는 세 국가로,
북유럽 지역에 살던 게르만족이 이동해 세운 프랑크 왕국에서 비롯되었어.
서유럽 문화의 기틀을 마련한 프랑크 왕국에 대해 알아보자.

학습 키워드　#게르만족 #프랑크왕국 #카롤루스대제 #봉건제 #장원 #농노
교과 연계　중2 1학기 〉 역사(세계사) 〉 Ⅱ-4. 크리스트교 문화의 형성과 확산

게르만족의 이동과 프랑크 왕국

　　게르만족은 북유럽 지역에 살던 민족으로 로마 제국의 전성기에 라인 강과 다뉴브 강 유역에 내려와 부족 단위로 살고 있었어. 4세기 말 중앙아시아의 유목 민족이었던 훈족이 게르만족을 압박하자, 흑해 북쪽의 동고트족을 시작으로 여러 게르만족이 로마 제국의 국경을 넘어 대규모로 이동하기 시작했대. 훈족이 서쪽으로 이동한 이유는 한과 흉노의 대립으로 흉노족이 서쪽으로 이동하자 이에 밀린 훈족이 서쪽으로 이동했고, 게르만족도 그에 따라 이동할 수밖에 없었기 때문이야. 최근에는 기후 변화로 민족대이동이 발생했다는 학설도 있어. 이 과정에서 476년에 서로마 제국이 멸망한 반면, 동로마 제국(비잔티움 제국)은 1453년까지 지속되었지. 게르만족이 이동하면서 세운 여러 왕국은 대부분 오래가

↑ 카롤루스 대제의 대관식

지 못했지만, 프랑크 왕국은 크게 성장하며 오랫동안 지속되었어.

그 첫 번째 이유는 원래 거주지로부터 이동 거리가 짧았기 때문이고, 두 번째 이유는 프랑크 왕국의 초대 왕인 클로비스가 크리스트교로 개종하면서 로마 교회의 지지를 얻었기 때문이야. 프랑크 왕국은 카롤루스 대제 때 전성기를 맞이했어. 카롤루스 대제는 활발한 정복 활동을 통해 옛 서로마 제국 영토의 많은 부분을 회복했고, 정복한 지역에 크리스트교를 장려했어. 그러자 로마 교황은 카롤루스 대제에게 서로마 황제의 관을 씌워 주었지.

이 사건은 로마 문화와 크리스트교, 게르만 문화가 융합해 새로운 서유럽 문화의 기틀이 마련되었음을 뜻해. 하지만 카롤루스 대제가 죽은 후 프랑크 왕국은 서프랑크, 중프랑크, 동프랑크 세 개의 국가로 분열되었어. 서프랑크는 프랑스, 중프랑크는 이탈리아, 동프랑크는 독일의 기원이 되었지.

바이킹의 침입과 중세 봉건 사회의 탄생

한편 서유럽 세계는 프랑크 왕국의 분열과 함께 이슬람과 바이킹(노르만족)의 침입으로 또 한 번 몸살을 앓았어. 특히 북유럽의 스칸디나비아 반도 근처에 살고 있던 바이킹은 배를 타고 유럽의 바다와 강을 거슬러 올라와서 유럽 곳곳을 침략했어.

　이에 위기의식을 느낀 각 지방의 유력자들은 생명과 재산을 보호하기 위해 성을 쌓고 무장하며 기사 계급으로 성장했지. 기사들은 자신보다 세력이 강한 기사를 주군으로 삼았고, 주군은 자신에게 충성과 봉사를 맹세한 기사에게 토지(봉토)를 주어 봉신으로 삼았어. 이를 주종 관계라고 하는데 중국 주나라의 주종 관계가 혈연에 근거한 것과 달리 서유럽의 봉건제는 쌍무적 계약 관계로 어느 한쪽이 의무를 다하지 않으면 언제든 파기될 수 있었어. 따라서 봉신은 자신의 영토 안에서 주군의 간섭 없이 통치권을 행사했고 그 결과 서유럽 지역을 중심으로 지방 분권적 봉건 사회가 형성되었어.

　주종 관계는 모든 지배층 사이에서 맺어진 관계로 한 기사는 누군가에게는 주군이 될 수도 있고, 누군가에게는 봉신이 될 수도 있었어. 이렇게 지배층 내의 중첩된 관계가 피라미드 형태로 갖춰진 것이 서유럽 봉건 사회의 특징이야. 봉신이 주군에게 받은 봉토는 장원으로 운영되었는데, 자연스럽게 봉신은 장원의 주인인 영주가 되었어.

　장원의 토지는 경작지, 목초지, 삼림으로 나뉘었고, 경작지는 영주 직영지와 농민 보유지로 구분되었는데, 중세의 경작지는 삼포제로 운영되었어. 삼포제란 경작지를 춘경지, 추경지, 휴경지로 삼분하는 토지 이용 방식을 말해.

　농노는 장원에서 농사를 짓는 농민으로 영주에게 예속된 존재였어. 고대의 노예와 달리 집을 소유하고 결혼도 할 수 있었지만 거주 이전의 자유가 없었고, 일주일에 2~4일을 영주의 직영지에서 일해야 했어. 또한 장원 내의 여러 시설물 사용료를 비롯한 여러 세금을 부담해야만 했지. 농노에게는 계절마다 해야 할 노동이 정해져 있었다고 해.

1. 게르만족의 이동에 대한 설명으로 옳지 않은 것은?

　① 동고트족이 처음으로 이동을 시작했다.

　② 이동 과정에서 서로마 제국은 멸망했다.

　③ 기후 변화로 이동이 발생했다는 설도 있다.

　④ 4세기 말 훈족의 서쪽 이동이 계기가 되었다.

　⑤ 게르만족은 처음부터 크리스트교를 믿고 있었다.

2. 서유럽의 봉건제에 대한 설명으로 옳은 것은?

　① 왕과 제후 사이에만 맺어진 일방적 관계였다.

　② 주군과 봉신의 관계는 쌍무적 계약 관계였다.

　③ 주종 관계는 왕과 교황 사이에서만 형성되었다.

　④ 중국 주나라의 봉건제와 마찬가지로 혈연에 의존했다.

　⑤ 봉신은 주군의 간섭 없이 재판과 세금 징수가 불가능했다.

3. 프랑크 왕국의 초대 왕으로, 크리스트교로 개종해 로마 교회의 지지를 얻은 인물은 누구일까?

4. 봉신이 주군에게 받은 토지를 무엇이라 불렀을까?

5. 카롤루스 대제가 서로마 황제의 관을 받았던 사건의 의미를 설명해 보자.

　힌트 로마 문화 + 크리스트교 + 게르만 문화 융합 → 새로운 문화

▤▤ 도서　▷ 영상　🔍 사이트

더 알고 싶어 119

▷ **유럽 중세 역사 한 번에 다 보기 (로빈의 역사 기록)** 중세 유럽의 신분 구조와 교회의 역할을 도식으로 정리해 보자.

▷ **중세 유럽 봉건제도 한 번에 다 보기 (로빈의 역사 기록)** 봉건제를 '주고받는 관계' 관점에서 정리하고, 오늘날 우리 사회와 비슷한 점이 있는지 찾아보자.

▷ **영화 〈로빈 후드〉 (15세 이상 관람가)** 로빈 후드가 귀족과 백성 사이의 갈등을 어떻게 풀어 가는지 보며, 정의란 무엇인지 친구와 토론해 보자.

역사를 만들어가는 사람
세계사 콘텐츠 크리에이터

tvN에서 방영 중인 '벌거벗은 세계사', 한 번쯤 본 적 있지? 교수님과 패널들이 주제별로 대화하며 세계사를 풀어내는 우리나라의 유일무이한 교양 세계사 프로그램으로 역사 매니아들에게 많은 사랑을 받고 있지. 그런데 이런 방송 말고도 유튜브에는 다양한 세계사 콘텐츠 크리에이터들이 활약하고 있어. 어려운 세계사를 쉽고 재미있게 전달하고 싶다면 이 직업이 꽤나 매력적으로 다가올 거야.

세계사 콘텐츠 크리에이터는 어떤 사람일까?

세계사 콘텐츠 크리에이터는 세계사의 사건, 인물, 문화 같은 주제를 영상, 글, 강연 등으로 풀어내는 사람이야. 유튜브 영상이나 팟캐스트처럼 대중적인 콘텐츠를 만들기도 하고, 역사 교양서를 집필하거나 칼럼을 쓰기도 하지. 예를 들어 누군가는 '1분 세계사' 같은 짧은 영상을 통해 재미있게 역사를 소개하고, 또 다른 누군가는 깊이 있는 자료 조사를 바탕으로 다큐멘터리를 제작하기도 해. 이들의 공통점은 복잡하고 방대한 역사를 사람들이 이해하기 쉽도록 스토리텔링하는 능력이 뛰어나다는 거야.

뭘 준비해야 할까?

특별한 자격증이 꼭 필요한 건 아니지만, 역사에 대한 깊은 관심과 꾸준한 공부가 기본이란다. 세계사 책을 많이 읽거나 다큐멘터리를 보고 정리하는 습관이 큰 도움이 될거야. 글쓰기, 영상 편집, 디자인 같은 콘텐츠 제작 기술도 필요해. 학교에서 동아리 활동이나 프로젝트를 하면서 직접 콘텐츠를 만들어 본 경험이 있다면 더 좋아.

어떤 일을 할까?

책상에 앉아 자료를 조사하고 스크립트를 쓰기도 하고, 직접 촬영을 하거나 영상을 편집하기도 해. 또 독자나 시청자와 소통하기 위해 SNS를 운영하고, 댓글에 답하거나 라이브 방송을 하기도 하지. 어떤 날은 도서관에 가서 자료를 찾고, 어떤 날은 카메라 앞에서 이야기꾼이 되기도 해. 매일 다른 방식으로 역사를 풀어내는 거라 지루할 틈이 없을 거야.

돈을 얼마나 받을까?

사실 처음에는 큰 수익을 얻기 어려워. 하지만 유튜브 채널이 성장하거나 책이 많이 팔리면 안정적인 수익을 얻을 수 있어. 특히 교육 프로그램에 참여하거나 기업, 방송사와 협업하면 더 다양한 수입원이 생기지. 중요한 건 '돈'보다도 사람들이 내 콘텐츠를 통해 역사에 흥미를 느끼고 세상을 바라보는 눈을 넓히는 데 기여한다는 점에서 큰 보람을 느낄 수 있다는 거야.

앞으로의 전망

앞으로 세계사 콘텐츠 크리에이터의 역할은 더 커질 거야. 유튜브, 틱톡, 인스타그램 같은 플랫폼을 통해 짧고 재미있는 역사 콘텐츠에 대한 수요가 점점 늘어나고 있거든. 또 인공지능 시대에도 '사람의 관점으로 역사를 풀어내는 이야기꾼'은 여전히 필요해. 이 직업이 멋진 이유는 내가 만든 영상, 글, 책이 누군가의 생각을 바꾸고, 역사를 보는 시야를 넓히는 데 기여할 수 있다는 점이야. 역사를 좋아하고, 다른 사람들과 나누고 싶다면 누구든 도전할 수 있는 직업이야.

세상은 넓고 나라는 많다

동서양 각 문명의 독자적 발전과 교류의 시작

동유럽과 서유럽 문화가 다른 이유는 무엇일까?

비잔티움 제국과 동유럽 문화의 형성

같은 유럽이지만 서유럽과 동유럽의 문화는 그 차이가 매우 뚜렷해.
서유럽에서는 라틴문자를 사용하는 반면
동유럽의 그리스 정교 문화권에서는 주로 키릴문자를 사용하지.
서유럽과 동유럽이 서로 다른 문화를 갖게 된 이유는 무엇일까?

학습 키워드　#비잔티움제국 #유스티니아누스황제 #성소피아대성당 #비잔티움양식 #그리스정교
교과 연계　중2 1학기 〉 역사(세계사) 〉 II -4. 크리스트교 문화의 형성과 확산

비잔티움 제국과 그리스 정교

서로마 제국은 476년 게르만족에 의해 멸망했지만, 동로마 제국(비잔티움 제국)은 천 년 가까이 로마 제국의 전통을 이어 나갔어. 비잔티움 제국 시절의 수도인 콘스탄티노폴리스(오늘날의 이스탄불)는 유럽과 아시아를 잇는 동서 무역의 중심지로 크게 번영했지.

콘스탄티노폴리스는 로마가 동서로 분열하기 전 콘스탄티누스 대제가 제국의 수도로 삼으면서 비약적으로 발전하기 시작했어. 1453년 오스만 제국에게 멸망하기 전까지 제국의 수도이자 비잔티움 문화의 중심지 역할을 수행했지.

비잔티움 제국은 6세기 전반 유스티니아누스 황제 때가 전성기였어. 유스티니아누스 황제는 대규모 정복 전쟁을 통해 이탈리아, 아프리

카 북부, 에스파냐 남부 등 로마의 전성기에 버금가는 수준으로 영토를 크게 넓혔단다. 또한 여러 형태로 전해지던 로마 시대의 법을 체계적으로 정리하여 『유스티니아누스 법전(로마법 대전)』을 완성했는데, 이는 유럽의 근대 법 발전에 큰 영향을 끼쳤어. 비잔티움 제국은 지방 분권적 봉건 사회였던 서유럽과 달리 강력한 황제권을 바탕으로 황제 중심의 중앙집권 체제를 유지했지. 비잔티움 제국의 황제는 정치·군사는 물론 교회도 지배했는데, 이는 '황제교황주의'로 황제가 교황의 권위를 겸하는 것을 뜻해.

비잔티움 제국의 황제 레오 3세는 성상 숭배 금지령을 내리기도 했어. 서로마에서는 게르만족에게 기독교를 전파할 때 성상 숭배가 중요한 역할을 했지만 비잔티움 황제들은 신학적 이유와 정치적 목적을 내세워 성상 숭배 금지령을 내리고 성상을 파괴하기도 했지. 이로 인해 동서 교회의 갈등이 심해졌고, 결국 1054년 서유럽의 로마 가톨릭과 비잔티움 제국의 그리스 정교로 분열되었어. 7세기 중반 이후 비잔티움 제국은 외적의 침입에 시달렸는데, 제국은 이에 맞서기 위해 농민들에게 토지를 지급하고 외적을 막게 했대.

이로 인해 농노제가 발달한 서유럽과 달리 비잔티움 제국에서는 자영농이 성장했지만 시간이 지나 대토지 소유가 확산되면서 자영농은 점차 어려움을 겪기도 했지. 그러나 비잔티움 제국은 이슬람 세력인 셀주크 튀르크의 침입으로 유럽과 아시아를 잇는 중요 통로인 소아시아 지역을 잃었고, 결국 1453년 오스만 제국에 의해 멸망하고 말았어.

비잔티움 제국의 문화와 모스크바 공국

비잔티움 제국은 서유럽과는 다른 독자적인 문화를 발전시켰어. 그리스 정교를 바탕으로 그리스·로마 문화와 헬레니즘 문화를 융합한 것이었지. 7세기 이후에는 라틴어 대신 그리스어가 공용어로 자리 잡으면서 인간 중심적인 그리스 고전의 수집과 연구가 활발하게 이루어졌어. 이는 신학 연구가 중심이었던 중세 서유럽과 달랐던 점이야.

이들의 연구 자료는 나중에 이탈리아에 전해지며 그리스·로마 고전 문예 부흥 운동인 르네상스에 영향을 주었어. 건축과 미술에서는 외부의 거대한 돔과 내부의 화려한 모자이크화가 특징인 비잔티움 양식이 유행했지. 비잔티움 양식의 대표 건축물로는 유스티니아누스 황제 때 완성된 성 소피아 대성당이 있어. 성 소피아 대성당은 오늘날에는 아야 소피아(하기아 소피아)라는 이름으로 불리는데, 1453년 오스만 제국에 의해 비잔티움 제국이 멸망한 이후에는 4개의 첨탑이 세워지며 이슬람 사원으로 개조되어 사용되었단다.

그리스 정교를 비롯한 비잔티움 문화는 슬라브족에 전파되어 오늘

↑ 아야 소피아 (성 소피아 대성당)

날 동유럽과 러시아 문화권의 토대가 되었어. 유럽의 동북부에 살던 슬라브족은 6세기 무렵부터 발칸반도, 동유럽 및 러시아 지역에 정착하며 비잔티움 문화에 동화되었지. 이들 대부분은 그리스 정교를 받아들였지만 일부는 로마 가톨릭을 받아들이기도 했어.

9세기 말 오늘날의 러시아 지역에서 성립된 키예프 공국은 비잔티움 제국과 교역하며 그리스 정교를 국교로 받아들이고 슬라브어 성경 번역을 위해 그리스 선교사 형제 키릴과 메토디우스가 만든 문자(키릴문자)를 사용했대. 또한 비잔티움 양식에 영향을 받은 성 소피아 대성당을 세웠는데, 슬라브족의 전통 양식과 비잔티움 양식을 결합한 양파 모양의 독특한 돔이 특징이야.

우크라이나 키이우에 있는 성 소피아 대성당은 유네스코 세계유산에 등재되었어. 15세기 중엽 비잔티움 제국이 멸망하자 러시아(모스크바 공국)는 비잔티움 제국의 계승자를 자처하며 그리스 정교를 보호하기 위해 노력했고, 모스크바를 콘스탄티노폴리스에 이은 '제3의 로마'라고 주장하기도 했지. 제3의 로마 논쟁은 476년 서로마가 멸망한 이후 '과연 누가 로마 제국을 계승한 나라인가?'를 둘러싸고 제기된 주장들인데, 제3의 로마라는 명칭을 처음 쓴 것이 바로 모스크바 공국이야. 비잔티움 황실의 혈통을 이어받은 소피아 팔레올로기나는 러시아의 모스크바 공국의 이반 3세와 결혼하면서 모스크바 공국이 비잔티움 제국의 정통성을 계승했다는 주장에 큰 힘을 실어 주었어. 이는 이후 러시아 제국의 이데올로기로 작용하기도 했지.

1. 비잔티움 제국에 대한 설명으로 옳지 <u>않은</u> 것은?

　① 수도는 콘스탄티노폴리스였다.

　② 서로마 제국보다 먼저 멸망하였다.

　③ 『유스티니아누스 법전』을 편찬하였다.

　④ 유스티니아누스 황제 시기 전성기를 맞았다.

　⑤ 황제가 교회까지 지배하는 황제교황주의가 있었다.

2. 동서 교회가 분열된 직접적 계기와 관련이 깊은 것은?

　① 게르만족의 이동　　　② 성상 숭배 금지령　　　③ 르네상스 운동의 전개

　④ 카롤루스 대제의 대관식　⑤ 유스티니아누스 법전 편찬

3. 비잔티움 제국과 서유럽 사회의 차이점을 써 보자.

4. 슬라브족이 그리스 정교를 받아들이며 사용하기 시작한 문자는 무엇일까?

5. 모스크바 공국이 '제3의 로마'를 자처한 이유를 설명해 보자.

　힌트 비잔티움 멸망 / 그리스 정교 계승 / 황실 혈통과 혼인

📖📖 도서　▷ 영상　🔍 사이트

더 알고 싶어 119

▷ **비잔티움 제국 역사 한 번에 다 보기 (로빈의 역사 기록)**
비잔티움 제국의 종교와 문화 특징을 정리하고, 서유럽의 가톨릭 세계와 비교해 보자.

▷ **동방정교가 러시아의 국교가 된 까닭은? 먼나라 이웃나라 세계사 디스커버리 (김영사)**
동방 정교회가 러시아 문화와 예술에 어떤 영향을 주었는지 사례를 찾아 정리해 보자.

중세 서유럽 사회는
어떤 사건을 계기로 변화했을까?

중세 서유럽 문화와 유럽 사회의 변화

흑사병은 중세 유럽 인구의 약 3분의 1이 줄어들게 한 무서운 질병이었어.
흑사병이 유럽을 덮치면서 중세 유럽은 큰 변화를 맞이했지.
흑사병 이후 중세 유럽은 어떻게 변화했을까?

학습 키워드　#크리스트교 #서임권투쟁 #카노사의굴욕 #스콜라철학 #십자군전쟁 #흑사병 #백년전쟁
교과 연계　중2 1학기 〉 역사(세계사) 〉 Ⅱ-4. 크리스트교 문화의 형성과 확산

중세 서유럽의 교황 중심 사회

로마 가톨릭에서는 그리스도의 12사도 중 첫 번째 사도인 베드로를 초대 교황으로 보고 있어. 로마 교회 주교는 스스로를 베드로의 후계자라 주장하며 교황이 되었고, 교황은 서유럽에 생겨난 프랑크 왕국 및 신성 로마 제국과 연합하며 비잔티움 제국(동로마 제국) 황제의 간섭으로부터 벗어나 영향력을 확대해 갔지.

이로써 교황은 로마 가톨릭 교회의 수장으로서 서로마 사회를 이끌어 가는 정신적 지주 역할을 하게 되었어. 교회는 국왕이나 제후로부터 토지를 기증받거나 직접 토지를 개간해 많은 토지를 소유했고, 교회의 성직자들은 봉건 영주로서 장원 내에서 농노의 지배자가 되었지. 농노는 영주의 성이 자신을 물리적으로 보호해 주고, 교회는 자신을 신앙적으로

보호해 준다고 생각했어. 이렇게 로마 가톨릭 교회는 중세 서유럽 사람들의 신앙은 물론 일상생활까지도 강력히 지배했기에 "교회를 떠나서는 태어날 수도 죽을 수도 없다."라는 말까지 생겨날 정도였단다.

하지만 교회의 규모가 점점 커지고 세속화되면서 성직자의 혼인, 성직 매매 등 부패와 타락이 발생하자 10세기 초 클뤼니 수도원을 중심으로 교회 개혁 운동이 일어났어. 교회 개혁 운동은 프랑스, 에스파냐, 이탈리아, 독일에까지 영향을 미쳤는데, 이 운동이 성공하면서 클뤼니 수도원의 권한이 강화되었지. 개혁 의지가 큰 클뤼니 수도원 출신 교황들이 나타나면서 자연스럽게 교황의 지위가 강화되었고, 성직자 임명권을 둘러싼 교황과 세속 군주의 대립은 심화되었어.

클뤼니 수도원 중심의 개혁을 통해 권력을 강화하기 시작한 교황 그레고리우스 7세는 세속 군주가 행사하던 성직자 임명권을 교회가 가져야 한다고 주장했지. 여기에 하인리히 4세가 뛰어난 능력으로 황제권을 강화하는 모습을 본 신성 로마 제국의 제후들이 위기감을 느끼면서 교황과 뜻을 같이하게 되었어. 신성 로마 제국의 황제였던 하인리히 4세가 교황에게 반발하며 저항하자 교황은 하인리히 4세를 파문했지.

하인리히 4세의 아버지인 하인리히 3세는 본인의 재위 기간 중 교황을 세 번이나 갈아 치운 경험이 있어서 교황은 자신의 권력을 강화하기 위한 결단이 필요했어. 교황과 뜻을 같이한 신성 로마 제국의 제후와 주교들이 파문당한 하인리히 4세를 인정하지 않자 하인리히 4세는 카노사성에 머물던 교황을 찾아가 한겨울에 누추한 옷과 맨발로 성문 앞에서 무릎 꿇고 용서를 구했는데, 이를 '카노사의 굴욕'이라고 해. 이후 교황의 권한은 점점 강화되었는데, 13세기 무렵이 되면 당시 사람들이 '교황은 해, 국왕은 달'이라고 말할 정도로 절정에 달했어.

도시의 성장과 왕권의 강화

중세 서유럽은 크리스트교 중심의 문화로 철학에서도 신앙과 이성의 조화를 강조하는 스콜라 철학이 발전했어. 토마스 아퀴나스는 『신학대전』에서 스콜라 철학을 집대성했지. 교회와 수도원을 중심으로 이루어지던 학문 연구는 대학 설립으로 이어졌어. 건축도 교회와 수도원을 중심으로 발달했지. 돔형 천장과 반원 아치의 로마네스크 양식과 높고 뾰족한 탑(첨탑)

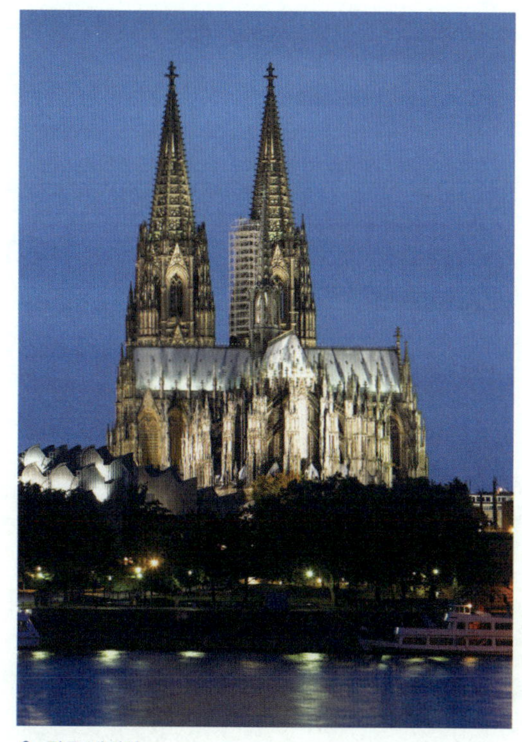

↑ 쾰른 대성당

과 스테인드글라스가 특징인 고딕 양식이 유행했어.

한편 11세기 말 이슬람 세력인 셀주크 튀르크가 예루살렘을 점령하고 비잔티움 제국을 위협하자 비잔티움 제국의 황제는 어쩔 수 없이 로마 교황에게 도움을 요청했어. 교황이 성지 예루살렘의 탈환을 호소하자 제후, 기사, 상인, 농민 등이 호응하면서 십자군 전쟁이 시작되었지.

십자군 전쟁은 200여 년간 지속되었지만 성지 회복이라는 본래 목적보다는 세속적 이익 등을 추구하다 변질되며 결국 실패로 끝났어. 교황의 권한 강화를 목적으로 시작한 십자군 전쟁의 실패로 교황의 권위는 추락했고, 이에 응한 제후와 기사들도 몰락하게 되었대. 반면 국왕의 권한은 강화되었지. 또한 전쟁 과정에서 동방과의 교역이 활발해지며 상공업이 발달했고 도시가 성장했어. 도시의 상공업자들은 동업 조합인 '길드'를 조직해 공동의 이익을 추구했지. 그리고 비잔티움 문화와 이슬람 문화가 서유럽에 전파되며 서유럽 문화 발전에 영향을 주었단다.

서유럽에서 상업과 도시가 발달하면서 화폐가 널리 사용됨에 따라 영주는 농노에게 부역과 현물 대신 화폐를 요구했고, 농노는 영주에게 돈을 지급하고 해방되기도 했어. 또한 도시에 거주하던 시민 계층은 영주에게 무력으로 저항하거나 돈으로 자치권을 획득하기도 했지. 게다가 흑사병이 유행하면서 유럽 인구가 크게 줄어 노동력이 부족해지자 영주들은 농노에 대한 처우를 개선해야만 했어. 그 결과 영주의 속박에서 벗어난 자영농이 늘어나며 장원이 해체되어 갔어. 그 과정에서 일부 영주들이 오히려 농민에 대한 속박을 강화하자 프랑스에서는 '자크리의 난' 같은 농민 반란이 일어나기도 했지.

교황과 기사, 봉건 영주의 세력이 약화되면서 국왕은 시민 계층의 도움을 얻어 왕권을 강화하게 되었어. 로마 교황청이 아비뇽으로 옮겨져 프랑스 국왕의 영향력 아래에 놓이는 사건도 일어났는데, 이를 '아비뇽 유수'라고 해. 각국의 국왕들이 중앙 집권화하는 과정에서 프랑스에서는 '백년 전쟁'이, 영국에서는 귀족 가문 간의 '장미 전쟁'이 일어났어. 이런 과정을 거치며 프랑스와 영국은 중앙 집권 국가로 성장했고, 에스파냐와 포르투갈도 이슬람 세력을 몰아내면서 중앙 집권 국가로 성장했어.

1. 교황과 황제의 대립을 보여주는 사건으로 옳은 것은?

　① 백년 전쟁　　　② 장미 전쟁　　　③ 아비뇽 유수　　　④ 자크리의 난
　⑤ 카노사의 굴욕

2. 클뤼니 수도원 개혁의 결과로 옳은 것은?

　① 교회의 부패가 심해지면서 교황권은 크게 약화되었다.
　② 수도원의 권위는 약화되었지만 국왕의 권력이 강화되었다.
　③ 신성 로마 제국 황제의 권위가 강화되어 교황보다 우위에 섰다.
　④ 교황은 더 이상 서유럽 사회에서 영향력을 행사하지 못하게 되었다.
　⑤ 교황권이 강화되면서 세속 군주와 성직자 임명권을 둘러싸고 대립했다.

3. 중세 도시의 상공업자들이 공동의 이익을 지키기 위해 만든 동업 조합은 무엇일까?

4. 십자군 전쟁이 실패로 끝났음에도 불구하고 서유럽 사회에 어떤 변화를 가져왔는지 서술해 보자.

　힌트 동방 교역 / 상공업 발달 / 도시 성장 / 문화 전파 / 왕권 강화

더 알고 싶어 119　　　📖 도서　▷ 영상　🔍 사이트

▷ **[벌거벗은 세계사] 권위를 위해 십자군을 이용한 교황이 쏘아 올린 예루살렘 비극의 시작 (디글)**
십자군 전쟁이 처음에는 어떤 명분으로 시작되었는지, 실제 결과는 어땠는지 비교해 보자.

▷ **십자군 전쟁 한 번에 다 보기 (로빈의 역사 기록)** 십자군 전쟁이 중세 유럽과 이슬람 세계에
끼친 긍정적·부정적 영향을 나누어 정리해 보자.

▷ **[벌거벗은 세계사] 중세 유럽의 역사를 바꾼 왕좌의 게임이 시작된다! "백년전쟁" (tvN Joy)** 백년전쟁 속에서 영국과 프랑스의 왕권과 국민 의식이 어떻게 변했는지 요약해 보자.

'르네상스'는 무엇의 부활을 의미할까?

르네상스는 14세기부터 16세기까지 유럽에서 일어난 문화 혁신 운동이야.
고대 그리스·로마의 인간 중심적 문화를 부흥시키고자 했던 운동이지.
르네상스의 구체적인 모습과 이어서 일어난 종교 개혁에 대해 알아보자.

학습 키워드 #르네상스 #이탈리아 #알프스이북 #레오나르도다빈치 #미켈란젤로 #우신예찬 #유토피아 #루터 #칼뱅

교과 연계 중2 1학기 〉 역사(세계사) 〉 Ⅱ-4. 크리스트교 문화의 형성과 확산

인간 중심 문화 부흥 운동, 르네상스

십자군 전쟁 이후 지중해 무역이 활발해지면서 지중해 연안에 위치한 이탈리아에서는 상공업과 도시가 발달했어. 고대 그리스와 로마의 유산이 많이 남아 있던 이탈리아에서는 십자군 전쟁과 교역을 통해 비잔티움 제국(동로마 제국)의 그리스·로마 고전에 대한 연구 결과를 접할 수 있었지. 유럽을 휩쓸었던 흑사병으로 인해 이탈리아의 대표적인 도시인 피렌체는 인구의 절반을 잃었어. 이 과정에서 성직자들이 환자를 돌보다 사망하는 비율이 높아지자 사람들은 교회의 권위에 의문을 품게 되었고 현실의 삶에 집중하기 시작했지. 그 결과 이탈리아에서 고대 그리스·로마의 인간 중심적 문화에 관한 연구를 중시하는 문예 부흥 운동이 시작되었는데, 이를 '르네상스'라고 해.

↑ 르네상스를 대표하는 명화 (보티첼리의 〈비너스의 탄생〉)

　르네상스는 이탈리아에서 시작되어 알프스 이북으로 확산되었어. 이탈리아에서는 문학과 예술 분야의 발전이 두드러졌지. 페트라르카의 서정시, 보카치오의 『데카메론』, 인체에 대한 사실적인 묘사가 돋보이는 미켈란젤로의 '다비드'상, 신비롭고 아름다운 미소가 담긴 레오나르도 다빈치의 '모나리자', 인체의 아름다움을 묘사한 보티첼리의 '봄' 등이 대표적이야. 반면 알프스 이북에서는 부패한 교회와 불합리한 현실을 비판하는 경향으로 르네상스가 전개되었어. 에라스뮈스는 『우신예찬』에서 당시 세태에 대한 풍자를 통해 로마 가톨릭의 부패를 고발하고 비판했지. 토마스 모어는 『유토피아』에서 현실에 존재할 수 없는 이상 사회를 묘사하며 당시 사회의 어리석음을 비판했대.

　한편 르네상스 시기에 발전한 자연과 인간에 대한 탐구는 자연스럽게 과학과 기술의 발달을 이끌었어. 우리가 화가로 알고 있는 레오나르도 다빈치는 해부학자이자 과학자이기도 했대. 또한 천동설이 지배하던 당시 사회에서 코페르니쿠스는 지동설을 주장하며 중세의 우주관을 뒤흔들었지. 지구중심설인 천동설은 움직이지 않는 지구가 우주의 중심에 있으며, 그 주변을 태양과 달, 행성들이 돈다는 학설이었어.

반면 지동설은 태양중심설로 태양이 우주의 중심에 위치해 있고, 그 주변을 지구와 달, 행성들이 공전한다는 학설이야. 천동설에서 지동설로의 변화는 인류의 새로운 우주관 정립과 근대 과학 발전에 지대한 영향을 끼쳤단다. 또한 중국의 4대 발명품인 화약과 나침반이 유럽에 들어와 개량되었고, 구텐베르크의 활판 인쇄술이 지식과 사상의 보급을 촉진하면서 르네상스의 확산에 기여했어.

종교 개혁과 신·구교 사이의 전쟁

부패한 교회와 불합리한 현실을 비판했던 알프스 이북의 르네상스는 자연스럽게 종교 개혁으로 이어졌어. 예술을 사랑한 교황 레오 10세는 라파엘로를 비롯한 여러 예술가를 초빙해 성 베드로 대성당 증축을 추진했는데, 재정난에 시달리면서 공사에 차질이 빚어지자 기금 마련을 위해 면벌부 판매를 승인했어.

면벌부란 연옥에서 받아야 할 형벌을 감면해 준다고 하며, 중세 후기에 가톨릭 교회가 판매하기 시작해 큰 논란을 일으킨 증서야. 독일의 마르틴 루터는 이를 비판하는 〈95개조 반박문〉을 발표했어. 루터는 교황이 어떠한 죄도 용서할 권한이 없으며, 교황의 면벌부를 통해 모든 형벌에서 벗어날 수 있다고 하는 것은 잘못이고, 진실로 회개한 모든 크리스트교도는 면벌부 없이도 벌이나 죄에서 완전히 해방될 수 있다고 주장했지. 즉 루터는 인간의 구원은 오직 신앙과 은총에 의해서만 가능하며 신앙의 근거는 성서라고 주장한 거야.

때마침 독일에서 발명된 구텐베르크의 활판 인쇄술에 힘입어 루터의 가르침이 널리 퍼졌고, 교황과 대립하던 독일 제후들의 지지를 받았어. 이후 아우크스부르크 화의를 통해 루터파가 공식적으로 승인되었지.

한편 스위스에서는 칼뱅이 '예정설'을 주장하며 종교 개혁을 추진했어. 예정설은 인간 개개인의 구원은 인간의 행위나 노력에 의하여 이루어지는 것이 아닌 하느님의 의지로 미리 정해진다는 거야. 스스로 근면하고 절제된 생활을 하는 것이 곧 신에게 선택받았음을 증명하는 것이라는 주장이었지.

이러한 칼뱅의 교리는 경제적 이윤 추구를 정당화하는 것이기에 당시 성장하고 있는 신흥 상공업자들의 지지를 받았대. 영국에서는 헨리 8세가 자신의 이혼을 로마 교황이 인정하지 않자 로마 카톨릭과 결별하고 영국 국교회를 설립하는 종교 개혁을 단행했지.

이렇게 독일, 스위스, 영국 등지에서 기존의 로마 가톨릭에 대항하는 종교 개혁이 일어나자 결국 구교(로마 가톨릭)와 신교(루터파, 칼뱅파 등) 사이에 종교 전쟁이 벌어졌어. 특히 독일에서는 1618년부터 1648년까지 지속된 30년 전쟁이 일어났는데, 인류 전쟁사에서 가장 잔혹하고 사망자가 많은 전쟁 중 하나로 기록되었지. 결국 이 전쟁은 1648년의 베스트팔렌 조약 종지부를 찍게 되었고, 이를 통해 칼뱅파가 정식으로 승인되었어.

1. 르네상스가 처음 시작된 지역은?

　① 독일　　　② 영국　　　③ 스위스　　　④ 프랑스　　　⑤ 이탈리아

2. 알프스 이북 르네상스의 대표적인 특징으로 옳은 것은?

　① 천문학·해부학 등 자연과학 탐구
　② 인쇄술과 나침반 등 기술의 발명
　③ 고대 그리스·로마 문학의 부흥과 탐구
　④ 인체의 사실적 묘사와 고전 미술의 부흥
　⑤ 교회의 부패와 사회 문제를 풍자와 비판으로 고발

3. 1517년 루터가 발표한 『95개조 반박문』에서 비판한 것은 무엇일까?

4. 칼뱅의 예정설이 당시 신흥 상공업자들의 지지를 얻은 이유를 설명해 보자.

　힌트 근면 / 절제 / 이윤 추구 정당화

5. 1618~1648년 독일에서 벌어진 종교 전쟁과 그 결과를 설명해 보자.

　힌트 전쟁 이름 / 평화 조약 / 신교 공인

더 알고 싶어 119

📖 도서　▷ 영상　🔍 사이트

▷ **[벌거벗은 세계사] '레오나르도 vs 미켈란젤로' 웅장해지는 두 라이벌이 서로 벽화 대결 펼쳤다! 과연 결과는? (디글)** 레오나르도 다빈치와 미켈란젤로의 작품을 비교하며 두 사람이 추구한 아름다움과 인간관이 어떻게 다른지 정리해 보자.

▷ **영화 〈다빈치 코드〉** 영화 속에 등장하는 르네상스 미술 작품들을 찾아보고, 그 작품의 실제 역사적 배경을 조사해 보자.

▷ **영화 〈미켈란젤로〉** 영화에서 그려지는 미켈란젤로의 삶을 보며, 르네상스 예술가들이 어떤 고민과 갈등 속에서 작품을 만들었는지 정리해 보자.

송은 어떤 북방 민족과 경쟁했을까?

인기 드라마 〈고려 거란 전쟁〉은 거란과의 26년간의 전쟁을
승리로 이끌어 동아시아의 평화시대를 이룩한 영웅들에 대한 이야기야.
그렇다면 송은 거란, 여진 등의 북방민족과 어떤 관계였는지 알아보자.

학습 키워드 #문치주의 #사대부 #왕안석 #거란 #여진 #성리학 #서민문화
교과 연계 중2 1학기 〉 역사(세계사) 〉 Ⅲ-1. 몽골 제국과 문화 교류

송나라의 등장과 문치주의 정책

송宋 태조 조광윤은 당 멸망 이후 5대 10국으로 분열된 중국을 통일했어. 당이 쇠퇴한 이유 중 하나가 절도사라고 생각했던 조광윤은 절도사 세력 견제를 위해 과거 시험으로 관직에 등용된 문인 관료를 우대하는 정책을 펼치니 이를 '문치주의 정책'이라고 해.

또한 황제권 강화를 위해 수나라 때부터 이어져 오던 과거제를 개혁했는데 이것이 '전시의 도입'이야. 전시란 황제가 직접 주관하는 시험으로 황제가 직접 합격자의 순위를 매기는 걸 말하지. 이러한 개혁을 통해 유교 지식을 갖춘 사대부가 새로운 지배층으로 등장하게 되었단다. 전시에서 정해진 성적이 관료로서의 승진에 큰 영향을 미쳤기 때문에 "황제는 천하의 모든 사대부의 스승이다."라는 말이 생겨날 정도였어. 하지만

송의 지나친 문치주의 정책은 군사력 약화와 북방 민족의 성장을 통한 위협을 낳았지.

송은 평화를 유지하는 대가로 북방 민족에게 매년 막대한 양의 은과 비단을 주어야 했고 그 결과 국가 재정이 궁핍해졌어. 왕안석은 재정난을 해결하기 위해 민생 안정과 부국강병을 위한 개혁인 신법을 추진했대. 하지만 기득권 세력에게 불리한 신법을 보수파 관료들이 반대했고, 이로 인해 개혁에 찬성하는 신법파와 개혁에 반대하는 구법파로 나뉘어 정쟁이 격화되며 결국 실패하고 말았어.

북방 민족의 침입과 남송 시대

한편 10세기 이후 북방 민족들이 성장하며 강력한 군사력을 앞세워 송을 압박하기 시작했어. 10세기 초 성장한 북방 민족은 거란이야. 야율아보기는 거란족을 통일해 요遼를 세웠고, 요는 발해를 멸망시킨 후 만리장성 남쪽의 연운 16주를 차지하고 송을 압박하며 고려를 침략하기도 했지. 탕구트족은 서하를 세워 동서 무역로를 장악하며 번영을 누렸어.

12세기 초에는 여진족의 아구타가 금金을 세웠는데, 금은 송과 연합하여 요를 멸망시킨 후 송을 공격했지. 송은 결국 화북 지방을 금에게 빼앗기고 강남으로 쫓겨나 임안(항저우)으로 도읍을 옮겼어. 임안으로 도읍을 옮기기 전의 시대를 북송 시대, 그 이후의 시대를 남송 시대라고 해. 요와 금은 한족 문화에 동화되는 것을 막고 독자적인 문화와 풍속을 유지하기 위해 고유 문자를 만들어 사용하는 등 많은 노력을 기울였어.

송나라의 문화

송대에는 양쯔 강 하류 지역이 농토로 개간되었으며, 새로운 벼 품종이 도입되고 개량된 농기구를 사용해 생산력이 크게 늘어났어. 농업과 함께 수공업과 상업도 발전하여 도시가 성장하면서 상공업자를 중심으로 한 동업 조합이 만들어졌어. 상거래가 활발해지자 화폐 사용이 늘어났고, 막대한 양의 동전이 유통되었으며, 교자·회자 등의 지폐도 사용되었지. 또한 송대에는 경제 발전과 과학 기술의 발달로 해상 교역이 활발하게 이루어졌어. 조선술이 발달하면서 대형 선박이 만들어졌고, 나침반을 활용한 항해술 또한 발달했지. 지도 제작 기술의 발전으로 지도를 활용한 원거리 항해가 가능해지자 동남 해안을 중심으로 광저우, 취안저우 등의 국제 무역항이 성장했고 송은 이곳에 '시박사'라는 해상 무역 관리 기구를 설치했어.

송대에는 우주의 원리와 인간의 본성을 탐구하는 성리학(주자학)이 발달했어. 주희가 완성한 성리학은 송의 통치 이념으로 자리 잡았고, 이후 중국을 비롯한 동아시아 여러 나라의 정치 이념으로 발전하여 우리나라에도 큰 영향을 주었단다. 또한 경제 발전으로 서민의 지위가 향상되면서 서민 문화가 발달했어. 대도시 곳곳에서 오락거리를 즐길 수 있었고 전문 공연장에서는 인형극 같은 다양한 형태의 공연이 이루어졌지.

서민 문학으로는 가사, 소설, 수필 등이 유행했어. 인쇄술이 발전되어 다양한 책이 출판되어 지식이 널리 보급되는 데 기여했대. 또한 화약을 활용해 제작된 새로운 무기가 전쟁에 사용되었고, 나침반이 원거리 항해에 활용되었지. 이러한 발명품은 이슬람 상인을 통해 유럽에 전파되어 유럽 사회의 변화와 발전에 큰 영향을 주었어.

1. 송 태조 조광윤이 황제권 강화를 위해 도입한 제도로, 황제가 직접 시험을 주관하고 합격자의 순위를 매긴 것은?

① 신법　　　② 전시　　　③ 과거제　　　④ 성리학　　　⑤ 시박사 제도

2. 송나라의 개혁 정치인 왕안석이 추진한 정책에 대한 설명으로 옳은 것은?

① 불교 사원을 억압하고 토지를 몰수했다.
② 신분 제도를 폐지하고 농노 해방을 추진했다.
③ 서하와 금을 정복하기 위해 대규모 원정을 감행했다.
④ 황제가 교황의 권위를 겸하는 황제교황주의를 시행했다.
⑤ 부국강병을 목표로 한 신법을 실시했으나 결국 실패했다.

3. 10세기 초 거란족이 세운 나라로 발해를 멸망시키고 연운 16주를 차지하며 송을 압박한 국가는 어디일까?

4. 북송이 멸망하고 남송이 성립하게 된 과정을 설명해 보자.
힌트 여진족 / 금 / 송과 연합 / 화북 상실 / 임안(항저우) 천도

5. 송대 경제와 문화가 발전할 수 있었던 배경과 그 특징을 서술해 보자.
힌트 농업 개혁 / 상업·수공업 / 화폐·지폐 / 해상 무역 / 성리학 / 서민 문화

📖 도서　　⏻ 영화　　▷ 영상　　🔍 사이트

더 알고 싶어 119

▷ **지도로 보는 송나라 역사 (로빈의 역사 기록)** 송나라의 영토 변화를 지도에 그려 보고, 북방 민족과의 전쟁이 어떤 지역에서 주로 벌어졌는지 표시해 보자.

▷ **[벌거벗은 세계사] 고려vs거란! 두 나라가 원수가 될 수밖에 없었던 이유 (tvN Joy)** 거란과 고려의 갈등을 정리하고, 같은 시기 송과 거란의 관계와 비교해 동아시아 국제 정세를 정리해 보자.

몽골은 어떻게 인류 최대의 제국을 건설할 수 있었을까?

몽골 제국과 원의 동서 교류

칭기즈 칸은 인류 역사상 최대 규모의 단일 제국을 건설했던 인물이야.
그의 손자였던 쿠빌라이 칸은 북방민족 최초로 중국을 통일해 원을 세웠지.
몽골 제국은 어떻게 세워졌고, 원은 어떻게 중국을 지배했는지 알아보자.

학습 키워드　#칭기즈칸 #몽골제국 #쿠빌라이칸 #원 #몽골제일주의 #동서교류 #마르코폴로
#동방견문록

교과 연계　중2 1학기 〉 역사(세계사) 〉 Ⅲ-1. 몽골 제국과 문화 교류

몽골이 세운 원나라의 중국 지배

13세기 초 테무친은 몽골 부족을 통일하고 칭기즈 칸으로 추대되었어. 칭기즈 칸은 뛰어난 기마병을 데리고 대외 원정에 나서 서하와 중앙아시아 등을 정복하며 영토를 확장했지. 칭기즈 칸의 후계자들은 여진족이 세운 금을 정복하고, 중앙아시아를 넘어 러시아와 동유럽 일부까지 침공했으며, 서아시아의 아바스 왕조까지 멸망시켰단다. 그 결과 몽골 제국의 영토는 크게 확장되었지.

몽골이 인류 역사상 최대 규모의 단일 제국을 건설할 수 있었던 이유는 뛰어난 기동력, 우수한 무기와 전투력, 정복지 민족의 활용 덕분이었어. 몽골에서는 기마병 한 명이 말 여러 마리를 끌고 다니며 바꿔 탔기 때문에 말의 피로를 줄일 수 있었고, 움직임이 편하고 가벼운 갑옷을

입어서 기동력이 뛰어났거든. 또한 기마병에 적합한 작은 활과 화약을 이용한 무기를 사용했고 달리는 말 위에서 화살을 쏠 수 있을 정도로 뛰어난 전투력을 지녔어.

몽골은 자신들의 정복 사업에 협조한 민족을 우대했어. 특히 지리와 정보에 밝은 색목인을 기용해 각지의 정보를 얻거나 재정과 상업적인 측면에서 도움받기도 했단다. 반면 남송에 남아 끝까지 저항한 남인들처럼 자신들에게 저항한 이들은 무자비하게 응징했어. 칭기즈 칸이 죽은 후 킵차크한국, 차가타이한국, 일한국 등 여러 한국이 몽골 제국을 분할 통치하게 됐어. 그중 칭기즈 칸의 손자인 쿠빌라이 칸은 오늘날의 중국 지역을 다스리게 되었지.

그는 수도를 베이징으로 옮기고 국호는 중국식으로 '원元'이라 지었어. 원은 남송을 멸망시키고 중국 전역을 지배했지. 중국을 차지한 원은 몽골 제일주의를 내세워 민족에 따라 대우를 달리하는 방식으로 중국을 지배했어. 지배 계층은 몽골인과 색목인, 피지배계층은 한인과 남인이었지. 소수의 몽골인은 국가의 최고 고위직을 독점했고, 서역 출신 색목인은 재정과 경제 분야의 실무를 담당했어. 여진인, 거란인, 금 지배하의 한족인 한인은 주로 하급 관리를 맡았지만 마지막까지 원에 저항한 남송의 한족은 가장 심한 차별을 받아 관직에 오르지 못하고 주로 생산 활동에 종사해야 했어.

몽골 제국의 흥망성쇠

한편 몽골의 대제국 건설로 유라시아가 하나로 묶인 거대한 세계가 형성되었어. 몽골 제국은 광활한 영토를 효율적으로 통치하기 위해 수도를 중심으로 전국 각지를 연결하는 도로망을 건설했고, 교통의 요지에는 역참을 설치해 관리나 사신에게 숙식과 말을 제공했지. 덕분에 유럽인과 이슬람 상인이 왕래하면서 자연스레 동서 교류가 활발해졌고 아시아와 유럽을 연결하는 국제 교역이 증가했단다.

중국 남동 해안의 국제 무역항에서는 송대에 이어 국제 무역이 번성했으며 화폐 사용이 늘어 지폐인 교초가 유통되기도 했어. 또한 마르코 폴로와 이븐바투타 등이 중국을 방문해 여행기를 남겼고, 육상과 해상을 통한 원거리 교역에서 자기, 비단, 금, 은 등 다양한 상품이 거래되었지. 마르코 폴로는 중국 여행에서 보고 들은 것을 바탕으로 『동방견문록』을 남겼는데, 이 책은 동방 세계에 대한 서양 세계의 호기심을 자극했고, 유럽인의 세계관을 크게 바꾸어 놓았다고 해.

원은 종교에 개방적이었기 때문에 선교사의 여행이 활발했고, 몽골 제국 내에서도 이슬람교, 크리스트교 등 다양한 종교가 발달할 수 있었어. 원대에는 송대부터 유행하던 서민 문화가 크게 발달하여 노래와 연극이 합쳐진 희곡인 원곡이 큰 인기를 얻었지. 구어체 소설도 유행했는데, 대표적으로 『삼국지』, 『수호전』, 『서유기』가 있어. 원은 14세기 들어 황위 계승을 둘러싼 내분과 지배층의 사치로 재정이 악화되었어. 이를 해결하려고 무거운 세금을 거두고 지폐인 교초 발행을 남발해 물가가 폭등하면서 농민들의 불만이 커졌지. 결국 홍건적의 난이 일어나면서 원은 쇠퇴하고 말았어.

1. 몽골 제국이 단기간에 광대한 영토를 정복할 수 있었던 주된 이유로 옳은 것은?

① 불교와 유교 사상의 결합　　② 해상 무역과 조선술의 발달

③ 활판 인쇄술과 지폐의 발달　　④ 면벌부 판매로 얻은 재정 확보

⑤ 뛰어난 기동력과 전투력, 정복지 민족의 활용

2. 원나라의 중국 지배 방식에 대한 설명으로 옳은 것은?

① 모든 민족을 평등하게 대우하였다.

② 원은 주로 불교 승려를 행정 관리로 임명하였다.

③ 남송의 한족이 가장 우대받아 고위직을 독점하였다.

④ 원은 민족 차별 없이 능력에 따라 관리를 등용하였다.

⑤ 몽골인과 색목인이 지배 계층이었고, 한인과 남인은 차별받았다.

3. 동서 교류가 활발해지던 원나라 시기에 중국을 여행하고 『동방견문록』을 남겨 유럽인의 동방에 대한 호기심을 자극한 인물은 누구일까?

4. 몽골 제국이 동서 교류를 활성화할 수 있었던 제도적 장치와 그 결과를 설명해 보자.

힌트 도로망 / 역참 / 상인·사신 왕래 / 국제 교역

더 알고 싶어 119

▦ 도서　▷ 영상　🔍 사이트

▷ **[벌거벗은 세계사] 정복왕 칭기스칸과 몽골제국의 탄생 (디글)** 칭기스칸이 사용한 전쟁 방식과 조직 운영 방법을 정리하고, 오늘날 조직 리더십과 비교해 보자.

▷ **[벌거벗은 세계사] 쿠빌라이가 정복한 인류 역사상 세계 최대 영토 (디글)** 쿠빌라이가 세운 원나라의 지배 방식을 살펴보고, 몽골 지배가 동아시아 여러 나라에 끼친 영향을 정리해 보자.

▷ **영화 〈몽골〉 (15세 이상 관람가)** 영화 속 몽골 초원의 생활 모습을 보며, 유목 생활 방식이 전쟁 능력과 어떤 관련이 있었는지 생각해 보자.

명·청 제국은 동아시아 질서에 어떤 영향을 끼쳤을까?

명·청 제국이 수립한 동아시아 질서

자금성은 현재 세계에서 가장 규모가 큰 궁궐이야. 명나라 때 건축되어
약 500여 년 동안 명·청 두 왕조가 사용했지. 명·청 제국은 어떻게 수립되었고
동아시아에 어떤 영향을 끼쳤는지 알아보자.

학습 키워드　#영락제 #정화 #자금성 #강희제 #옹정제 #건륭제 #만한병용제
교과 연계　중2 1학기 > 역사(세계사) > Ⅲ-2. 동아시아 지역 질서의 변화

명나라의 흥망성쇠

원이 쇠퇴하자 홍건적 출신의 주원장(홍무제)이 난징을 수도로 삼아 1368년 명明을 건국했어. 이후 명이 원을 만리장성 북쪽으로 몰아냄으로써 중국에 다시 한족 왕조가 들어서게 되었지.

홍무제는 모든 권력을 황제에게 집중시키는 정책을 시행했어. 이를 위해 재상제를 폐지하고, 행정·군사 등 모든 권력을 황제에게 집중시켰지. 또한 효율적인 지방 통치를 위해 '이갑제'를 실시했어. 이갑제란 110호(집)를 1리로 묶고, 그중 10호를 이장호, 100호를 갑수호로 삼아 이장이 돌아가며 세금 징수와 치안 유지의 책임을 지는 제도야. 또한 원으로 인해 사라졌던 한족의 전통을 회복하기 위해 과거제를 정비했어. 홍무제의 아들이자 명의 3대 황제였던 영락제는 수도를 베이징으로 옮기고 적극적인 대외 정

책을 추진했지. 그는 몽골을 공격했고, 베트남을 일시적으로 정복하기도 했으며, 정화를 시켜 대규모의 항해를 여러 차례 단행하기도 했어. 명의 환관이었던 정화는 함대를 이끌고 7차례의 항해에 나서 아프리카까지 다녀왔는데, 그 결과 30여 개 국가와 책봉·조공 관계를 맺었대. 이 항해로 기린 같은 진귀한 동식물이 중국에 소개됐지. 영락제는 정화의 항해를 통해 명 중심의 국제 질서를 확대할 수 있었어.

한편 영락제가 죽자 환관들의 횡포와 권력 다툼으로 정치가 혼란해졌어. 이 틈을 타 북쪽에서는 몽골이 침입하기도 했고, 남동쪽 해안 지대에서는 왜구의 약탈이 잦아졌대. 게다가 조선에서 일어난 임진왜란 출병과 여진족과의 전쟁으로 국가 재정이 악화되자 농민들에게 세금을 가혹하게 거두는 바람에 이에 불만을 품은 농민들이 각지에서 반란을 일으켰어. 결국 명은 1644년 이자성이 이끄는 농민군에 의해 멸망하게 되지.

청나라의 전성기와 소중화주의

1616년 만주에서는 누르하치(태조)가 여진족(만주족)을 통일하고 후금을 세웠어. 태조는 '팔기'를 조직해 군사력을 키우고 체제를 강화했지. 군사와 행정을 겸한 조직인 팔기는 청 군사력의 핵심으로 여덟 개의 깃발에 따라 부대를 편성해서 팔기군이라고도 불렸어.

누르하치의 아들인 홍타이지(태종)는 국호를 청淸으로 바꾸고 1636년 조선을 침략했는데 이를 병자호란이라고 해. 이후 이자성의 난으로 명이 멸망하자 청은 1644년 만리장성 남쪽으로 내려와 베이징을 점령하고 수도로 삼았어. 청은 이후 강희·옹정·건륭제, 3대 130여 년간 전성기를 누렸지. 이를 '강건성세'라고 해. 강희제는 타이완의 반청 세력을 제압하고, 시베

↑ 자금성

리아에 진출한 러시아와 네르친스크 조약을 체결해 국경을 확정하기도 했어. 옹정제는 군기처를 설치해 강력한 황제 독재 체제를 확립했고, 건륭제는 정복 활동을 벌여 오늘날 중국 영토 대부분을 확보했지.

청은 거대한 지역과 다양한 민족을 효율적으로 다스리기 위해 만주와 명의 영토는 직접 지배했고, 몽골, 티베트, 신장 등 주변부는 토착 지배자를 이용해 간접 지배했어. 또한 청은 소수의 만주족으로 다수의 한족을 효율적으로 통치하기 위해 회유책과 강경책을 함께 실시했대. 회유책으로는 원과 달리 고위 관직에 만주족과 한족을 함께 등용하는 만·한 병용책을 썼어. 또한 한족 학자들을 동원해 『사고전서』 같은 대규모 서적 편찬 사업을 추진해 그들을 인정했지.

한편 강경책으로는 만주족의 풍습인 변발과 호복을 한족에 강요했으며, 청 왕조를 비방하는 사상이나 글은 엄격히 통제했어. 명은 주변국과 책봉·조공 관계를 맺었는데, 이는 한족이 주변 민족보다 우월하다는 '화이론'에 기반을 둔 거였대. 하지만 명·청 교체 이후 새로운 국제 질서가 만들어지면서 화이론에 대한 문제의식이 나타나기 시작했지. 조선을 비롯한 동아시아 국가들은 명의 멸망으로 진정한 의미의 중화는 사라졌고, 대신 자신들을 중화라고 생각하기 시작했는데 이를 '소중화주의'라고 해.

1. 홍무제가 명 건국 후 실시한 제도로 110호를 1리로 묶어 세금 징수와 치안을 담당하게 한 제도는?

① 신법　　　② 전시　　　③ 과거제　　　④ 이갑제　　　⑤ 팔기제

2. 정화의 원정에 대한 설명으로 옳은 것은?

① 일본 원정을 시도했으나 실패하였다.

② 러시아와 조약을 맺고 국경을 확정하였다.

③ 조선과 일본을 정복하고 식민지로 만들었다.

④ 유럽을 직접 방문하여 신대륙 발견에 기여하였다.

⑤ 아프리카 해안까지 항해하여 여러 나라와 교류하였다.

3. 청나라 초기 군사력의 핵심으로 여덟 개의 깃발에 따라 군사와 행정을 겸한 조직은?

4. 청의 전성기인 '강건성세' 동안 세 황제의 업적을 각각 한 가지씩 설명해 보자.

힌트 강희제 / 옹정제 / 건륭제

5. 명·청 교체 이후 동아시아에서 나타난 '소중화주의'가 무엇인지 설명해 보자.

힌트 명 멸망 / 진정한 중화의식 / 조선

더 알고 싶어 119

▤ 도서　▷ 영상　🔍 사이트

▷ **[벌거벗은 세계사] 중국 마지막 왕조 청나라의 건국부터 멸망까지 (디글)**
명에서 청으로 왕조가 교체되는 과정을 정리하고, 이 변화가 주변 나라에 어떤 영향을 주었는지 표로 정리해 보자.

▷ **[벌거벗은 세계사] 자금성 미스터리 (디글)** 자금성의 구조와 상징을 살펴보고, 황제 권력을 드러내기 위해 어떤 장치들이 사용되었는지 찾아 보자.

▷ **[벌거벗은 세계사] 절대 권력을 향한 영락제의 피비린내 나는 살육의 광풍 (디글)**
영락제의 권력 장악 과정을 보며, 절대 권력이 가진 위험성과 장점을 각각 정리해 보자.

명·청대 대외 교류의 모습은 어땠을까?

명·청대의 사회 변화와 대외 교류

선교사 마테오 리치가 제작한 '곤여만국전도'는
중국이 세계의 중심이라고 믿었던 중국인들에게 큰 충격을 주었어.
서양에서 들어온 문물이 명·청대의 사회에 어떤 영향을 주었는지 알아보자.

학습 키워드　#신사 #양명학 #고증학 #경극 #마테오리치 #곤여만국전도
교과 연계　중2 1학기〉 역사(세계사)〉 III-2. 동아시아 지역 질서의 변화

명·청대의 산업 발전과 외국과의 교역

　명·청대에는 농업 기술이 발전하고 감자, 옥수수 같은 새로운 작물이 보급되면서 농업 생산량이 크게 늘어났어. 또한 각지에서 차, 사탕수수 등 시장에 내다 팔기 위해 재배한 상품 작물이 활발하게 재배되었지.

　곡창 지대였던 양쯔 강 하류 지방은 도자기, 면포, 비단을 만드는 수공업 생산의 중심지로 변했고, 양쯔 강 중·상류 지방에서 토지와 수리 시설이 개발되면서 농업 생산지가 이 지역으로 옮겨가게 되었어. 농업과 수공업의 발전은 자연스럽게 상업의 발달로 이어졌고, 전국 각지에서 수많은 도시가 등장하기 시작했지. 농업 기술의 발달과 경작지의 확대, 새로운 작물의 보급 등으로 인해 인구가 폭발적으로 증가했어.

　또한 해외 교역이 발달하면서 외국과의 무역이 허용된 광저우는 최

대의 국제도시로 성장했지. 일본과 아메리카에서 생산된 대규모의 은이 광저우를 통해 중국으로 유입되었다고 해. 당시 유럽과 이슬람 세계에서는 중국의 도자기, 차, 비단 등이 인기가 많았는데, 중국에서의 은의 가치가 유럽보다 2배 정도 높았기 때문에 결제 대금을 은으로 내는 것이 유리했기 때문이야.

그 때문인지 중국에서는 은으로 세금을 내는 제도가 등장하기도 했는데 이를 '일조편법'이라고 해. 한편 명·청대의 사회 주도 세력은 신사였어. 신사는 학생, 전현직 관료 등 유교적 소양을 지닌 계층으로, 지방관에게 적극 협조하며 향촌의 질서를 유지하는 역할을 담당했지. 이들에게는 부역 면제, 가벼운 형벌 면책 등의 특권이 돌아갔어.

명·청대의 문화

명대에는 송에서 발전한 성리학(주자학)을 관학(국가의 학문)으로 삼았대. 성리학이 점차 이론과 형식에 치우치자 올바른 지식과 행위의 일치를 강조한 양명학이 등장했어. 청대에는 문헌을 실증적인 방법으로 연구하는 고증학이 발달했지. 또한 명·청대에는 상공업의 발전으로 서민의 지위가 향상되면서 송대부터 융성한 서민 문화가 더욱 발달했어. 명대에는 『수호전』, 『삼국지연의』 등의 소설이 유행했고, 청대에는 『홍루몽』 같은 소설과 함께 희곡, 경극이 발달했다고 해. 경극은 '베이징 오페라'라고도 불리는 공연 예술로 베이징에서 발전한 중국 전통극을 말해.

명·청대 초기에는 해금 정책을 실시했는데, 이는 주민의 통제를 강화하고 해양세력과 결탁해 해적이 되거나 반란을 일으키는 것을 막는 것과 동시에 국가의 사무역을 통제해 국부의 유출을 막는 정책이었어. 하지만 두 왕조 모두 중기 이후 해금 정책이 느슨해지면서 서양 상인들과

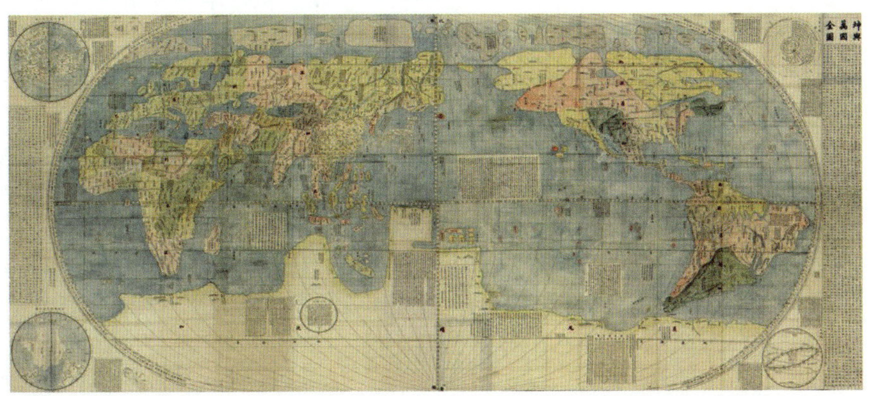

↑ 곤여만국전도

함께 선교사들이 중국에 들어오기 시작했지. 이들은 천문학, 역법, 지리학 등 서양 학문을 중국에 소개했는데, 특히 명대에 활동한 선교사 마테오 리치는 세계 지도인 「곤여만국전도」를 만들었어. 이는 세계의 중심을 중국이라 믿었던 중국인에게 큰 충격을 주었고, 동아시아인의 세계관에도 큰 영향을 주었어.

곤여는 지구의 별칭인데, 이 지도에서는 지구 대륙을 아시아, 유럽, 아프리카, 아메리카 그리고 마젤라니카(미지의 남방대륙) 5개로 나누었어. 미지의 남방대륙은 과거 유럽인들이 상상했던 가상의 대륙으로 오늘날의 오세아니아와 남극이라고 볼 수 있지. 또한 명·청대에 활동한 선교사 아담 샬은 역법을 개정하기도 했어. 역으로 중국의 문물이 서양에 소개되면서 유럽 상류 사회에서는 중국의 청화백자가 유행했다고 해. '도자기=중국식 청화백자'라는 공식이 생길 정도로 대유행한 덕분에 영국의 초기 도자기 산업은 청화백자를 모방하기 위해 시작되기도 했단다. 또 유럽의 일부 지식인들은 유교와 과거제에 관심을 갖기도 했대.

1. 명·청대 농업 생산량이 크게 늘어난 주요 원인으로 옳은 것은?

① 일조편법의 실시　　　　② 성리학의 관학 채택
③ 만주족의 팔기군 조직　　④ 서양 천문학과 역법의 도입
⑤ 신대륙 작물의 도입과 보급

2. 명·청대 외국과의 교역에 대한 설명으로 옳은 것은?

① 중국의 도자기는 유럽에 전해지지 않았다.
② 해금 정책은 명·청 말기에 더욱 강화되었다.
③ 중국에서는 금을 세금으로 내는 제도가 실시되었다.
④ 유럽과 이슬람 세계에서는 중국 비단의 인기가 낮았다.
⑤ 일본과 아메리카의 은이 광저우를 통해 대량 유입되었다.

3. 명·청대 사회 주도 세력으로 유교적 소양을 지니고 지방관을 도와 향촌 질서를 유지하며 특권을 누렸던 계층은 누구일까?

4. 명·청대 중국 문물이 유럽에 전해져 어떤 영향을 주었는지 설명해 보자.

힌트 도자기 / 청화백자 / 유교 / 과거제

더 알고 싶어 119

▤ 도서　▷ 영상　🔍 사이트

▷ **[벌거벗은 세계사] 전무후무한 정화의 항해 원정대! (tvN Joy)** 정화의 항해 노선을 지도에 표시하고, 그 여행이 명나라와 다른 나라들 사이의 관계를 어떻게 바꾸었는지 정리해 보자.

▷ **지도로 보는 명나라 역사 (로빈의 역사 기록)** 명나라의 대외 정책을 해상·육상 교류로 나누어 정리하고, 어떤 지역과 교류가 활발했는지 살펴보자.

▷ **지도로 보는 청나라 역사 (로빈의 역사 기록)** 청나라가 통제와 개방 정책을 번갈아 사용한 이유를 정리하고, 이 정책이 서양과의 관계에 어떤 결과를 가져왔는지 생각해 보자.

일본의 막부 정권은 어떤 과정을 거쳐 변했을까?

일본의 막부 정권

도쿠가와 이에야스가 에도 막부를 세운 이래 도쿄는 지금까지
일본의 정치, 경제 중심지 역할을 하고 있어.
일본의 막부 정권은 어떻게 성립되었고, 어떤 역사를 갖고 있는지 알아보자.

학습 키워드 #가마쿠라막부 #무로마치막부 #전국시대 #도요토미히데요시 #도쿠가와이에야스
#임진왜란 #에도막부 #산킨코타이제도 #조닌문화

교과 연계 중2 1학기〉역사(세계사)〉Ⅲ-2. 동아시아 지역 질서의 변화

막부의 등장과 전국 시대

일본 헤이안 시대 말기, 중앙 귀족의 권력 투쟁으로 사회가 불안해지자 지방 호족들은 토지와 재산을 지키기 위해 스스로 무장해 무사가 되었어. 점차 세력을 키워 나간 끝에 12세기 말 미나모토노 요리토모가 귀족 세력을 제압하고 일본 최초의 무사 정권인 가마쿠라 막부를 세웠지. 그는 '쇼군'으로 임명되어 독립적인 무사 정권을 만들어 냈어. 쇼군이 여러 무사들에게 토지를 나누어 주면, 무사는 쇼군에게 충성과 복종을 맹세했지. 이때부터 천황은 형식적인 지위만 유지하고 실질적인 통치자는 쇼군이 되었어.

하지만 가마쿠라 막부는 13세기 말 몽골의 침입을 막아 낸 후 재정 부담이 커지며 쇠퇴하고 말았어. 14세기 중엽에는 아시카가 다카우지가

무로마치 막부를 세웠대. 무로마치 막부는 명과 책봉·조공 관계를 맺었고, 감합 무역을 시작했지. 감합 무역은 중국을 중심으로 주변국과 이루어진 조공 무역이야. 명나라가 발급한 무역 허가증을 통해 이루어진 무역으로 무역을 통해 주변국들을 중국 중심의 동아시아 체제로 끌어들이려는 것이었지.

그러나 15세기 중엽 쇼군 계승 문제를 둘러싸고 내분이 일어나면서 막부가 쇠퇴하기 시작했어. 각 지방의 다이묘들이 세력을 다투는 전국 시대가 약 100년 간 지속되었지. 오다 노부나가는 센고쿠 시대라고 불렸던 혼란한 이 시기를 통일하기 위한 기반을 마련했고, 도요토미 히데요시가 그 뒤를 이어 통일을 완성했단다. 도요토미 히데요시는 무사들의 불만을 밖으로 돌리기 위해 1592년 명을 정벌하겠다는 명분을 내세워 조선을 침략했는데 이를 '임진왜란'이라고 해.

조선은 명과 연합해 대항했고 임진왜란은 동아시아 국제 전쟁으로 확대되지. 명과의 화해 교섭에 실패한 도요토미 히데요시는 다시 조선을 침략했지만(정유재란), 그가 죽으면서 결국 7년에 걸친 전쟁이 끝났어. 임진왜란은 동아시아 정세에 큰 영향을 주었단다. 전쟁으로 재정이 악화된 명은 국력이 쇠약해졌고, 이를 틈타 여진이 급격히 성장해 후금(청)을 건국했지. 일본에서는 도요토미 히데요시 정권이 무너지고 새로운 막부가 들어서는데, 이를 '에도 막부'라고 해.

에도 막부와 난학

17세기에 에도 막부를 연 사람은 도쿠가와 이에야스야. 에도 막부는 다이묘(영주)에게 영지를 주어 지방 통치를 인정하는 대신, '산킨코타이 제도'를 통해 다이묘를 강력하게 통제했어. 이 제도로 인해 지방의 다

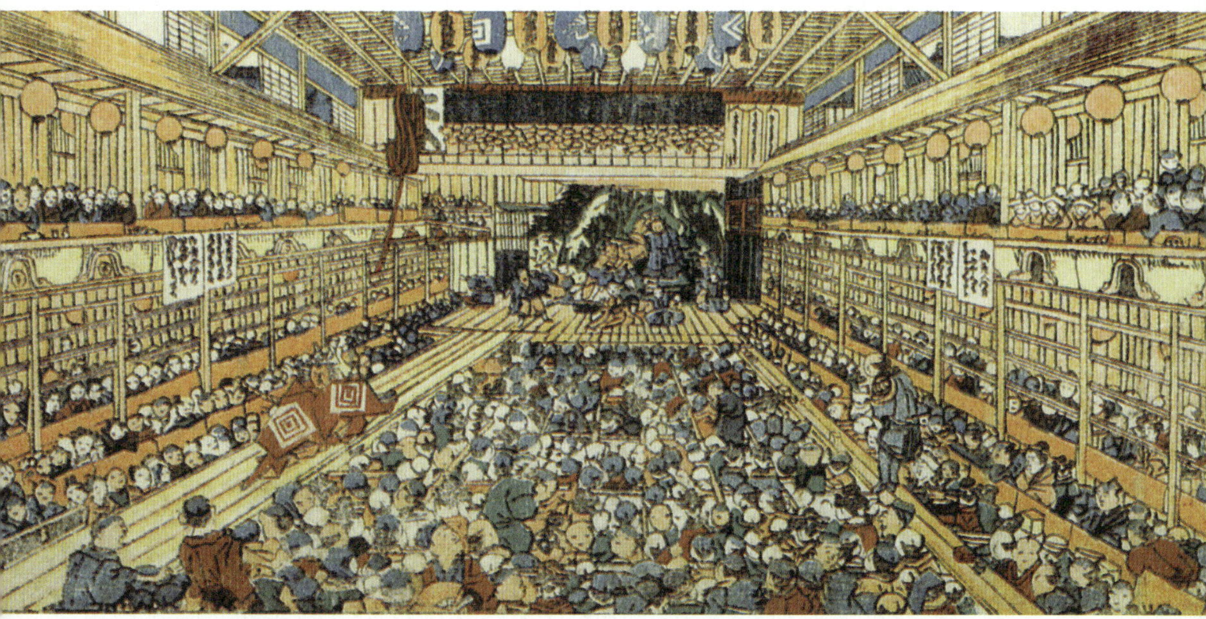

이묘들은 정기적으로 에도의 쇼군을 직접 알현해야 했고, 그들의 가족도 인질로 에도에 머물러야 했어. 이는 중앙의 막부가 지방의 다이묘를 통제하는 수단이었고, 그 결과 중앙 집권적 봉건 체제를 강화할 수 있었지. 이 과정에서 다이묘들이 에도와 영지를 왕래하는 바람에 중앙과 지방의 교류 활성화에 이바지하기도 했어.

에도 시대에는 농업 생산력이 향상되고, 면화, 담배, 차 등의 상품 작물 재배가 활발해졌어. 산킨코타이 제도 덕분에 전국의 교통망이 정비되니까 상공업 발전이 촉진되었고, 이를 바탕으로 각지에 도시가 발달하게 되었어. 도시에서는 '조닌'이라는 중산층이 성장했어. 조닌은 지방 다이묘의 성을 중심으로 주위에 형성된 도시에 거주하는 상인과 수공업자들을 말해. 조닌은 조닌 문화를 발달시켰어. 특히 노래와 춤, 연기가 어우

러진 연극인 가부키, 일상생활이나 풍경 등을 묘사한 다색 목판화인 우키요에 등이 발전했지.

한편 일본 고유 문화에 대한 관심도 높아져서 고전 연구를 중심으로 한 국학이 발달하기도 했어. 에도 막부는 임진왜란 이후 끊어졌던 조선과의 국교를 회복하고자 조선에 통신사 파견을 요청하기도 했지. 조선에서는 명이 쇠퇴하고 후금이 성장하는 북방 정세를 고려해 일본과의 관계를 안정시키고자 이를 수락했어. 에도 막부는 통신사를 통해 막부의 권위를 높이는 동시에 조선으로부터 선진 문물을 받아들였어.

에도 막부는 크리스트교를 금지하고 사무역을 통제하는 쇄국 정책을 추진했지. 다만 예외적으로 나가사키를 개방했고 네덜란드 상인에 한해 교역을 허용했어. 네덜란드인을 통해 일본에 들어온 서양의 포술, 의학, 천문학 등을 '난학'이라고 해. 이런 과정에서 일본은 서양에 대한 정보와 이해를 부분적으로 넓힐 수 있었고, 훗날 일본의 근대화에도 영향을 주었어.

1. 일본 최초의 무사 정권인 가마쿠라 막부를 세운 인물은?

　① 오다 노부나가　　　② 도요토미 히데요시　　　③ 도쿠가와 이에야스
　④ 아시카가 다카우지　　⑤ 미나모토노 요리토모

2. 에도 막부가 다이묘를 통제하기 위해 시행한 제도로 옳은 것은?

　① 이갑제　　② 감합 무역　　③ 일조편법　　④ 팔기군 제도
　⑤ 산킨코타이 제도

3. 에도 시대에 성장한 중산층으로 상인과 수공업자로 이루어져 도시를 중심으로 활동
　했던 계층은 무엇일까?

4. 임진왜란이 동아시아 국제 정세에 끼친 영향을 설명해 보자.

힌트 명 / 여진(후금·청) / 일본 정권 교체

5. 에도 막부 시기 서양 학문이 일본에 전해진 경로와 그 의미를 설명해 보자.

힌트 쇄국 / 나가사키 / 네덜란드 / 난학

더 알고 싶어 119

📖 도서　▷ 영상　🔍 사이트

▷ **[벌거벗은 세계사] 일본의 혼란기 전국 시대! 수많은 전쟁을 거친 뒤, 최후의 승자는? (tvN Joy)**
　전국 시대 주요 인물들을 정리하고, 혼란이 끝나고 통일이 이루어진 과정을 연표로 만들
　어 보자.

▷ **[벌거벗은 세계사] 일본 전국시대 3웅 도요토미 히데요시! (tvN Joy)** 도요토미 히데요시
　의 정책 중 조선 침략과 관련된 내용을 정리하고, 동아시아에 끼친 영향을 생
　각해 보자.

▷ **[역사저널 그날] 무사 정권의 시작, 막부의 탄생 (KBS)** 막부가 어떻게 탄생했는
　지, 무사 계급이 정치 권력을 잡게 된 과정을 그림이나 도식으로 표현해 보자.

오스만 제국과 무굴 제국은 어떻게 발전했을까?

유네스코 지정 세계문화유산 중 하나인 인도의 타지마할은
무굴 제국의 5대 황제 샤 자한의 왕비를 위해 지어진 무덤이야.
무굴 제국은 어떤 나라였고, 그 문화는 어떤 모습이었을지 알아보자.

학습 키워드 #무굴제국 #아크바르황제 #아우랑제브황제 #힌두·이슬람문화
교과 연계 중2 1학기 〉 역사(세계사) 〉 III-3. 서아시아와 북아프리카 지역 질서의 변화

오스만 제국의 흥망성쇠

9세기 이후 아바스 왕조가 약화되자 아바스 왕조의 용병으로 활약하던 셀주크 튀르크가 성장하게 되었어. 셀주크 튀르크는 바그다드를 점령하고 아바스 왕조로부터 정치적 지배자를 뜻하는 '술탄'의 칭호를 받아 이슬람 세계의 지배자가 되었지. 셀주크 튀르크가 예루살렘을 정복하고 비잔티움 제국을 압박하면서 십자군 전쟁이 일어났어. 십자군 전쟁의 장기화로 셀주크 튀르크는 약화되고 말았지.

이 틈을 타 튀르크계였던 오스만족이 1299년 소아시아 지역에 오스만 제국을 건설했어. 오스만 제국은 소아시아를 넘어 발칸반도를 차지하고 술탄의 칭호를 사용했지. 오스만 제국은 메흐메트 2세 때인 1453년 비잔티움 제국을 멸망시키고, 콘스탄티노폴리스(이스탄불)를 수도로

삼았어. 이후 오스만 제국은 시리아와 이집트까지 정복하며 아시아, 유럽, 아프리카 세 대륙에 걸친 대제국을 건설했지. 이때부터 오스만 제국의 술탄은 정치적 지배자를 뜻하는 '술탄'과 종교적 최고 권위자를 뜻하는 '칼리프' 칭호를 함께 사용하면서 '술탄·칼리프'라는 정치와 종교의 권위를 모두 가진 통치자로 불리게 되었어.

오스만 제국의 전성기를 연 술레이만 1세는 헝가리를 정복하고, 오스트리아의 수도 빈을 공격했으며, 유럽 연합 함대를 격파해 지중해 해상권을 장악했을 정도로 위세를 떨쳤대. 또한 법전을 편찬하고 이를 바탕으로 오스만 제국의 정부 조직과 행정 제도를 정비했지.

오스만 제국은 술탄의 친위 부대인 예니체리를 양성해 군사력을 강화하고 영토를 확장했어. 또한 광대한 영토를 효율적으로 다스리기 위해 이민족들에게 관용적인 정책을 실시했지. 이슬람교도가 아니어도 인두세만 내면 그들의 신앙을 인정해 주고 자치 공동체를 허용하는 '밀레트 제도'가 대표적이야.

또한 오스만 제국의 공식 문서에는 튀르크어를 사용해야 했지만 생활할 때는 각 민족의 언어를 사용하는 걸 허용했어. 지리적으로 아시아와 유럽을 연결하는 위치에 있었던 오스만 제국은 동서교역으로 크게 번영했대. 특히 수도 콘스탄티노폴리스에는 세계 각국의 상인이 모여들었지. 오스만 제국은 이슬람 문화를 바탕으로 비잔티움 문화, 페르시아 문화 등이 융합된 특유의 문화가 발전했어. 비잔티움 양식을 도입한 이슬람 사원인 술탄 아흐메트 사원이 오스만 제국의 대표적인 건축물이야.

인도의 이슬람 제국, 무굴 제국

인도에서도 이슬람 제국이 만들어지는데, 바로 무굴 제국이야. 16세기

초 바부르가 북인도를 정복하고 델리를 중심으로 무굴 제국을 세웠어. 그의 손자인 아크바르 황제는 북인도 전체와 아프가니스탄에 이르는 대제국을 건설했지.

아크바르 황제도 넓은 영토를 효율적으로 다스리기 위해 관용 정책을 펼쳤어. 이슬람교 이외의 종교에 대해서도 신앙의 자유를 허용했고, 비이슬람교도에게 부과하던 인두세를 폐지하며 이슬람교와 힌두교의 화합을 추진했지. 그의 뒤를 이은 아우랑제브 황제는 무굴 제국의 영토를 최대로 넓혔지만 이슬람 제일주의를 내세워 힌두교와 시크교도를 탄압했어. 그 결과 각지에서 반란이 일어나며 무굴 제국은 쇠퇴하게 되었지.

무굴 제국은 뛰어난 면직물 산업을 바탕으로 인도양 무역을 주도하면서 경제적으로 크게 번영한 나라야. 이슬람과 유럽의 상인들도 이 무역에 활발하게 참여했지. 무굴 제국 시기에는 힌두 문화와 이슬람 문화가 융합된 독특한 힌두·이슬람 문화가 만들어졌어. 종교에서는 힌두교와 이슬람교가 융합된 시크교가 발전했고, 언어에서는 힌두어와 페르시아어가 혼합된 우르두어가 사용되었지.

건축에서도 힌두 양식과 이슬람 양식이 융합된 건축물이 만들어졌어. 대표적인 건축물이 바로 인도의 랜드마크인 타지마할이란다. 타지마할은 흰 대리석으로 지어진 아름다운 무덤으로, 정원과 대칭 구조가 조화를 이루고 있어 세계 건축사에서 손꼽히는 걸작이야. 현재 유네스코 세계문화유산으로 지정되어 인도의 상징처럼 여겨지고 있단다.

1. 1453년 비잔티움 제국을 멸망시키고 콘스탄티노폴리스를 수도로 삼은 오스만 제국의 술탄은?

   ① 바부르　　　　② 아크바르　　　　③ 메흐메트 2세　　　　④ 술레이만 1세
   ⑤ 아우랑제브

2. 오스만 제국의 종교·민족 정책으로 옳은 것은?

   ① 종교의 자유를 전면 금지했다.　　② 모든 공용어를 아랍어로만 강요했다.
   ③ 크리스트교 신자를 강제로 개종시켰다.
   ④ 이슬람 이외의 종교 지도자를 모두 추방했다.
   ⑤ 비이슬람교도에게도 인두세를 내면 신앙과 자치를 허용했다.

3. 무굴 제국을 건국한 인물은 누구일까?

4. 무굴 제국의 아크바르 황제와 아우랑제브 황제의 종교 정책 차이를 비교하여 써 보자.
   힌트 관용 / 인두세 폐지 / 이슬람 제일주의 / 탄압

5. 무굴 제국 시기의 힌두·이슬람 문화 융합을 종교, 언어, 건축 측면에서 설명해 보자.
   힌트 시크교 / 우르두어 / 타지마할

📑 도서　　▷ 영상　　🔍 사이트

👍 더 알고 싶어 119

▷ **[벌거벗은 세계사] 오스만 커피는 어떻게 세계를 정복했을까? (tvN Joy)** 커피를 통해 본 오스만 제국의 상업·문화 교류 모습을 정리하고, 오늘날 '카페 문화'와 비교해 보자.

▷ **무굴제국 한 번에 다 보기 (로빈의 역사 기록)** 무굴 제국의 통치 방식과 종교 정책을 정리하고, 다양한 종교가 공존하는 사회가 되기 위해 필요한 조건을 생각해 보자.

▷ **오스만 제국 역사 한 편 요약 (별별역사)** 오스만 제국의 전성기와 쇠퇴기를 나누어 특징을 정리하고, 유럽과 중동 지역에 남긴 유산을 찾아보자.

신항로 개척의
배경과 결과는 무엇일까?

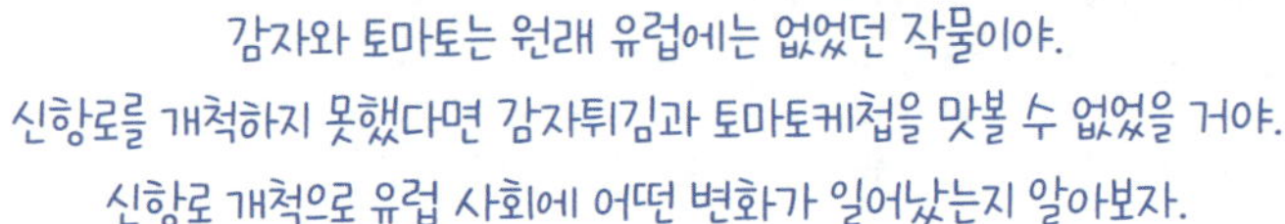

신항로 개척

감자와 토마토는 원래 유럽에는 없었던 작물이야.
신항로를 개척하지 못했다면 감자튀김과 토마토케첩을 맛볼 수 없었을 거야.
신항로 개척으로 유럽 사회에 어떤 변화가 일어났는지 알아보자.

학습 키워드　#동방견문록　#바스쿠다가마　#콜럼버스　#마젤란　#포르투갈　#에스파냐　#가격혁명
　　　　　　　#상업혁명　#삼각무역

교과 연계　중2 1학기 〉 역사(세계사) 〉 Ⅲ-4. 신항로 개척과 유럽 지역 질서의 변화

포르투갈과 에스파냐의 신항로 개척 경쟁

　마르코 폴로의 『동방견문록』 같은 여행기는 유럽 사회에 동방에 대한 호기심을 불러 일으켰어. 십자군 전쟁이 일어난 이후 동서 교류가 활발해지면서 향신료, 비단 등 동방 산물에 대한 수요가 더욱 늘어났지. 하지만 향신료, 비단과 같은 물품은 지중해를 장악하고 있는 이슬람과 이탈리아 상인이 독점하고 있어서 매우 비쌌어. 그래서 대서양 연안에 위치해 지중해 무역에 불리했던 포르투갈과 에스파냐는 동방과 직접 교역해 이익을 남기려고 신항로 개척에 나섰어.

　또한 이 무렵 지리학과 천문학, 조선술의 발달로 나침반이나 해도 등을 활용한 항해술이 발전하면서 새로운 해상 교역로를 찾기 위한 원거리 항해가 가능해졌어. 포르투갈은 아프리카 서해안 항로 개척에 주력했

↑ 콜럼버스

어. 마침내 바스쿠 다 가마가 아프리카 남단의 희망봉을 돌아 인도에 도달하는 항로를 개척하는 데 성공했지.

한편 에스파냐의 지원을 받은 콜럼버스는 인도로 가기 위해 대서양 서쪽으로 향해 오늘날의 아메리카 대륙에 도착했어. 그는 이곳을 인도로 착각해 '서인도 제도'라 이름 붙였단다. 이후 마젤란이 지휘한 에스파냐 함대는 아메리카 남단을 돌아 태평양과 인도양을 거쳐 귀국했지. 마젤란이 최초의 세계 일주에 성공하면서 지구가 둥글다는 사실이 입증되었어. 이후 포르투갈은 아프리카와 인도, 동남아시아의 주요 항구를 차지해 동방 무역에 주력했고, 에스파냐는 아메리카에 식민지를 건설하게 되었어.

아메리카 대륙에 진출한 유럽인

포르투갈과 에스파냐의 신항로 개척으로 유럽 무역의 중심이 지중해에서 대서양으로 옮겨가게 되었어. 포르투갈과 에스파냐에 이어 네덜란드, 영국, 프랑스 등이 적극적으로 신항로 개척에 뛰어들어 경쟁을 벌였지. 유럽 상인들은 그동안 이슬람 상인을 통해야만 얻을 수 있었던 아시아의 차와 면직물, 향신료 등을 이전보다 싼값에 유럽으로 들여올 수 있었어. 또한 아메리카 대륙에서 감자, 옥수수, 담배 등이 들어오면서 유럽인의 생활은 크게 변했어. 감자와 옥수수는 경작이 쉽고 수확량이 많아서 많은 인구를 먹여 살리면서 유럽의 인구 증가에 기여했지.

아메리카 대륙에 진출한 유럽인들은 원주민을 동원해 금, 은 광산과 사탕수수 대농장 등을 운영했어. 원주민들의 인구는 가혹한 노동과 전염병으로 크게 줄어들었지. 당시 원주민들이 유럽인들로부터 전파된 천연두, 홍역 등의 전염병에 취약했기 때문에 당시 아메리카 대륙 원주민의 90% 이상이 사망할 정도였다고 해. 또한 아스테카, 잉카 문명 등 아메리카 고유의 독자적인 문명도 파괴되었어. 이로 인해 노동력이 부족해진 유럽인들은 아프리카에서 흑인 노예를 데려와 아메리카의 대농장에서 노동력으로 활용했어. 유럽인은 노예 노동으로 생산한 아메리카의 은, 담배, 설탕 등을 유럽에 가져와 막대한 이익을 남겼지. 이로써 대서양을 가로질러 유럽, 아메리카, 아프리카를 잇는 삼각 무역이 이뤄지게 되었어. 삼각 무역은 아메리카 원주민과 아프리카 노예의 엄청난 희생을 토대로 한 거야.

한편 유럽에서는 아메리카 대륙으로부터 막대한 양의 금과 은이 유입되면서 물가가 크게 올랐어. 이를 '가격 혁명'이라고 하는데, 가격 혁명은 16세기 이후 유럽 전역에서 나타난 급격한 물가 상승 현상이야. 물가가 오르자 농업보다 상업과 금융 활동이 더 큰 이익을 남기게 되었고, 이를 계기로 상공업과 금융업이 빠르게 발달했지. 또 원거리 무역과 대규모 투자를 위해 주식회사와 은행 같은 근대적 기업 제도가 생겨났어. 이렇게 세계 무역의 확대와 자본 축적, 기업 제도의 발전이 이어진 경제적 변화를 '상업 혁명'이라고 부르는데, 이는 근대 자본주의 발달의 토대가 되었단다.

1. 포르투갈의 바스쿠 다 가마가 개척한 항로가 이어진 곳은?

   ① 인도　　② 북극해　　③ 동남아시아　　④ 아메리카 대륙　　⑤ 아프리카 내륙

2. 콜럼버스가 아메리카 대륙에 도착했을 때, 그가 이곳을 '서인도 제도'라 부른 이유는?

   ① 아메리카를 인도로 착각했기 때문
   ② 실제로 인도 남부에 도착했기 때문
   ③ 에스파냐 국왕이 그렇게 명령했기 때문
   ④ 원주민들이 자신을 인도인이라 불렀기 때문
   ⑤ 마젤란의 지도에 그렇게 표기되어 있었기 때문

3. 아메리카 원주민 인구가 급격히 줄어든 주요 원인은?

4. 신항로 개척 이후 유럽·아메리카·아프리카 사이에 이루어진 무역 구조를 무엇이라고
   할까? 또한 그 구조를 간단히 설명해 보자.
   힌트 유럽 / 아프리카 / 아메리카

5. 가격 혁명과 상업 혁명의 의미와 차이를 설명해 보자.
   힌트 물가 상승 / 상공업·금융 발달 / 자본주의 토대

📖 도서　▷ 영상　🔍 사이트

더 알고 싶어 119

▷ **[벌거벗은 세계사] 콜럼버스의 충격적인 두 얼굴 (디글)** 콜럼버스의 항해가 유럽인과 아메
  리카 원주민에게 각각 어떤 의미였는지 서로 다른 입장에서 정리해 보자.

▷ **[알쓸별잡] 콜럼버스의 신대륙 발견은 재앙의 시작이었다? (tvN D ENT)**
  '발견'이라는 표현이 왜 논란이 되는지 생각해 보고, 더 적절한 표현을 스스로 제안해 보자.

▷ **영화 〈1492 콜럼버스〉** 영화 속에서 그려지는 아메리카 원주민의 모습이 어떤 관점에서 표
  현되어 있는지 비판적으로 살펴보자.

역사를 찾아 떠나는 사람
세계 여행 가이드

세계 여러 나라를 직접 걸으며 역사와 문화를 소개해 주는 사람이 있어. 바로 세계 여행 가이드야. 여행 가이드는 단순히 길을 안내하는 사람이 아니라, 각 나라의 역사와 문화를 흥미롭게 풀어내 여행객들이 새로운 눈으로 세상을 바라볼 수 있도록 도와주는 해설자이자 이야기꾼이지. 만약 역사를 좋아하고 사람들과 어울리기를 즐긴다면 이 직업이 꽤 매력적으로 다가올 거야.

세계 여행 가이드는 어떤 사람일까?

세계 여행 가이드는 역사와 문화를 중심으로 여행객들에게 다양한 지식을 전달하는 사람이야. 단순히 유명한 관광지를 소개하는 게 아니라 그 장소에 담긴 역사적 사건이나 인물, 문화적 의미를 쉽게 풀어 주지. 예를 들어 파리의 에펠탑 앞에서 건축의 배경과 당시 프랑스 사회의 분위기를 설명하거나, 로마 콜로세움에서 검투사들의 삶과 고대 로마의 정치적 성격을 이야기하는 식이야. 여행객들이 '역사 속 장면'을 눈앞에서 체험하듯 느끼게 해 주는 거지.

뭘 준비해야 할까?

세계 여행 가이드가 되려면 역사와 문화에 대한 꾸준한 공부가 필요해. 전공이 꼭 역사일 필요는 없지만, 세계사나 문화사에 대한 폭넓은 지식은 기본이야. 또 외국인을 안내하려면 영어 같은 외국어 능력도 중요하지. 관광통역안내사 자격증처럼 국가에서 인정하는 자격증이 있으면 훨씬 유리해. 학교에서는 역사 동아리 활동, 해외 문화 탐방 프로그램에 참여하는 것도 좋은 준비가 될 거야.

어떤 일을 할까?

세계 여행 가이드는 매일 새로운 장소를 배경으로 일해. 어떤 날은 고대 유적지에서 역사를 설명하고, 또 다른 날은 미술관에서 작품에 얽힌 이야기를 들려 주기도 해. 일정이 끝난 뒤에는 다음 투어를 위해 자료를 조사하거나 여행 동선을 짜기도 하지. 여행객들과 함께 버스를 타고 이동하며 질문에 답하기도 하고, 때로는 현지 음식을 소개하면서 생활 문화까지 알려 주기도 해. 책상 앞에만 앉아 있는 직업이 아니라 늘 현장에서 움직이는 일이야.

돈을 얼마나 받을까?

수입은 투어 규모와 근무 형태에 따라 달라. 여행사에 소속되어 고정 급여를 받는 경우도 있고, 프리랜서로 활동하면서 건당 보수를 받는 경우도 있어. 인기 있는 여행지는 성수기 때 수입이 높아지고, 비수기에는 줄어드는 편이야. 하지만 단순히 돈만이 아니라, 세계의 역사와 문화를 직접 보고 배우며 그 경험을 다른 사람과 나눌 수 있다는 점에서 큰 보람이 있지.

앞으로의 전망

앞으로 세계 여행 가이드의 필요성은 더 커질 거야. 온라인으로 정보를 쉽게 얻을 수 있는 시대지만, 현장에서 생생하게 역사를 풀어내고 체험하게 하는 경험은 인터넷으로 대체하기 어렵거든. 특히 역사와 문화를 접목한 '테마 여행'이나 '교육 여행'의 인기가 높아지고 있어서 역사에 강한 여행 가이드는 더욱 주목받을 거야. 이 직업이 멋진 이유는 단순히 여행을 안내하는 게 아니라, 내가 가진 역사적 지식을 통해 사람들의 여행을 특별한 경험으로 바꿀 수 있다는 점이야. 역사를 좋아하고 사람들과 함께 배우고 나누기를 즐긴다면 누구든 도전할 수 있는 직업이야.

왕이 모든 권력을 쥐던 세상, 시민이 깨어나다

시민의 등장과 근대의 시작

각국의 절대 왕정은 어떤 모습을 보였을까?

유럽의 절대 왕정

'짐이 곧 국가다'라는 말 들어 봤니?
이 말은 왕과 국가를 동일시하는 말로 절대 왕정과 관련되어 있어.
절대 왕정이 어떤 과정에서 수립되었고 어떤 특징을 보였는지 알아보자.

학습 키워드　#절대왕정 #중상주의 #왕권신수설 #상비군 #관료제 #펠리페2세 #엘리자베스1세
#루이14세 #표트르 대제 #프리드리히2세

교과 연계　중2 1학기 > 역사(세계사) > III-4. 신항로 개척과 유럽 지역 질서의 변화

봉건제의 몰락과 절대 왕정의 등장

　　16세기 이후 유럽에서는 지방 분권적인 봉건제가 무너지고 중앙 집권적 통치가 강화되면서 절대 왕정이 등장하게 되었단다. 절대 왕정의 군주는 '왕권신수설'을 이용해 왕권을 정당화했어. 왕권신수설이란 왕권은 신이 왕에게 직접 부여한 것이므로 절대적이며, 신하나 국민은 이에 간섭할 수 없다는 뜻이야. 다시 말해 왕은 '신의 대리자'로 여겨졌지.

　　절대 왕정의 군주는 왕의 명령을 곧바로 실행할 수 있는 관료제와 언제든 동원할 수 있는 상비군을 기반으로 왕권을 강화했어. 절대 왕정을 유지하려면 막대한 재정이 필요했는데, 이를 위해 절대 왕정의 군주는 상공 시민 계층의 상업 활동을 지원하는 중상주의 경제 정책을 펼쳤지. 상공 시민 계층도 절대 왕정에 필요한 재정을 지원했대. 중상주의란

정부가 경제 활동에 개입해 수출을 장려하고 수입을 억제하는 것을 말해. 또한 해외 시장을 확대하기 위해 식민지 확보에도 적극적으로 나섰어.

서유럽의 절대 왕정

서유럽에서는 상공업과 도시가 발달하면서 시민 계급이 성장해 16세기 무렵부터 절대 왕정이 등장하기 시작했어. 그중 신항로 개척을 주도했던 에스파냐가 가장 먼저 절대 왕정을 확립했지. 에스파냐의 펠리페 2세는 아메리카 대륙에서 들여온 금과 은으로 무적함대를 육성해 해상 무역을 장악했어. 그런데 이 무적함대가 영국에 패하면서 에스파냐는 쇠퇴하게 되었다고 해. 영국의 절대 왕정을 확립한 엘리자베스 1세는 에스파냐의 무적함대를 격파하면서 새로운 강자로 등장했지. "나는 국가와 결혼했다."라는 말을 남긴 그녀는 모직물 공업 등 상공업을 육성하고 북아메리카에 식민지를 건설했을 뿐만 아니라 동인도 회사도 설립해 인도 진출의 발판을 마련했어. 한편 프랑스의 루이 14세는 콜베르를 등용해 중상주의 정책을 펼쳐 국가 재정을 확보했어. 또한 강력한 상비군을 키우고 바로크 양식을 대표하는 베르사유 궁전을 지어 강력한 왕권을 과시했지. 귀족들의 영향력이 강했던 파리에서 벗어나 신도시인 베르사유에 궁전을 지어 절대 왕정을 확립하려고 한 거야.

↑ 루이 14세

동유럽의 절대 왕정

한편 동유럽에서는 17세기 중엽이 되어서야 절대 왕정이 등장했어. 서유럽보다 도시와 상공업의 발달이 늦는 바람에 시민 계급의 성장이 두드러지지 않았고, 오히려 농노제가 강화되는 경향도 나타났기 때문이야. 이런 특성 때문에 동유럽의 절대 군주들은 '계몽사상'의 영향으로 군주가 적극적으로 개혁을 주도했어.

계몽사상이란 교회 중심의 구시대적 권위에 맞서 인간적이고 합리적인 사유를 강조하고 이성의 계몽을 통해 인간 생활의 진보와 개선을 꾀하는 사상이야. 이처럼 계몽사상을 받아들여 개혁을 추진한 절대 군주를 '계몽 전제군주'라고 불렀어.

대표적인 계몽 전제군주인 프로이센의 프리드리히 2세는 스스로 '국가 제일의 심부름꾼'을 자처하며 산업을 장려하고 각종 개혁을 추진했어. 그는 베르사유 궁전의 영향을 받아 상수시 궁전을 지었는데, 이는 로코코 양식의 대표적인 건축물이야. 그는 현재까지도 독일 역사상 가장 위대한 군주로 칭송받고 있는데, 프리드리히 대왕이라고 불리곤 하지.

러시아의 표트르 대제는 직접 서유럽 여러 나라를 시찰하면서 선진 문화와 제도를 적극적으로 도입했어. 그는 스웨덴과의 북방 전쟁에서 승리하여 발트해로 진출하며 부동항(얼지 않는 항구)을 확보했지. 또한 발트 함대를 창설해 러시아 해군의 토대를 마련했어. 상대적으로 서유럽에 비해 낙후되어 있던 러시아를 개혁해 변방 국가이던 러시아를 단숨에 유럽 역사의 중심에 위치시켰지. 그는 러시아 제국을 창설했고 수도 상트페테르부르크를 건설했어. 그가 건설한 상트페테르부르크는 러시아의 '서구로 향한 창'이라 불리며, 러시아가 유럽 열강의 일원으로 자리 잡는 상징이 되었단다.

1. 절대 왕정의 사상적 근거로 왕은 신의 대리자라 여겨져 왕권이 절대적이라고 주장한 이론은?

   ① 예정설　　　② 계몽사상　　　③ 중상주의　　　④ 사회계약설　　　⑤ 왕권신수설

2. 프랑스의 루이 14세에 대한 설명으로 옳지 <u>않은</u> 것은?

   ① 강력한 상비군을 육성했다.　　　　　② 베르사유 궁전을 건설했다.
   ③ 콜베르를 기용해 중상주의를 실시했다.　　④ "나는 국가와 결혼했다."라는 말을 남겼다.
   ⑤ 절대 왕정의 전형적인 사례로 평가받는다.

3. 절대 왕정 군주들이 국가 재정을 확보하기 위해 실시한 경제 정책은 무엇일까?

   ____

4. 계몽사상의 영향을 받아 개혁을 추진한 동유럽의 절대 군주를 무엇이라 불렀을까?

   ____

5. 러시아의 표트르 대제가 상트페테르부르크를 건설한 의의는 무엇인지 설명해 보자.
   힌트 발트해 / 서구화 / 유럽 열강

   ____
   ____
   ____
   ____

더 알고 싶어 119　　　　　▤ 도서　▷ 영상　🔍 사이트

▷ **[벌거벗은 세계사] 450개의 방을 둔 베르사유 궁전 (사피엔스 스튜디오)** 베르사유 궁전의 구조와 장식을 살펴보고, 절대 왕정의 권위와 사치를 어떻게 드러내는지 정리해 보자.

▷ **[세계문화유산 탐험] 루이 14세와 여인들이 사랑한 베르사유 궁전 (KBS)** 궁전 생활을 통해 본 귀족들의 삶을 정리하고, 그 이면에서 백성들이 겪었을 어려움을 상상해 보자.

▷ **[세계테마기행] 영국 프랑스 문명기행 4부 유럽문화의 꽃, 절대왕정을 만나다 (EBS)** 프랑스와 영국의 왕정 모습을 비교하고, 두 나라의 절대 왕정이 서로 어떻게 달랐는지 표로 정리해 보자.

▷ **영화 〈골든 에이지〉** 엘리자베스 1세의 통치를 보며 강한 왕권이 국가 발전에 어떤 영향을 줄 수 있는지 생각해 보자.

세계 3대 시민혁명의 의의는 무엇일까?

세계 3대 시민혁명

세계 3대 시민혁명은 절대 왕정과 식민 지배에 맞서
시민들이 자유와 권리를 쟁취한 사건이야. 만약 이런 혁명들이 없었다면
지금의 민주주의와 시민 사회는 어떻게 달라졌을지 알아보자.

학습 키워드   #시민혁명 #프랑스 혁명 #영국 혁명 #명예 혁명 #미국 혁명 #독립 혁명
교과 연계   중2 2학기 〉 역사(세계사) 〉 Ⅳ-1. 유럽과 아메리카의 국민 국가 체제

청교도 혁명과 명예혁명

16세기 이후 영국에서는 시민 계층이 성장하면서 의회에 대거 진출했어. 엘리자베스 1세가 후계자를 남기지 못하고 죽은 뒤 왕이 된 제임스 1세는 절대 왕정의 왕권신수설을 굳게 믿었지. 그로 인해 시민 계층이 중심이 된 의회와 계속 갈등을 빚었어. 심지어 제임스 1세는 가톨릭과 청교도를 억압하며 영국 국교회로의 개종을 강요했다고 해.

청교도는 종교 개혁을 이끈 칼뱅의 가르침을 따르는 사람들을 말해. 이후 즉위한 그의 아들 찰스 1세도 아버지와 마찬가지로 전제 정치를 펼치며 의회를 무시했어. 결국 의회는 권리 청원을 제출해 왕권을 제한하려고 시도했지. 하지만 찰스 1세가 의회를 탄압하자 의회파와 왕당파 사이에 내전이 발생했고, 크롬웰이 이끄는 의회파가 내전에서 승리해 왕을

처형하고 공화정을 수립했어. 이를 '청교도 혁명'이라고 한단다. 하지만 크롬웰은 독재 정치를 펼쳤고, 그가 죽은 후 왕정이 부활하게 돼. 이후 왕이 된 제임스 2세가 또 다시 의회를 무시하고 청교도를 탄압하자 의회가 제임스 2세를 폐위하고 그의 딸인 메리와 남편 윌리엄을 공동 왕으로 세우며 권리 장전을 승인하는데, 이를 '명예혁명'이라고 해.

이로써 영국은 왕보다 의회가 우위에 서는 정치 전통을 확립하게 되었어. 이는 근대 입헌주의의 출발점이 되었지.

미국의 독립 혁명

한편 17세기 이후 많은 영국인들이 종교적 자유와 경제적 이익을 찾아 북아메리카로 이주했어. 이들은 식민지를 건설하고 자치를 누렸지만 영국 정부가 인지세, 차세 등 세금을 부과하고 식민지를 통제하자 '대표 없는 곳에 과세할 수 없다.'라며 저항하기 시작했어. 이후 식민지 주민들이 보스턴 항구에 정박 중이던 영국 동인도 회사의 배를 습격해 차茶 상자를 바다에 던져 버리는데, 이를 '보스턴 차 사건'이라고 해.

영국 정부는 보스턴 항구를 폐쇄하는 등 강경하게 대응했지. 식민지 대표들은 대륙 회의를 열어 영국 정부에 항의했고, 곧이어 식민지 민병대와 영국군이 충돌하면서 독립 전쟁이 일어났어. 대륙 회의는 조지 워싱턴을 총사령관으로 임명하고 독립 선언문을 발표했는데, 이 독립 선언문에는 인간의 기본권, 국민주권, 혁명권 등 근대 민주주의의 기본 원리가 담겨 있어. 전쟁 초기에는 식민지가 불리했지만, 워싱턴의 활약과 프랑스의 지원 등으로 승리한 이후 정식으로 독립을 인정받게 되었지. 독립으로 만들어진 미국은 삼권 분립, 연방주의, 공화주의의 내용이 담긴 헌법을 제정했고, 초대 대통령으로 워싱턴을 선출했어.

시민혁명의 근본, 프랑스 혁명

18세기 후반 프랑스에서는 구제도의 모순(앙시앵 레짐)에 불만을 갖고 개혁을 요구하는 시민 계급이 나타나게 돼. 전체 인구의 2% 남짓의 제1신분인 성직자와 제2신분인 귀족이 토지와 관직을 독점하고 세금을 면제받는 반면, 제3신분인 나머지 시민들은 과도한 세금에 시달리고 있었기 때문이야. 그러던 중 계속된 전쟁으로 악화된 재정 문제를 해결하기 위해 루이 16세가 삼부회를 소집했어. 이때 제3신분의 불만이 터져 나왔지.

삼부회는 머릿수 표결이 아닌 신분별 표결 방식을 채택했기 때문에 늘 제3신분에게 불리했어. 제3신분은 머릿수 표결을 요구했는데 그 요구가 받아들여지지 않았다고 해. 이에 제3신분이 독자적으로 국민 의회

↑ 바스티유 감옥 습격

를 구성하고, 테니스코트에 모여 새로운 헌법이 제정될 때까지 해산하지 않겠다고 맹세했는데 이를 '테니스코트의 서약'이라고 해.

하지만 왕과 귀족들은 국민 의회를 탄압했고, 시민들은 구제도의 상징이었던 정치범 수용소인 바스티유 감옥을 습격했어. 이어 국민 의회는 봉건제 폐지를 선언하고, 혁명의 이념을 담은 '인권 선언'을 발표했지. 이후 입헌군주제를 규정한 헌법이 제정되면서 입법 의회가 들어섰어. 한편 프랑스에서 시작된 열기에 놀란 주변 국가들이 혁명에 간섭하자 입법 의회는 혁명 전쟁을 시작했단다. 전쟁 중 과격해진 시민이 왕궁을 습격하며 왕권이 정지되었고, 국민 공회가 수립되어 공화정을 선포하게 되었지.

국민 공회는 루이 16세를 처형하고, 로베스피에르 주도로 공포 정치를 실시했어. 하지만 공포 정치에 대한 시민들의 불만이 커지며 결국 로베스피에르가 처형되었고, 이후 총재 정부가 구성되었지만 국내외적으로 혼란이 지속되었다고 해. 결국 혁명 전쟁에서 큰 공을 세워 국민적 영웅이 된 나폴레옹이 쿠데타를 일으켜 총재 정부를 무너뜨리고 통령 정부를 구성하면서 프랑스 혁명이 마무리되었지. 프랑스 혁명은 자유와 평등, 국민 주권이라는 근대 사회의 이념을 제시했지만, 동시에 혼란과 공포 정치라는 한계도 남겼단다.

1. 청교도 혁명에 대한 설명으로 옳은 것은?

① 권리 장전이 승인되며 절대 왕정이 확립되었다.

② 크롬웰이 왕을 지지하며 전제 정치를 강화했다.

③ 왕당파가 내전에서 승리하여 공화정을 수립했다.

④ 찰스 1세가 의회를 탄압하면서 내전이 일어났다.

⑤ 제임스 1세가 의회를 존중하며 입헌군주제를 확립했다.

2. 명예혁명의 결과로 나타난 정치 체제는?

① 공화정　　② 신정 정치　　③ 절대 왕정　　④ 입헌군주제　　⑤ 전제군주제

3. 미국 독립 선언문에 담긴 근대 민주주의의 기본 원리 세 가지는 무엇일까?

4. 프랑스 혁명에서 제3신분이 국민 의회를 구성하며 새로운 헌법 제정까지 해산하지 않겠다고 맹세한 사건은 무엇일까?

5. 세계 3대 시민혁명이 근대 사회 발전에 끼친 공통적인 의의를 설명해 보자.

힌트 자유 / 평등 / 국민 주권 / 민주주의

 더 알고 싶어 119

📑 도서　▷ 영상　🔍 사이트

▷ **[벌거벗은 세계사] 프랑스 역사를 뒤집은 엄청난 사건! (디글)** 혁명 당시 평범한 시민과 귀족이 어떤 입장에서 서로를 바라보았을지 상상해 짧은 대화를 만들어 보자.

▷ **청교도 혁명과 명예혁명 한 번에 다 보기 (로빈의 역사 기록)** 영국의 두 혁명을 비교하여, 피를 많이 흘린 혁명과 그렇지 않은 혁명 사이의 차이를 정리해 보자.

▷ **[벌거벗은 세계사] 미국의 "보스턴 차 사건" (tvN Joy)** 보스턴 차 사건이 왜 미국 독립 혁명의 기폭제가 되었는지, 세금 문제와 연결해 설명해 보자.

▷ **영화 〈레 미제라블〉** 영화 속 혁명가와 민중의 모습을 보며, 시민혁명이 사람들의 삶을 어떻게 바꾸려 했는지 정리해 보자.

▷ **영화 〈패트리어트〉 (15세 이상 관람가)** 미국 독립 전쟁 속 가족과 공동체의 모습을 살펴보고, 전쟁이 개인에게 주는 희생과 의미를 생각해 보자.

▷ **영화 〈마리 앙투아네트〉 (15세 이상 관람가)** 마리 앙투아네트의 시선을 통해 본 프랑스 궁정 생활과, 혁명 직전 사회 분위기를 정리해 보자.

19세기 자유주의 운동은
어떤 영향을 주었을까?

파리 올림픽 양궁 경기장인 '앵발리드(Les Invalides)'는
유럽을 호령했던 나폴레옹이 묻혀 있는 역사적 명소야.
프랑스의 영웅 나폴레옹은 유럽 역사에 어떤 영향을 끼쳤을지 알아보자.

학습 키워드 #나폴레옹 #대륙봉쇄령 #빈체제 #메테르니히 #7월혁명 #2월혁명 #인민헌장
#차티스트운동

교과 연계 중2 2학기 〉 역사(세계사) 〉 Ⅳ-1. 유럽과 아메리카의 국민 국가 체제

나폴레옹 황제의 몰락

통령 정부를 구성한 나폴레옹은 전쟁을 중단하고 내정 개혁에 힘썼어. 그는 프랑스 은행을 설립해 산업을 보호했고, 국민 교육 제도를 도입했으며 『나폴레옹 법전』을 편찬했어. 하지만 반대파를 탄압하고 언론을 통제하는 등 독재 정치를 하기도 했지. 결국 그는 국민 투표를 통해 황제에 즉위했고, 이로써 프랑스에는 제정이 들어서게 되었어.

황제가 된 나폴레옹은 유럽 정복 전쟁에 나섰는데, 영국 해군에는 패배했지만 오스트리아, 프로이센, 러시아 등을 격파해 유럽 대부분을 장악했지. 나폴레옹은 영국을 경제적으로 고립시키려고 대륙 봉쇄령을 내렸는데, 이는 영국과의 무역 금지, 영국과 그 식민지에서 온 배들의 대륙 내 항구 출입 금지 등의 내용을 담고 있었어. 러시아가 이를 어기자 나폴

레옹은 모스크바 원정에 나섰지만 결국 실패했고, 영국·러시아·프로이센·오스트리아 등이 결성한 대프랑스 동맹군에게도 패배하며 결국 몰락하게 되었지. 비록 나폴레옹의 유럽 정복 전쟁은 실패했지만 프랑스 혁명의 자유주의 이념을 유럽 전역에 널리 확산시키는 역할을 했어. 또한 유럽 각국의 민족주의를 자극해 통일의 움직임을 촉진하기도 했지.

빈 체제와 그리스 독립 전쟁

나폴레옹이 몰락하자 오스트리아 수도 빈에서 메테르니히가 주도하는 국제회의가 열렸어. 이를 '빈 회의'라고 해. 여기에 모인 유럽 각국의 대표들은 유럽의 영토와 정치적 상황을 프랑스 혁명 이전으로 되돌리기로 결정했어. 즉 왕과 귀족 중심의 옛 질서를 회복하고자 했던 거야. 그 결과 유럽에서 수립된 체제를 빈 체제라고 한단다. 빈 체제는 프랑스 혁명 이후 유럽 각국으로 확산되던 자유주의와 민족주의 운동을 철저히 탄압했어. 하지만 그리스와 라틴아메리카 각국의 독립으로 서서히 무너지게 되지. 그리스는 오스만 제국의 지배에서 벗어나기 위해 독립 전쟁을 일으켰고, 메테르니히는 유럽의 현상 유지를 위해 전쟁에 개입하지 않으려 했어. 그럼에도 유럽의 자유주의자들은 그리스의 독립을 지지했고, 오스만 제국을 견제하려던 러시아, 영국, 프랑스가 그리스를 지원하면서 결국 그리스는 독립을 이루었지.

프랑스 혁명과 빈 체제의 붕괴

한편 프랑스에서는 나폴레옹 몰락 이후 빈 체제에 의해 다시 왕정이 들어섰어. 하지만 샤를 10세가 전제 정치를 행하며 자유주의 운동을 탄압하자 프랑스 시민들이 1830년 다시 혁명을 일으켰는데, 이를 '7월 혁명'이라고 해. 결국 샤를 10세는 쫓겨나고 시민들의 지지를 얻은 루이 필리프가 왕위에 올라 입헌군주제가 실시되지. 하지만 왕정은 여전히 소수의 부유한 시민들의 이익만 대변한 탓에 이에 불만을 가진 중하층 시민과 노동자들이 선거권 확대 등을 요구하며 혁명을 일으켰어. 결국 1848년 루이 필리프를 몰아내고 공화정을 수립한 것을 '2월 혁명'이라고 해. 이후 실시된 선거에서 나폴레옹의 조카인 루이 나폴레옹이 대통령에 당선되었고, 그는 국민 투표를 통해 나폴레옹 3세로 황제에 즉위했어. 2월 혁명은 유럽 전역에 자유주의와 민족주의가 다시 확산하는 계기가 되었지. 결국 오스트리아에서도 혁명이 일어나 메테르니히가 쫓겨나면서 빈 체제가 무너지게 되었단다.

영국의 차티스트 운동

영국에서는 의회 중심의 점진적인 자유주의 개혁이 이루어졌고, 그 결과 19세기 초반 1차 선거법 개정으로 중간 계층까지 선거권이 확대되었어. 하지만 여전히 선거권을 보장받지 못한 하층 시민과 노동자들이 인민헌장을 발표하고 선거권 확대를 요구하는 차티스트 운동을 전개했지. 당시 차티스트 운동은 실패했지만 이후 선거법 개정을 통해 노동자와 농민들에게도 선거권이 주어지게 되었단다.

1. 나폴레옹이 만든 것으로 프랑스 혁명의 이념을 법적으로 정리하고 이후 유럽 여러 나라 법전에 영향을 끼친 것은?

① 독립 선언　② 인권 선언　③ 대륙 봉쇄령　④ 나폴레옹 법전　⑤ 국민 의회 선언

2. 빈 회의와 그 결과 수립된 '빈 체제'의 특징으로 옳은 것은?

① 자유주의와 민족주의를 적극 장려하였다.

② 나폴레옹을 복위시켜 프랑스를 안정화했다.

③ 국민 주권 원리에 기반한 입헌군주제를 확립했다.

④ 프랑스의 영토를 확장시켜 유럽 최강국으로 만들었다.

⑤ 프랑스 혁명 이전으로 돌아가 왕과 귀족 중심의 질서를 회복하고자 했다.

3. 1848년 프랑스에서 루이 필리프가 쫓겨나고 공화정이 수립된 사건은?

4. 영국의 차티스트 운동이 일어나게 된 배경과 그 의의를 설명해 보자.

힌트 선거법 개정 / 선거권 제한 / 인민헌장 / 노동자·농민

5. 나폴레옹 전쟁과 자유주의 운동이 유럽에 끼친 영향을 공통적으로 설명해 보자.

힌트 자유주의 / 민족주의 / 통일 운동

📑 도서　▷ 영상　🔍 사이트

더 알고 싶어 119

▷ **빈 체제와 프랑스의 7월 혁명, 2월 혁명 한 번에 다 보기 (로빈의 역사 기록)**
빈 체제가 무엇을 유지하려 했는지 정리하고, 잇따른 혁명들이 그 질서를 어떻게 흔들었는지 표로 정리해 보자.

▷ **[벌거벗은 세계사] 나폴레옹은 영웅일까, 차별주의자일까 (디글)**
나폴레옹의 업적과 문제점을 각각 정리하고, 자신이 생각하는 나폴레옹에 대한 한 줄 평가를 써 보자.

유럽과 아메리카에서 건설된 국민 국가란 무엇일까?

유럽과 아메리카의 국민 국가 건설

미국의 제16대 대통령인 에이브러햄 링컨은
"인민의, 인민에 의한, 인민을 위한 통치"라는 게티즈버그 연설로 유명해.
미국은 어떻게 세계 최고의 강대국으로 성장할 수 있었는지 알아보자.

학습 키워드   #카보우르 #가리발디 #비스마르크 #철혈정책 #남북전쟁 #노예해방령 #먼로주의
교과 연계   중2 2학기 > 역사(세계사) > IV-1. 유럽과 아메리카의 국민 국가 체제

국민 국가의 출현

유럽과 아메리카에서는 시민 혁명 이후 자유주의와 민족주의가 확산되면서 '국민 국가'가 출현하기 시작했어. 국민 국가란 통일된 영토, 동일한 민족의식이나 이념을 지닌 국민을 바탕으로 하는 국가로 국민이 주권을 갖는 근대 국가 체제를 말해.

영국은 청교도 혁명과 명예혁명을 거치며 입헌군주제가 확립되었고, 미국과 프랑스는 공화정 체제를 수립했어. 유럽과 아메리카의 국민 국가들은 대내외에서 벌어진 전쟁을 통해 국민 국가로서의 일체감을 강화하기도 했지. 특히 나폴레옹의 유럽 정복 전쟁은 각국의 자유주의와 민족주의를 자극했어. 이 과정에서 각 나라는 통일을 이루거나 새로운 국가로 독립하면서 국민 국가로 성장하게 되었지.

이탈리아와 독일의 통일

프랑스의 2월 혁명은 분열되어 있던 이탈리아와 독일의 통일을 자극했어. 이탈리아에서는 사르데냐 왕국의 재상 카보우르가 산업과 군대를 육성하며 프랑스의 지원을 받아 오스트리아와의 전쟁에서 승리해 이탈리아 중부와 북부를 통합했지. 이어 가리발디는 의용대를 이끌고 시칠리아와 나폴리 왕국을 점령하며 이탈리아 남부를 장악했고, 가리발디가 이탈리아 남부를 사르데냐 국왕에게 바침으로써 1861년 통일 이탈리아 왕국이 탄생했어.

↑ 비스마르크

독일에서는 프로이센을 중심으로 관세 동맹이 결성되면서 경제적 통일이 먼저 이루어진 이후 프로이센 재상 비스마르크를 중심으로 정치적 통일이 진전되었지. 군사력을 키운 비스마르크는 전쟁도 불사하겠다는 철혈 정책을 내세웠고, 이를 바탕으로 통일을 방해하던 오스트리아를 물리치고 북독일 연방을 결성한 후 프랑스와의 전쟁에서도 승리해 1871년 통일된 독일 제국을 수립했단다.

미국의 남북 전쟁

한편 영국으로부터 독립한 미국은 서부 지역에 대한 적극적인 개척에 나섰고, 계속되는 이민으로 인구도 크게 늘어났어. 하지만 당시 미국 내부에서는 경제 구조의 차이로 인한 북부와 남부의 대립이 심각했는데, 이는 노예제에 대한 갈등으로 표면화되었지. 상공업이 발달한 북부는 노예제 확대에 반대했고, 노예 노동력을 활용한 대농장이 발달한 남부는 노예제에 찬성했어.

이 상황에서 노예제 확대에 반대하는 링컨이 대통령에 당선되자 남부의 여러 주가 연방 탈퇴를 선언했고, 이를 계기로 1861년 남북 전쟁이 일어났어. 전쟁 초기에는 남부가 우세했지만 링컨이 전쟁 중 노예 해방령을 발표하며 많은 흑인 노예가 북부에 가담하게 되었단다. 국제 여론역시 북부에 유리하였기 때문에 결국 전쟁에서 북부가 승리하게 되었지. 미국은 전쟁으로 인한 혼란을 수습하고 국민 단합을 위해 노력했어. 대륙 횡단 철도를 완성하며 국가의 통합을 촉진한 결과 19세기 말 미국은 세계 최대의 공업국이 되었어.

라틴아메리카의 독립

신항로 개척 이후 에스파냐와 포르투갈의 식민지였던 라틴아메리카는 미국의 독립과 프랑스 혁명에 자극을 받아 독립운동을 전개했어. 또한 나폴레옹 전쟁으로 인한 유럽의 혼란도 독립의 기회로 작용했지.

새로운 상품 시장을 노린 영국이 라틴아메리카의 독립을 지지했고, 미국의 먼로 대통령도 아메리카 대륙에 대한 유럽의 간섭을 배제한다는 먼로주의를 발표하자 독립의 분위기가 더욱 고조되었어. 프랑스로부터 독립한 아이티를 시작으로 볼리바르의 활약을 통해 베네수엘라, 콜롬비아, 볼리비아 등이 독립했고, 멕시코, 브라질 등 대부분의 국가가 19세기 전반에 독립에 성공했어. 하지만 라틴아메리카의 국가들은 이후 국민 국가로 발전하는 과정에서 독재 체제가 들어서거나 외세의 간섭, 경제적 어려움 등을 겪으며 많은 어려움에 부딪치게 되었지. 안타깝게도 이러한 문제점은 현재까지도 이어지고 있어.

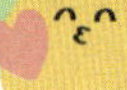

1. 국민 국가의 특징으로 옳은 것은?

    ① 종교 권위가 정치보다 우위에 있었다.

    ② 분열된 영토를 여러 영주들이 다스렸다.

    ③ 왕이 신의 대리자로 통치권을 행사했다.

    ④ 신분제가 강화되면서 귀족이 지배권을 가졌다.

    ⑤ 통일된 영토와 국민 주권을 기반으로 세워졌다.

2. 이탈리아 통일 과정에서 남부를 장악하고 사르데냐 국왕에게 바친 인물은?

3. 독일 통일을 이끈 비스마르크가 내세운 정책으로 옳은 것은?

    ① 고립주의   ② 중상주의   ③ 철혈 정책   ④ 계몽 전제주의   ⑤ 자유 무역 정책

4. 미국 남북 전쟁에서 북부가 승리하게 된 주요 요인을 설명해 보자.

    힌트 링컨 / 노예 해방령 / 국제 여론 / 흑인 병사

5. 라틴아메리카 독립 운동의 배경과 의의를 설명해 보자.

    힌트 미국 독립 / 프랑스 혁명 / 나폴레옹 전쟁 / 먼로주의

 **더 알고 싶어 119**

📖 도서   ▷ 영상   🔍 사이트

▷ **이탈리아&독일의 통일과 미국의 발전 (로빈의 역사 기록)**
이탈리아·독일 통일과 미국의 발전 과정을 비교하여, 국민 국가 형성의 공통 단계와 차이점을 정리해 보자.

▷ **영국의 자유주의 개혁과 러시아의 발전 (로빈의 역사 기록)**
영국은 개혁을 통해, 러시아는 다른 방식으로 근대화를 시도한 이유와 결과를 비교해 보자.

산업 혁명은 유럽 사회를 어떻게 변화시켰을까?

산업 혁명

스마트폰, 전기, 자동차가 없는 세상, 상상해 본 적 있니?
이 모든 것의 시작에는 바로 '산업 혁명'이 있었어.
산업 혁명은 어떻게 시작되었고, 사람들의 삶을 어떻게 바꾸었을지 알아보자.

학습 키워드 #산업혁명 #영국 #인클로저운동 #면직물공업 #증기기관 #자본주의 #러다이트운동
#사회주의

교과 연계 중2 2학기 〉 역사(세계사) 〉 IV-2. 유럽의 산업화와 제국주의

산업 혁명의 배경

18세기 후반 영국에서 시작된 산업 혁명의 배경은 16세기로 거슬러 올라가야 해. 16세기 이후 유럽에서는 중세의 길드 체제에서 탈피해 상인이 원료나 비용을 수공업자에게 먼저 지불하고 제품을 생산하게 하는 선대제가 확대되었어. 이는 상업이 발달하면서 제조품에 대한 수요가 증가하면서 공급을 안정시킬 필요가 높아졌기 때문이야. 자본주의와 상품 화폐 경제의 발달 과정에서 나타나는 변화였지. 또한 수공업자들이 한곳에 모여 분업 체제로 제품을 생산하는 공장제 수공업(매뉴팩처)이 발생하는데, 이는 단순 협업에서 공장제 기계 공업으로 이행해 가는 중간 단계이자 대량의 상품을 효율적으로 생산하는 방법 중 하나였어.

한편 영국은 명예혁명 이후 정치적으로 안정되었고, 석탄과 철 등

지하자원이 풍부했으며, 해외 식민지도 많이 갖고 있어서 넓은 소비 시장이 갖춰져 있었어. 또한 일찍부터 모직물 공업이 발달해 기술력과 자본이 축적되었고, 인클로저 운동으로 농촌의 인구가 도시로 유입되면서 노동력도 풍부했지. 인클로저 운동은 중세 말 양모 가격의 급등으로 양을 키우기 위한 목초지를 만들기 위해 땅에 울타리를 쳐 소유지를 명확하게 만든 것을 뜻해. 농토를 잃은 농민들이 도시로 유입되면서 공장에서 임금을 받고 일하는 노동자가 되는 배경이 되었지.

산업 혁명의 확산

산업 혁명은 면직물 공업에서 시작되었어. 방직기인 플라잉 셔틀(나는 북)이 발명되면서 한 번에 짤 수 있는 면포의 너비가 늘어났고 그 속도 또한 빨라졌어. 하지만 천을 짜는 속도가 빨라진 것에 비해 실을 뽑아내는 속도가 느렸기 때문에 이를 보완하기 위한 방적기가 발명되었어.

이후 천을 짜는 속도가 실을 뽑아내는 속도를 따라가지 못해 실이 남게 되자 또 다시 방직기가 개발되었고, 이 방직기에 증기 기관이 연결되면서 면직물 생산이 폭발적으로 늘어나게 되었어. 제임스 와트의 증기 기관 개량은 교통수단에도 큰 변화를 가져오면서 증기 기관차와 증기선이 등장하

↑ 제임스 와트의 증기기관

게 되었지. 교통이 발달하자 운송비가 크게 줄어들었어. 통신 분야에서도 발전이 일어났는데 모스의 유선 전신, 벨의 전화 등이 발명되었지.

이렇게 영국에서 시작된 산업 혁명은 유럽으로 퍼져 19세기 전반에는 벨기에와 프랑스에서 산업화가 진행되었어. 19세기 후반에는 미국과 독일이 중화학 공업을 중심으로 한 산업화에 성공했지. 19세기 말부터는 러시아와 일본에서도 산업화가 진행되었어.

산업 혁명으로 인한 변화

세계에 퍼진 산업 혁명은 사회 전반을 크게 바꿔 놓았어. 공장제 기계 공업으로 대량 생산된 물건들은 증기 기관차와 증기선 등에 실려 먼 지역까지 빠르게 운송할 수 있었어. 사람들이 일자리를 찾아 농촌에서 도시로 이동하면서 도시 인구도 급증했지.

도시 인구가 갑자기 늘어나자 주택 부족, 위생 문제 등 여러 도시 문제가 나타났고, 환경오염 문제도 심각해졌어. 인상파 화가인 모네와 터너의 그림 속 하늘이 몽롱하고 희뿌옇게 표현되어 있는 것이 당시 산업 혁명으로 인해 오염된 유럽의 대기 때문이라는 연구 결과가 있을 정도야. 노동자들은 장시간 노동에 시달렸고, 여성은 물론 아이들까지 공장에서 일해야만 했어. 당시 공장 근로자의 3분의 2가 여성과 아동이었다는 연구 결과가 있을 정도야. 결국 19세기 중반에 이르러서야 공장법이 통과되면서 여성과 아동의 노동시간을 10시간 이내로 단축하게 되었어. 한편 기계에 일자리를 빼앗겨 실업자가 될지도 모르는 불안감에 기계를 파괴하는 일도 생겨났는데, 이를 '러다이트 운동'이라고 해.

산업 혁명은 유럽을 농업 중심의 사회에서 공업 중심의 산업 사회로 탈바꿈시키며 새로운 사회 질서를 만들어 냈어. 자본과 기업을 소유한 자본가와 노동력을 제공하고 임금을 받아 생활하는 임금 노동자로 나뉘는 자본주의 사회가 확립되는 도화선이 되었지. 자본가들은 중산 계급을 형성하면서 참정권을 얻어 내 새로운 생활 방식을 확립해 나갔고, 노동자들은 노동조합을 조직해 임금 인상, 지위 향상 등을 위해 노력했어.

하지만 노동 문제와 빈부 격차가 심각한 사회 문제로 떠오르면서 이를 해결하기 위해 새로운 사회를 지향하는 사상이 나타났으니, 그것이 바로 사회주의 사상이야. 사회주의 사상가들은 사유 재산 제도를 부정하고 공동 생산, 공동 분배를 통해 평등한 사회를 건설해야 한다고 주장했어.

대표적인 사회주의 사상가에는 카를 마르크스가 있어. 마르크스는 자유로운 경쟁이 인정되는 한 힘없는 사람들은 더욱 더 가난해질 수밖에 없는 구조라며 비판했어. 이러한 마르크스의 사상은 19세기 중반부터 20세기 말까지 인류 전체의 사상과 철학, 사회, 문화, 외교, 정치, 경제 등의 방향성에 지대한 영향을 끼쳤다고 해.

1. 산업 혁명이 가장 먼저 시작된 나라는?

① 독일　　　② 미국　　　③ 영국　　　④ 러시아　　　⑤ 프랑스

2. 산업 혁명의 시작과 관련된 주요 산업 분야는?

① 조선업　　② 철강업　　③ 전기 산업　　④ 면직물 공업　　⑤ 자동차 산업

3. 기계를 파괴하며 산업 혁명에 저항한 노동자들의 운동은?

① 러다이트 운동　　② 보통선거 운동　　③ 사민주의 운동　　④ 인클로저 운동
⑤ 차티스트 운동

4. 영국에서 시작된 산업 혁명의 배경을 두 가지 이상 설명해 보자.

힌트 자본 축적 / 지하자원 / 식민지 시장 / 정치적 안정 / 인클로저

5. 산업 혁명으로 나타난 사회 문제와 이를 해결하기 위해 등장한 사상에 대해 써 보자.

힌트 장시간 노동 / 아동·여성 노동 / 빈부 격차 / 사회주의

👍 더 알고 싶어 119

📖 도서　▷ 영상　🔍 사이트

▷ **산업 혁명 한 번에 다 보기 (로빈의 역사 기록)** 산업 혁명 시기의 발명품들을 정리하고, 그중 하나를 골라 오늘날 우리의 생활을 어떻게 바꾸었는지 써 보자.

▷ **[벌거벗은 세계사] 산업 혁명 이후, 기계의 부품으로 전락한 하층 빈민층 노동자! (디글)** 공장 노동자들이 겪은 문제를 정리하고, 지금 시대의 노동 문제와 연결해 공통점을 찾아보자.

▷ **인류에 가장 큰 영향을 미친 책, 칼 마르크스의 '자본론' (EBS)** 마르크스가 자본주의 사회의 어떤 점을 비판했는지 정리하고, 오늘날에도 여전히 남아 있는 문제를 찾아보자.

▷ **영화 〈모던 타임즈〉** 영화 속 찰리 채플린의 공장 장면을 보며, 기계화가 인간에게 주는 장점과 단점을 각각 적어 보자.

제국주의가
등장한 배경은 무엇일까?

제국주의의 등장

아프리카 지도에서 직선으로 쭉 그어진 국경선 본 적 있니?
이것은 제국주의 열강이 아프리카를 임의로 나누어 가졌던 흔적이야.
제국주의는 왜 등장했으며 열강은 어떤 논리로
아시아와 아프리카를 지배하게 되었는지 알아보자.

학습 키워드　#제국주의 #인종주의 #사회진화론 #종단정책 #횡단정책 #파쇼다사건
교과 연계　중2 2학기 〉 역사(세계사) 〉 Ⅳ-2. 유럽의 산업화와 제국주의

제국주의와 인종주의, 사회 진화론

　19세기 후반 산업 혁명 이후 자본주의가 발달한 유럽에서는 소수의 거대 기업과 은행이 경제를 지배하며 정치에도 막대한 영향력을 발휘했어. 선진 자본주의 국가들은 상품의 원료와 노동력을 값싸게 공급받으면서 넘쳐나는 상품을 수출하고 국내 자본을 투자할 수 있는 새로운 시장이 필요했지.

　이런 이유 때문에 군사력과 경제력을 앞세워 아시아와 아프리카 지역을 경쟁적으로 침략하여 식민지로 만드는 일이 벌어졌어. 이러한 대외 팽창 정책을 '제국주의'라고 해. 대표적인 제국주의 열강은 영국이었어. 본국 면적의 100배가 넘는 식민지를 보유할 정도였지. 러시아, 프랑스, 독일 등도 본국의 면적보다 식민지 면적이 더 넓었어. 이들은 약소국을

침략해 식민지를 만들고, 이를 정당화하기 위해 '인종주의'와 '사회 진화론'을 내세웠어. 인종주의란 아시아와 아프리카의 민족들은 미개하므로 선진 문명을 지닌 제국주의 국가들이 그들을 문명화할 의무가 있다는 주장이야. 사회 진화론은 인간 사회나 국가에도 생존 경쟁이 존재하므로 우수한 국가만이 살아남기에 아시아와 아프리카 민족들이 제국주의 국가의 지배를 받는 것은 당연하다는 논리였지.

아프리카를 침탈한 제국주의 열강

리빙스턴, 스탠리 등 탐험가들에 의해 아프리카의 사정이 유럽에 전해지자 유럽 열강은 앞다투어 아프리카에 진출해 풍부한 자원과 넓은 시장을 차지하기 위해 경쟁했어.

영국은 남아프리카의 케이프타운을 차지하고 이집트를 보호국으로 만들어 케이프타운과 이집트의 카이로를 남북으로 잇는 종단 정책을 추진했어. 프랑스는 알제리를 시작으로 사하라 사막 이남의 서부 아프리카부터 동쪽의 마다가스카르섬을 연결하는 횡단 정책을 추진했지. 이 과정에서 두 국가가 1898년 수단의 파쇼다에서 충돌하기도 했는데, 이를 '파쇼다 사건'이라고 해. 이어 독일, 이탈리아, 벨기에, 포르투갈 등도 아프리카를 침략하면서 20세기 초에는 라이베리아와 에티오피아를 제외한 아프리카의 모든 지역이 유럽 열강의 식민지가 되었어.

유럽 열강은 1884년과 1885년에 걸쳐 독일의 베를린에서 아프리카를 식민지로 나누는 회담을 개최했어. 이때 유럽 열강은 아프리카의 식민지들을 자신들의 편의대로 재단해 직선을 경계로 나눴다고 해. 기존 민족 경계나 자연 경계를 무시하고, 자신들의 이해 관계와 군사력 논리에 따라 자의적으로 국경선을 그은 거야. 이때 나누어진 식민지의 경계가 대부분 현재의 국경선으로 남아 있어. 오늘날 아프리카의 국경선이 직선 형태가 많은 이유이자 아프리카 내에서 전쟁이 자주 발생하는 요인이기도 해.

유럽 열강은 아프리카에서 상아, 금, 다이아몬드, 고무 등을 착취했는데, 특히 18세기 후반 산업 혁명 시기에 기계와 전기 기구 등의 절연체로 고무가 널리 쓰이면서 중요한 자원으로 떠올랐다고 해. 벨기에는 아프리카 최대의 고무 산지였던 콩고의 원주민들을 잔인한 방법으로 착취했어. 원주민들에게 개인별 할당량을 지정해 이를 맞추지 못하면 손목을 절단하는 정책을 펼쳤는데, 1896년에 독일에서 발행된 신문 기사에 따르면 지방 행정관이 단 하루 만에 잘린 손 1,308개를 받은 적도 있다고 해. 벨기에는 콩고에서 카카오를 착취하기도 했어. 벨기에가 고디바, 노이하우스 등 오늘날 세계적인 초콜릿 브랜드를 가진 초콜릿 강국이 된 배경에는 사실 콩고 원주민들의 희생과 눈물이 있었던 거야.

아시아로 진출한 제국주의 열강

한편 제국주의 열강은 아시아 지역도 경쟁적으로 침탈했어. 인도에서 프랑스와 경쟁하던 영국은 프랑스를 몰아내고 인도를 지배했어. 프랑스는 동쪽으로 방향을 돌려 인도차이나반도를 식민지로 삼았지. 네덜란드는 인도네시아에 진출해 네덜란드령 동인도를 건설했고, 제국주의 열강들은 아편 전쟁 이후 중국을 침략해 반식민지 상태로 만들었어. 제국주의 열강의 영토 분할은 태평양의 여러 섬에서도 이어졌어. 영국은 오스트레일리아와 뉴질랜드를 자치령으로 만들었고, 미국은 에스파냐와의 전쟁에서 승리해 괌과 필리핀을 차지하고 하와이 제도를 병합했어.

1. 19세기 후반 유럽에서 제국주의가 등장한 주요 배경으로 옳은 것은?

① 농업 생산력의 급격한 증가   ② 봉건제와 길드 체제의 강화

③ 자유 무역 확대와 세계 평화 추구   ④ 기독교 전파와 십자군 운동의 부활

⑤ 해외 원료와 시장 확보를 위한 필요

2. 제국주의 열강이 침략을 정당화하기 위해 내세운 주장으로 옳지 <u>않은</u> 것은?

① 인종주의 - 식민지 민족은 미개하므로 문명화해야 한다는 주장

② 왕권신수설 - 왕권은 신에게 부여받은 것이므로 절대적이라는 주장

③ 사회 진화론 - 우수한 국가만이 살아남는 것이 당연하다는 주장

④ 백인의 의무론 - 백인이 식민지를 지도하고 보호해야 한다는 주장

⑤ 문명화 사명론 - 제국주의 국가가 식민지에 문명을 전파해야 한다는 주장

3. 아프리카 식민지 경계가 직선 형태로 많이 나타난 이유는 무엇일까?

힌트 이렇게 그어진 경계선은 오늘날까지 아프리카 내 갈등과 내전의 주요 원인으로 남아 있어.

4. 제국주의 열강이 아프리카와 아시아에서 펼친 정책을 각각 한 가지씩 설명해 보자.

힌트 영국 / 프랑스 / 벨기에 / 인도 / 인도차이나

5. 제국주의의 침탈이 오늘날까지 남긴 부정적 영향을 설명해 보자.

힌트 아프리카 국경 / 내전 / 경제 종속

더 알고 싶어 119

📖 도서   ▷ 영상   🔍 사이트

▷ **[벌거벗은 세계사] 달콤한 초콜릿의 쌉싸름한 역사 (tvN D ENT)** 초콜릿 생산 과정에 숨은 식민지 착취 구조를 살펴보고, 우리가 소비하는 물건에 숨겨진 역사도 찾아보자.

▷ **제국주의 시대 한 번에 다 보기 (로빈의 역사 기록)** 제국주의 열강과 식민지 국가들을 지도에 표시하고, 어떤 지역이 특히 많은 영향을 받았는지 정리해 보자.

▷ **[벌거벗은 세계사] 세계사에 금쪽이가 있다면 영국이 아닐까? (디글)** 영국이 '해가 지지 않는 나라'가 될 수 있었던 이유를 경제·군사·정치 측면에서 정리해 보자.

서아시아에서 일어난 국민 국가 건설 운동은 어땠을까?

서아시아의 국민 국가 건설 운동

튀르키예는 이슬람 국가 역사상 가장 강력한 군사력과 국력을 가진
오스만 제국의 문화와 역사를 간직하고 있어.
그렇다면 오스만 제국은 어떤 개혁을 추진했을까?

학습 키워드　#오스만제국　#탄지마트　#청년튀르크당　#이집트　#수에즈 운하　#와하브운동
교과 연계　중2 2학기 〉 역사(세계사) 〉 IV-3. 서아시아와 인도의 국민 국가 건설 운동

오스만 제국의 개혁과 몰락

서아시아의 오스만 제국은 아시아, 아프리카, 유럽에 걸친 광대한 영토를 차지하고 지중해 무역으로 번영을 누렸어. 하지만 19세기 들어 술탄의 권위가 약화되고 서구 열강의 압력이 계속되면서 쇠퇴하기 시작했지. 이를 틈타 오스만 제국의 지배를 받던 여러 민족이 독립 운동을 전개했는데, 대표적인 국가가 그리스야. 그리스는 오스만 제국을 견제하던 러시아, 영국, 프랑스의 지원으로 독립을 선언했고, 이집트도 자치권을 획득했어. 이로 인해 오스만 제국의 영토는 소아시아 지역으로 축소되었지.

소아시아는 오늘날 튀르키예의 대부분을 차지하는 지역이야. 오스만 제국에서는 19세기 전반 근대적 개혁이 시행되었는데, 이를 '탄지마트'라고 해. 탄지마트는 서양 문물을 받아들여 중앙집권 체제를 구축하

는 것을 목표로 했어. 술탄 압둘 마지드 1세는 프랑스의 베르사유 궁전을 본떠 돌마바흐체 궁전을 지어 술탄의 권위를 강화하려고 했지만 국가 재정에는 큰 부담이 되었어. 한편 미드하트 파샤를 중심으로 의회 개설, 헌법 제정을 통한 입헌 정치가 추진되기도 했어. 결국 오스만 제국의 개혁은 보수파의 반대와 서구 열강의 개입으로 큰 성과를 거두지 못하고 끝났지. 19세기 후반 오스만 제국의 술탄은 자유주의를 탄압하고 전제 정치를 강화했어. 이에 군인과 학생을 중심으로 조직된 청년 튀르크당이 무장봉기를 일으켰지. 정권을 장악한 청년 튀르크당은 의회를 통한 입헌 정치를 실시하며 제국 내 모든 민족에게 동등한 권리를 부여했어. 하지만 서구 열강의 압력으로 오스만 제국의 영토는 계속 축소되었고, 제국 내 여러 민족에 대한 탄압이 다시 강화되며 내부 분열도 심해졌대. 결국 청년 튀르크당의 개혁도 큰 성과를 거두지 못하고 오스만 제국은 크게 쇠퇴하고 말았어.

이집트의 국민 국가 건설

한편 19세기 전반 오스만 제국의 지배를 받고 있던 이집트에서는 총독 무함마드 알리가 튀르크 계통의 지배층을 제거하고 권력을 독점했어. 그는 프랑스의 도움을 받아 이집트의 근대화를 위한 개혁을 추진했고, 이를 통해 국력이 회복되자 오스만 제국과 전쟁을 벌여 자치권을 획득했다고 해. 그가 죽고 난 뒤에도 이집트에서는 철도, 전신 부설 등 근대화를 위한 노력이 계속되었고, 19세기 중엽에는 지중해와 홍해를 연결하는 수에즈 운하 건설이 추진되었지. 하지만 이집트는 수에즈 운하 건설 과정에서 큰 빚을 졌고, 운하의 운영권을 둘러싼 서구 열강의 간섭으로 인해 결국 1914년 영국의 보호국이 되고 말았어. 수에즈 운하를 두고

서구 열강의 간섭이 심했던 이유는 수에즈 운하의 위치적 중요성 때문
이야. 원래 유럽에서 인도와 아시아로 가기 위해서는 배를 타고 아프리
카 서부 해안을 따라 항해하다 아프리카 대륙 남단의 희망봉을 거쳐 인
도양으로 가는 험난한 과정이 필요했어. 하지만 수에즈 운하의 개통으로
유럽에서 인도에 이르는 항로가 1만km가량 단축되고 항해 시간이 3분
의 1로 줄어들 수 있었어. 『80일간의 세계 일주』라는 소설도 바로 이 수
에즈 운하를 배경으로 쓰여진 거야.

중동의 국민 국가 건설

18세기 아라비아반도에서는 이슬람교 초기의 순수성을 되찾자는
'와하브 운동'이 일어났어. 와하브 운동은 이슬람교의 근본 원리를 중시
하고, 『쿠란』의 가르침에 따라 생활할 것을 주장한 운동이야. 와하브 운
동은 아라비아반도 전역에 큰 영향을 끼치며 아랍인의 민족의식을 일깨
웠고, 곧 오스만 제국의 지배에 반대하는 민족 운동으로 발전했어. 이는
훗날 사우디아라비아 왕국의 이념이 되었지. 사우디아라비아의 국기에
는 "알라 외에는 신이 없고, 무함마드는 예언자이다."라는 쿠란의 구절
이 아랍어로 쓰어 있어.

이란의 카자르 왕조는 19세기 들어 영국, 러시아 등 서구 열강에 영토
와 이권을 빼앗기며 국력이 약해졌고, 위기 극복을 위해 서구의 과학 기술
과 교육 제도를 도입하는 근대적 개혁을 추진했지만 보수 세력의 반발로
큰 성과를 거두지 못했어. 민중들은 이 과정에서 서구 열강과 결탁한 왕실
을 타도하기 위해 담배 불매 운동을 전개하기도 했지. 20세기 초에는 헌법
을 제정하고 입헌군주제를 도입하며 국민 의회를 구성하려는 입헌 혁명이
일어났지만 왕실의 탄압과 영국, 러시아의 간섭으로 결국 실패하고 말았어.

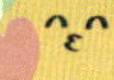

1. 오스만 제국에서 19세기 전반에 시행된 근대적 개혁을 무엇이라 부를까?

   ① 탄지마트　② 입헌 혁명　③ 와하브 운동　④ 러다이트 운동　⑤ 인클로저 운동

2. 오스만 제국에서 무장 봉기를 일으켜 정권을 장악하고 의회를 통한 입헌 정치를 실시한 세력은?

   ① 와하브파　② 차티스트　③ 무로마치 막부　④ 청년 튀르크당　⑤ 인도 국민 회의

3. 이란에서 일어난 입헌 혁명은 어떤 결과를 맞았을까?

4. 이집트가 지중해와 홍해를 연결하는 운하를 건설한 이유와 그 결과를 설명해 보자.

   힌트 교역로 단축 / 영국 간섭 / 보호국

5. 아라비아반도에서 일어난 와하브 운동의 성격과 의의를 설명해 보자.

   힌트 이슬람 초기 / 순수성 / 민족의식 / 사우디아라비아

📖 도서　▶ 영상　🔍 사이트

더 알고 싶어 119

▶ **오스만 제국의 근대화 운동과 튀르키예 공화국의 성립 (로빈의 역사 기록)**
오스만 제국이 왜 해체되었는지, 그리고 공화국이 어떻게 세워졌는지 과정을 연표로 정리해 보자.

▶ **와하브 운동&이란의 민족 운동 한 번에 다 보기 (로빈의 역사 기록)**
종교 개혁 운동과 민족 운동이 서로 어떤 관계를 맺었는지, 오늘날 서아시아 정세와 연결해 보자.

인도의 국민 국가 건설 운동은
어떻게 전개되었을까?

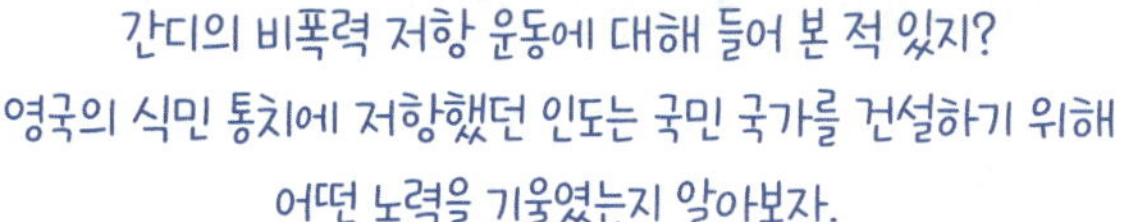

영국에 맞선 인도의 국민 국가 건설 운동

간디의 비폭력 저항 운동에 대해 들어 본 적 있지?
영국의 식민 통치에 저항했던 인도는 국민 국가를 건설하기 위해
어떤 노력을 기울였는지 알아보자.

학습 키워드 #플라시전투 #브라흐마사마지 #세포이의항쟁 #인도제국 #인도국민회의
#벵골분할령 #콜카타대회 #간디

교과 연계 중2 2학기 > 역사(세계사) > IV-3. 서아시아와 인도의 국민 국가 건설 운동

인도의 독립 운동

무굴 제국은 17세기 말부터 황제권이 약해지고 재정난이 심해지며 급격히 쇠퇴했어. 이를 틈타 영국, 프랑스 등 서구 열강은 인도를 무역 거점으로 확보하기 위해 각축을 벌였지. 그 결과 영국이 플라시 전투에서 프랑스·벵골 연합군을 물리치고 벵골 지역의 통치권을 얻어 냈어. 이로써 인도라는 새로운 시장을 독점하는 동시에 100년간 인도 전체를 지배하는 기틀을 마련한 거지.

19세기 초 인도의 종교 지도자와 지식인들은 영국의 인도 통치에 저항하기 위해 사회를 개혁하고 독립을 달성하기 위한 민족 운동을 전개했어. 람모한 로이는 브라흐마 사마지라는 종교 단체를 결성해 유일신을 예배하고 힌두교의 우상 숭배를 부정하는 한편, 많은 청년 지식인들을

↑ 세포이의 항쟁

모아 사회 개혁에 앞장섰지. 이는 서구 사상의 영향을 받은 브라만이 중심적인 역할을 수행해 전통 신앙의 순수한 교리로 돌아가자는 종교 운동에서 출발한 거야. 우상 숭배 배격, 신분 차별 철폐, 남편이 죽으면 부인을 함께 화장하는 사티와 같은 각종 악습을 폐지할 것을 주장했다고 해.

한편 19세기 중엽에는 세포이의 항쟁이 일어났어. 세포이란 원래 영국의 동인도 회사가 고용한 현지인 용병을 말해. 플라시 전투에 영국군 측에 가담해 승리를 거두기도 했지. 그러던 중 탄약 종이 문제가 세포이를 분노하게 만들었어. 당시 총알을 장전하려면 종이 탄약통을 입으로 뜯어야 했는데, 영국인이 소와 돼지의 기름을 탄약 종이에 칠했다는 소문이 돈 거지. 세포이들은 대부분이 힌두교나 이슬람교를 믿었는데 인도의 힌두교도들은 소를 신성시하고 이슬람교도는 돼지를 부정하다고 여겨서 이에 크게 반발했어. 특히 소를 신성시하는 힌두교도들은 소고기를 입에 대면 카스트가 강등되는데, 당시 벵골군 세포이 중에는 상층 카스트가 많아서 다른 지역보다 더 분노했다고 해.

세포이들은 영국의 침략과 수탈이 심해지자 이에 반발해 봉기를 일으켰고 영국은 이를 진압하면서 겨우 명맥만 유지하던 무굴 제국의 황제를 폐위하고 1858년부터 영국 여왕이 '인도의 황제' 칭호를 겸하며 직접 통치하는 '인도 제국'을 세웠어.

벵골 분할령과 반영 운동

영국은 인도의 원활한 통치를 위해 일부 관료와 지식인들을 지원해 인도 국민 회의를 결성하게 했어. 인도 국민 회의는 지식인들을 중심으로 결성됐는데, 초기에는 영국이 허용하는 범위 내에서 온건한 개혁 운동을 전개했어. 이후 간디와 네루가 지도자로 활동하며 대중을 아우르는 민족 운동 단체로 성장했단다.

하지만 영국이 1905년 벵골 분할령을 발표해 인도의 민족 운동을 분열시키려 하자 이에 거세게 반대한 것을 계기로 본격적인 반영 운동을 전개하기 시작했지. 벵골 분할령은 영국이 인도에서 행정적 편의를 명분으로 반영 기운이 높은 벵골을 힌두교도들이 많은 서벵골과 이슬람교도들이 많은 동벵골로 분할함으로써 민족의 단합을 분열시키려 한 정책이야. 인도 국민 회의는 콜카타 대회에서 영국 상품 불매, 국산품 애용(스와데시), 자치권 획득(스와라지), 국민 교육 진흥이라는 4대 강령을 채택하고 반영 운동을 주도했어.

이중 국산품 애용 운동인 스와데시 운동은 벵골 분리가 철회될 때까지 영국 제품을 사지 말자는 운동이었고, 인도 국민의 적극적인 호응으로 벵골 지방에서는 외제 의복을 입고 외출하는 것이 위험할 정도였다고 해. 초기에는 벵골 지방에만 국한되었지만 1905년 말이 되면 전 인도적 성격을 지님으로써 토산품의 수요는 증가하고 영국 상품의 판매량은 현저히 줄어들었어. 결국 영국은 벵골 분할령을 철회하고 인도에 명목상의 자치를 허용하게 되었단다.

1. 1757년 플라시 전투의 결과로 영국이 얻게 된 것은?

   ① 중국과의 교역권   ② 벵골 지역의 통치권   ③ 동남아시아의 식민지
   ④ 아프리카 해안 무역권   ⑤ 네덜란드령 동인도 지배권

2. 세포이의 항쟁이 일어나게 된 직접적 계기는?

   ① 종교 의식 억압   ② 영국의 차세 부과   ③ 벵골 분할령 발표
   ④ 영국 상품 불매 운동 전개   ⑤ 소·돼지 기름을 칠한 탄약 사용

3. 인도 국민 회의의 초기 활동과 이후 변화를 올바르게 설명해 보자.

4. 벵골 분할령에 반대해 인도 국민 회의가 전개한 반영 운동의 4대 강령을 적어 보자.

   힌트 영국 상품 / 국산품 / 자치 / 교육

5. 인도의 국민 국가 건설 운동이 세계사적으로 갖는 의의를 서술해 보자.

   힌트 반제국주의 / 민족주의 / 비폭력 저항

📑 도서   ▷ 영상   🔍 사이트

👍 더 알고 싶어 119

▷ **인도 국민 회의와 벵골 분할령 (로빈의 역사 기록)**
벵골 분할령에 대한 인도인의 반응을 정리하고, 영국의 분할 통치 정책이 어떤 결과를 낳았는지 살펴보자.

▷ **세포이의 항쟁 한 번에 다 보기 (로빈의 역사 기록)**
세포이의 항쟁이 단순한 군인 반란을 넘어 인도 민족 운동의 출발점이 된 이유를 정리해 보자.

동아시아 3국은 어떻게 근대 국민 국가를 건설했을까?

동아시아 3국의 개항과 근대 국민 국가 건설

준비되지 않은 개항으로 인해 조선과 일본은 많은 혼란을 겪었어.
동아시아 국가들이 어떤 과정으로 개항을 했고,
이후 국민 국가 건설을 위해서 어떤 노력들을 기울였는지 알아보자

학습 키워드　#불평등조약　#아편전쟁　#이금론　#엄근론　#난징조약　#쿠로후네사건　#척화비
#운요호사건　#강화도조약
교과 연계　중2 2학기 〉 역사(세계사) 〉 Ⅳ-4. 동아시아의 국민 국가 건설 운동

동아시아 3국의 불평등한 문호 개방

오늘날 동아시아의 한·중·일 3국은 국력에 차이는 있지만 모두 국제사회에서 중요한 위치를 차지하고 있어. 중국은 국내총생산^{GDP} 세계 2위의 경제대국이고, 일본은 세계 4위의 경제대국이자 미국과 함께 유이하게 1억 명 이상의 인구를 보유한 선진국이야. 한국은 빠른 경제 성장을 지속한 끝에 현재 세계 10위권의 경제대국이 되었지. 하지만 동아시아 3국 모두 세계에 문호를 여는 과정에서 다른 나라의 강요에 의해 불평등 조약을 맺고 개항하게 되었어.

불평등 조약은 강대국이 약소국에 불리한 조건을 일방적으로 강요하는 조약이야. 치외법권, 최혜국 대우, 협정 관세 등이 불평등 조약의 대표적인 조항이지. 치외법권이란 외국인이 현재 거주하는 나라의 법률을

적용받지 않는 권리이고, 최혜국 대우란 앞으로 어떤 나라와 조약을 맺을 때 그 나라에 부여한 가장 유리한 대우를 이미 조약을 맺은 다른 나라에도 자동으로 부여한다는 조항이야. 치외법권과 최혜국 대우는 제국주의 시대의 산물로 강대국이 피지배국가를 굴복시키기 위한 제도였어. 또한 관세를 올리려면 조약을 맺은 상대 나라의 허락을 받아야 하는 것이 협정 관세인데, 이는 관세 자주권을 잃는다는 것을 뜻해.

청의 문호 개방과 아편 전쟁

청은 유럽 상인에게 광저우 한 곳만 개방했고, 정부의 허가를 받은 공행을 통해서만 교역할 수 있는 제한적인 무역을 진행했어. 영국은 청과의 무역 적자를 해소하기 위한 방편으로 인도산 아편을 판매하기 시작했지. 18세기까지만 해도 영국은 차와 비단 등을 구입하기 위해 청에 막대한 양의 은을 지불해야 했는데, 19세기 들어 영국-인도-청의 삼각 무역 체제가 형성되면서 영국은 차, 비단, 도자기를 청으로부터 그대로 수입했고, 인도에서 재배된 아편은 청에 유입되면서 다량의 은이 청 밖으로 빠져나갔어.

이렇게 흘러간 은은 결국 영국으로 돌아갔지. 청에서는 아편 유입으로 인해 아편 중독이 심각한 사회 문제가 되었어. 이에 대한 대책을 논의하던 청 조정에서는 이금론弛禁論과 엄금론嚴禁論으로 의견이 엇갈렸다고 해. 이금론은 밀무역 자체에 문제가 있으므로 일단 아편 수입을 공식화하고, 중국산 상품으로 대금을 지불하며, 민간에는 아편 사용을 용인하되 관리나 군인에게는 금지하자는 주장이었어. 반면 엄금론은 말 그대로 아편 수입을 엄격히 금지해야 한다는 주장이었지. 결국 엄금론이 채택되었어. 광저우로 파견된 임칙서는 영국 상인들에게서 엄청난 양의 아편

↑ 청의 아편굴

을 압류해 모두가 보는 앞에서 불태워 버렸고 영국 상인을 철수시켰지. 이에 영국은 제1차 아편 전쟁을 일으켰고 결국 전쟁에서 패배한 청은 난징 조약을 체결하고 항구를 개방하게 되었어. 이후 영국은 프랑스와 함께 제2차 아편 전쟁을 일으켜 수도 베이징을 함락했고, 청은 톈진 조약과 베이징 조약을 통해 추가로 항구를 열어야 했단다.

에도 막부와 조선의 문호 개방

일본의 에도 막부는 서양의 통상 요구를 거부하고 나가사키를 통해서만 네덜란드와의 제한적인 교역을 허용해 왔어. 네덜란드는 다른 서양 열강과 달리 선교보다 교역에 집중했기 때문이야. 이러한 가운데 미국이 페리 함대를 앞세워 무력 시위를 벌인 쿠로후네 사건을 계기로 결

국 미일 화친 조약을 체결하고, 이후 미일 수호 통상 조약을 맺어 추가로
항구를 개항하게 되었지.

　조선에서는 흥선대원군이 통상 수교 거부 정책을 내세웠어. 흥선대
원군은 병인양요와 신미양요를 겪으며 척화비를 세웠는데, 척화비에는
"서양 오랑캐가 침범하는데 싸우지 않는 것은 화친을 주장하는 것이고
화친을 주장하는 것은 나라를 파는 것이다."라는 문구가 새겨졌어. 그러
나 고종이 직접 정치에 나선 이후에는 통상 개화에 대한 관심이 높아졌
고, 때마침 일본이 운요호 사건으로 개항을 요구하자 결국 강화도 조약
을 체결하여 나라 문을 열게 되었지.

　개항 이후 동아시아에서는 기존의 조공 질서 대신 근대적 조약 질
서가 형성되었고, 서양 세력이 빠르게 침투하기 시작했어. 이에 동아시
아 3국은 국민 국가를 건설하기 위한 다양한 노력을 시도했지. 동아시
아 3국은 군주제의 한계를 인식하고, 정치 체제를 개혁해 국민의 의사를
대표하는 의회를 만들어 국민의 권리를 보장하는 헌법을 제정하려고 노
력했어. 아울러 서양의 과학 기술과 산업 등 근대 문물을 적극적으로 받
아들이게 되었단다.

1. 청(중국)이 아편 전쟁에서 패배한 뒤 체결한 최초의 불평등 조약은?

　① 난징 조약　　　② 톈진 조약　　　③ 강화도 조약　　　④ 베이징 조약
　⑤ 시모노세키 조약

2. 일본이 개항하는 계기가 된 사건은?

　① 난징 조약　　　② 아편 전쟁　　　③ 메이지 유신　　　④ 운요호 사건
　⑤ 쿠로후네 사건

3. 조선이 일본과 맺은 최초의 근대적 조약은?

　① 을사조약　　　② 한성 조약　　　③ 강화도 조약　　　④ 제물포 조약
　⑤ 시모노세키 조약

4. 아편 유입 문제를 두고 청 내부에서 제기된 두 가지 논의는 무엇일까?

　힌트 금지 완화 / 철저한 금지

5. 동아시아 3국이 개항 이후 국민 국가 건설을 위해 공통적으로 시도한 개혁은?

　힌트 정치 / 헌법 / 근대 문물

더 알고 싶어 119

📖 도서　▷ 영상　🔍 사이트

▷ **청나라와 일본의 근대화 한 번에 다 보기 (로빈의 역사 기록)** 중국과 일본의 근대화 방식 차이를 정리하고, 서양 문물을 받아들이는 방식이 왜 달랐는지 생각해 보자.

▷ **아편전쟁부터 시진핑까지 중국 근현대사 한 번에 다 보기 (로빈의 역사 기록)** 아편 전쟁 이후 중국이 겪은 굵직한 사건들을 연표로 정리하고, '반식민·반제국주의'라는 흐름과 연결해 보자.

▷ **[벌거벗은 세계사] 참혹한 아편전쟁 총정리 (디글)** 영상 속 장면을 통해, 불평등 조약이 중국인들의 일상에 어떤 변화를 가져왔는지 사례를 찾아보자.

▷ **중국, 서구 열강과 격돌하다. 아편전쟁 총정리 (별별역사)** 여러 자료를 비교해 보고, 아편 전쟁에 대한 서양·중국의 시각 차이를 정리해 보자.

중국에서 일어난 민족 운동에는 어떤 것들이 있을까?

중국의 민족 운동과 국민 국가 건설 운동

중국 역사의 마지막 황제는 선통제 푸이야.
그는 중국 근현대의 다사다난한 역사를 경험한 인물이지.
선통제 푸이가 살아갔던 중국 근현대의 풍경은 어떤 모습일지 알아보자.

학습 키워드　#태평천국운동　#양무운동　#변법자강운동　#의화단운동　#신해혁명　#캉유웨이　#쑨원
교과 연계　중2 2학기 〉 역사(세계사) 〉 IV-4. 동아시아의 국민 국가 건설 운동

태평천국운동과 양무운동

청 말기에 접어들어 자연재해와 인구 증가에 따른 토지 부족 등으로 사회 불안이 심각해지고, 아편 전쟁 배상금 마련을 위해 세금 징수가 늘어나면서 농민들의 생활이 더욱 어려워졌어. 이런 상황에서 정부에 대한 불만이 커지며 전국 각지에서 비밀 결사가 조직되고 반란이 일어나게 되었지. 특히 크리스트교의 영향을 받은 홍수전은 만주족 왕조인 청을 타도할 것을 주장하며 '태평천국운동'을 일으켰어.

태평천국운동의 주도 세력은 천조전무제를 발표해 토지의 균등 분배를 지향하고 남녀평등과 변발·전족 같은 악습의 폐지 등을 내세워 농민의 지지를 받았어. 태평천국군은 난징을 점령하고 베이징을 위협할 정도로 세력을 펼쳤지만, 지도층 내부의 분열로 인해 세력이 약화되었고, 결

국 한인 관료와 서양 열강의 용병 부대인 상승군에 의해 진압되고 말았지.

한편 이홍장, 증국번 등의 한인 관료들은 아편 전쟁과 태평천국운동을 겪으며 서양 열강의 우수한 군사 기술을 직접 경험했어. 이를 바탕으로 청의 정치 체제를 유지하며 서양의 군사 기술 등을 수용하는 양무운동을 추진했지. 양무운동은 '중체서용'을 구호로 내세웠어. 이는 중국의 전통 사상과 체제를 근본으로 삼고 서양의 우수한 과학 기술만을 받아들이자는 뜻이야.

양무운동을 주도한 세력은 각지에 근대식 군수 공장을 세워 서양식 육군과 해군을 양성했고, 신식 학교를 설립해 서양의 과학 기술과 문화를 배워 오도록 미국과 유럽에 유학생을 파견했지. 하지만 양무운동은 보수 세력의 반대로 제대로 추진되지 못했어. 1894년 청·일 전쟁에서의 패배로 그 한계를 드러내게 되었단다.

변법자강 운동과 의화단 운동의 실패

청·일 전쟁에서의 패배 이후 중국에서는 위기의식이 높아지는 한편, 일본이 서양 문물을 적극적으로 수용해 강국이 되었다는 인식이 퍼졌어. 이에 캉유웨이, 량치차오 등의 지식인들이 일본의 메이지 유신을 본보기로 근본적인 정치 개혁을 주장했는데, 이를 '변법자강 운동'이라고 해. 캉유웨이 등은 황제의 지지를 얻어 입헌군주제와 의회제 도입을 목표로 삼아 과거제 개혁과 근대 학교 설립, 상공업 육성 등을 추진했지만 이 개혁 또한 보수파의 반발에 부딪혀 결국 실패하고 말았어.

한편 서구 열강의 이권 침탈이 심해지고 크리스트교 세력이 확산되면서 민중이 직접 나서 외세를 몰아내려는 움직임이 일어났어. 특히 의화단은 청 왕조를 도와 서양 세력을 몰아내자고 주장하며 선교사, 외국인, 교회, 철도 등을 공격했지. 의화단은 철도가 외국 문물의 유입과 청의 물자 유출을 촉진한다고 여겼기 때문이야. 청 정부는 의화단을 지원하며 열강에 선전 포고했지만 러시아, 일본 등 8개국 연합군에 의해 진압되고 말았어. 결국 청 정부는 열강과 신축조약을 체결하게 되었지. 그 결과 청은 열강에 또 다시 거액의 배상금을 지불해야 했으며, 베이징에 외국군이 주둔하는 것을 허용하게 됐어.

신해혁명과 중화민국 수립

의화단 운동 실패 이후 청은 민중의 거센 개혁 요구를 받아들여 결국 의회를 도입하고 헌법을 제정하려 했어. 하지만 청 왕조를 타도하고 새로운 나라를 세우자는 주장에 더욱 힘이 실렸지. 청은 재정 문제를 해결하기 위해 민간의 철도를 국유화하여 이를 담보로 외국에서 자본을 빌리려 했지. 이를 반대하는 움직임이 확산되며 우창에서 무장봉기가 일어났는데 이를 '신해혁명'이라고 해. 이후 15개 성이 독립을 선언하고, 혁명 세력들은 쑨원을 임시 대총통으로 추대해 공화제 국가인 중화민국의 수립을 선포했어. 쑨원은 청 왕조 타도(민족), 공화제 정부 수립(민권), 토지 개혁을 통한 생활 안정(민생)을 담은 삼민주의를 내세워 민중의 지지를 얻었지. 청 정부는 위안스카이에게 혁명 진압을 맡겼지만, 위안스카이는 혁명 세력과 타협해 청 황제를 퇴위시키는 조건으로 대총통 자리를 쑨원으로부터 넘겨받았어. 이후 위안스카이는 제정을 부활시키기도 했지만 오래가지 못했어.

↑ 쑨원

1. 홍수전이 주도한 농민 반란으로, 천조전무제를 내세워 토지 균등 분배와 남녀평등 등을 주장한 운동은?

① 신해혁명   ② 양무운동   ③ 의화단 운동   ④ 변법자강 운동
⑤ 태평천국운동

2. 서양 기술을 받아들여 근대 군수 공장과 신식 군대를 양성했지만, 청·일 전쟁 패배로 한계를 드러낸 개혁은?

① 신해혁명   ② 양무운동   ③ 신문화 운동   ④ 의화단 운동
⑤ 변법자강 운동

3. 변법자강 운동을 주도한 대표적 지식인 두 사람의 이름은 무엇일까?

4. 신해혁명으로 세워진 새로운 국가는 무엇일까?

5. 쑨원이 내세운 삼민주의의 세 가지 원칙을 쓰고, 각각이 의미하는 바를 설명해 보자.

힌트 민족 / 민권 / 민생

더 알고 싶어 119   📖 도서   ▷ 영상   🔍 사이트

▷ **태평천국운동&양무운동 (로빈의 역사 기록)** 태평천국운동과 양무운동의 목표와 방법을 비교하여, 각각의 한계를 정리해 보자.

▷ **변법자강 운동&의화단 운동 (로빈의 역사 기록)** 변법자강 운동과 의화단 운동이 서양을 바라본 시각이 어떻게 달랐는지 비교해 보자.

▷ **신해혁명&중화민국 (로빈의 역사 기록)** 신해혁명이 청 왕조를 무너뜨리고 공화정을 세운 과정을 정리하고, 완전한 국민 국가로 나아가는 데 남은 과제를 생각해 보자.

▷ **[벌거벗은 세계사] 중국 마지막 왕조 청나라의 건국부터 멸망까지 (디글)** 청나라의 멸망 과정에서 등장하는 인물과 세력들을 정리하고, 각 세력이 꿈꾸던 중국의 모습이 어떻게 달랐는지 정리해 보자.

역사를 살리고 지켜 내는 사람
국가유산 감정평가사

우리가 박물관에서 만나는 문화재나 오래된 고택과 사찰 같은 국가유산은 그냥 '옛날 물건'이 아니야. 그 가치를 제대로 평가하고 보존해야 후대에 전할 수 있지. 그런데 이런 국가유산의 진짜 가치를 눈으로 보고, 손으로 만져 가늠하는 사람이 있어. 바로 국가유산 감정평가사야. 만약 역사와 전통 문화에 관심이 많고, 꼼꼼하게 살피는 걸 좋아한다면 이 직업이 꽤 매력적으로 다가올 거야.

국가유산 감정평가사는 어떤 사람일까?

국가유산 감정평가사는 문화재, 고미술품, 전통 건축물 같은 국가유산이 가진 가치를 전문적으로 평가하는 사람이야. 단순히 가격을 매기는 게 아니라, 역사적 의미, 예술적 가치, 보존 상태까지 종합적으로 살펴보지. 예를 들어 고려청자의 진품 여부를 판별한다거나, 조선 시대 목가구의 역사적 가치를 평가하는 식이야. 국가가 문화재를 지정하거나, 박물관·경매 시장에서 문화재가 거래될 때 꼭 필요한 전문가라고 할 수 있어.

뭘 준비해야 할까?

국가유산 감정평가사가 되려면 역사학, 미술사학, 고고학 같은 전공 지식이 큰 도움이 돼. 관련 학과에서 공부하거나 문화재 관련 자격증을 준비하는 게 좋아. 무엇보다 유물이나 문화재를 꼼꼼히 관찰하고 기록하는 습관, 그리고 역사적 맥락을 깊이 이해하려는 태도가 필요해. 학교에서는 역사·미술 동아리 활동이나 박물관·전시회 탐방 같은 경험이 큰 밑거름이 될 수 있지.

어떤 일을 할까?

하루 종일 문화재만 보는 날도 있고, 유산의 가치를 기록하는 보고서를 쓰는 날도 있어. 박물관이나 전시회에서 의뢰받은 유물을 감정하기도 하고, 법적 분쟁에서 증거로 쓰일 문화재의 진위 여부를 판별하기도 해. 또 문화재 복원·보존 사업에 참여해 유산의 상태를 점검하기도 하지. 어떤 날은 지방의 고택을 방문해 현장을 살피고, 어떤 날은 경매 현장에서 감정위원으로 참여하기도 해. 늘 다른 유산을 만나는 만큼 배움이 끊이지 않는 직업이야.

돈을 얼마나 받을까?

처음부터 큰 수익을 올리기는 쉽지 않아. 하지만 경력을 쌓아 전문성을 인정받으면 박물관, 연구소, 경매 회사, 법원 감정인 등 여러 분야에서 활동할 수 있어. 감정 의뢰 건당 보수를 받거나, 기관 소속으로 안정적인 급여를 받는 경우도 있지. 특히 저명한 평가사가 되면 자문, 강연, 집필 같은 추가 수입도 생길 수 있어. 중요한 건 '돈'보다는 내가 평가한 결과가 국가유산 보존과 후대 전승에 직접적으로 기여한다는 점에서 큰 보람을 느낄 수 있다는 거야.

앞으로의 전망

앞으로 국가유산 감정평가사의 필요성은 더 커질 거야. 문화재 불법 반출이나 위조 문제가 여전히 많고, 또 K-컬처 열풍으로 한국 문화재에 대한 관심이 높아지고 있거든. 국가 차원에서도 문화유산 관리와 세계유산 등록 작업이 활발해지고 있어서 전문가 수요가 늘어날 거야. 이 직업이 멋진 이유는 단순히 유물을 '값비싼 물건'으로 보는 게 아니라, 우리 역사와 문화의 가치를 정확히 밝히고 지켜내는 수호자라는 점이야. 역사를 좋아하고 꼼꼼하게 살피는 걸 즐긴다면 누구든 도전할 수 있는 직업이지.

4부
전쟁과 혼란 속에서
모두가 흔들리다
제1, 2차 세계 대전과 전체주의 시대
119

일본은 어떻게 제국주의 국가로 변했을까?

일본의 국민 국가 건설과 제국주의화

욱일기는 일본의 제국주의를 상징하는 깃발이야.
욱일기가 왜 일본의 제국주의를 상징하게 되었는지
일본의 국민 국가 건설 과정과 관련해서 알아보자.

학습 키워드　#메이지유신 #자유민권운동 #청일전쟁 #러일전쟁 #천황
교과 연계　중2 2학기 > 역사(세계사) > IV-4. 동아시아의 국민 국가 건설 운동

메이지 유신

　개항 이후 에도 막부의 권위가 추락하자 외세를 배척하려는 세력이 천황을 중심으로 결집하게 되었어. 하급 무사들이 중심이 되어 막부를 타도하고 천황을 받들어 외세를 몰아내자는 운동이 일어났는데, 이를 '존왕양이 운동'이라고 해. 막부는 나라 안팎의 위기를 극복하고자 서양 군사 기술을 수용했지만 막부 타도 세력과의 전투에서 패배했고, 결국 1868년 막부가 무너지고 천황을 중심으로 한 새로운 정부가 수립되어 개혁에 나섰으니 이를 '메이지 유신'이라고 해.

　메이지 유신으로 새롭게 들어선 정부는 봉건적 막부 체제를 해체하고 중앙집권 체제 확립을 위한 각종 개혁을 추진했어. 먼저 에도의 이름을 도쿄로 바꿔 수도로 삼았고, 지방의 다이묘가 독자적인 지배권을 행

↑ 메이지 유신

사하고 있던 번을 폐지하고 현을 설치해 중앙에서 파견한 관리들이 직접 다스리게 했지. 또한 신분 제도를 폐지하고 초등 교육을 의무화했으며, 징병제를 실시해 평민도 입대할 수 있도록 했어. 무사의 특권도 폐지해 모든 국민을 법 앞에 평등하게 만들었지. 이어 정부 주도로 산업을 육성했으며, 서양의 여러 문물을 살피고 서양 열강과 맺은 불평등 조약을 개정하기 위해 미국과 유럽에 이와쿠라 사절단을 파견했어. 사절단에는 훗날 을사늑약을 체결해 우리나라 외교권을 빼앗은 이토 히로부미도 포함되어 있었어.

일본의 제국주의화 과정

한편 1870년대 일본에서는 헌법 제정과 의회 개설을 요구하는 자유 민권 운동이 일어났어. 메이지 정부는 이를 탄압하면서도 1889년 일본 제국 헌법을 제정했는데, 이 헌법은 천황에게 절대적인 권력을 부여한 것이 특징이었지. 이듬해에는 의회를 개설하며, 일본은 입헌군주제와 의회에 바탕을 둔 근대 국가의 제도적 틀을 갖추게 돼. 하지만 의회의 권한과 국민의 기본권이 제한되는 등 한계가 있었어.

메이지 유신으로 봉건적 특권을 빼앗겨 몰락하게 된 무사와 일부 계층의 불만이 커지자 이들의 불만을 무마하고 산업화에 필요한 시장과 원료 공급지를 확보하기 위해 일본은 대외 팽창에 나서게 됐어. 일본은 청일 수호 조규를 체결하며, 청을 중심으로 하는 전통적 국제 질서에서 벗어나 청과 대등한 지위를 갖게 되었지. 이후 조선과 강화도 조약을 체결하고 류큐 왕국을 강제로 일본 영토에 편입시켰어. 류큐 왕국은 오늘날 오키나와 지역으로 일본 본토와는 별개의 독립국이었기 때문에 지금도 현지 주민들 중에는 자신들을 본토와 다르게 인식하는 경우가 많아.

1894년에는 조선에서 동학농민운동이 일어났는데, 일본은 이를 계기로 조선에서의 우위를 점하고자 청·일 전쟁을 일으켰어. 전쟁에서 승리한 일본은 타이완 및 랴오둥반도의 할양, 배상금 지불 등의 내용을 담은 시모노세키 조약을 체결했지. 하지만 러시아가 프랑스와 독일을 끌어들여 일본을 압박하자 일본은 랴오둥반도를 다시 청에게 돌려주어야 했어.

그럼에도 일본은 조선에서의 청의 영향력을 제거하며 조선에 대한 영향력을 확대하기 위해 전쟁 배상금을 활용해 군사력을 키워 나갔고, 1904년에는 만주와 한반도 지배권을 둘러싸고 러시아와 대립하다 러·일 전쟁을 일으켰어. 전쟁 결과 일본은 미국의 중재로 러시아와 포츠머스 조약을 맺게 되는데, 이를 통해 한반도에서 독점적인 지위를 보장받게 되었지. 이후 일본은 1905년 을사늑약으로 대한제국의 외교권을 빼앗고 1910년에는 한일 병합으로 조선을 식민지화해 총독부를 세워 지배했어. 또한 서양 열강과 맺은 불평등 조약들을 모두 개정했지.

1. 일본이 청일 전쟁에서 승리한 뒤 체결한 조약은?

　① 을사늑약　　　② 난징 조약　　　③ 강화도 조약　　　④ 포츠머스 조약
　⑤ 시모노세키 조약

2. 일본에서 불평등 조약 개정을 위해 1871년에 파견한 사절단의 이름은 무엇일까?

　--

3. 1905년 일본이 러시아와의 전쟁에서 승리한 뒤 맺은 조약은 무엇일까?

　--

4. 메이지 유신을 통해 일본이 추진한 주요 개혁을 두 가지 이상 설명해 보자.

　힌트 번을 폐지하고 현을 둠 / 신분 제도 / 교육 / 징병제 / 산업 육성

　--
　--
　--

5. 일본이 제국주의 국가로 성장하게 된 과정을 전쟁과 조약 중심으로 설명해 보자.

　힌트 강화도 조약 / 청일 전쟁 / 시모노세키 조약 / 러일 전쟁 / 포츠머스 조약 / 을사늑약 / 한일 병합

　--
　--
　--
　--

 📖 도서　▷ 영상　🔍 사이트

더 알고 싶어 119

▷ **영화 〈라스트 사무라이〉 (15세 이상 관람가)** 영화 속 전통 무사와 근대식 군대의 갈등을 보며, 일본 근대화 과정에서 발생한 충돌을 정리해 보자.

▷ **메이지 유신과 입헌제 국가의 수립 (로빈의 역사 기록)** 메이지 유신의 주요 개혁 내용을 정리하고, 일본이 서양을 '따라잡기' 위해 무엇을 바꾸었는지 생각해 보자.

▷ **일본의 제국주의와 태평양 전쟁 (로빈의 역사 기록)** 일본이 제국주의 국가가 되는 과정과 태평양 전쟁으로 이어진 흐름을 연표로 정리해 보자.

조선의 근대 국민 국가 건설 운동은 어떻게 전개되었을까?

조선의 근대 국민 국가 건설 운동

김옥균은 갑신정변이라는 근대적 개혁운동을 이끌었지만 3일 만에 실패했어.
조선 근대화 과정에서 가장 혁신적이고 적극적인
개혁 운동을 추진했던 김옥균은 과연 어떤 사람이었을까?

학습 키워드 #갑신정변 #갑오개혁 #을미개혁 #독립협회 #대한제국 #고종황제 #광무개혁
교과 연계 중2 2학기 > 역사(세계사) > IV-4. 동아시아의 국민 국가 건설 운동

조선의 사절단 파견과 갑신정변의 실패

조선은 일본과 강화도 조약을 체결하며 개항한 이후 개화 정책을 담당하는 관청을 만들었는데, 이를 '통리기무아문'이라고 해. 또한 일본인 교관으로부터 근대 군사 교육을 받은 '별기군'이라는 신식 군대도 만들어졌지.

조선은 미국 등 서양 열강과 근대적 조약을 체결했고 근대 문물을 적극적으로 수용하기 위해 일본과 청나라, 미국에 사절단을 파견했어. 일본에는 수신사, 청나라에는 영선사를 파견했고, 미국에는 보빙사를 파견했어. 보빙사는 조선이 직접 서양을 시찰한 최초의 사절단이었대. 보빙사를 계기로 조선 최초의 미국 유학생이 된 유길준은 유학 경험을 바탕으로 『서유견문』을 펴냈어. 한편 김옥균 등의 급진 개화파는 1884년

일본의 메이지 유신을 본떠 자주독립과 국민 국가 건설을 목표로 한 갑신정변을 일으켰다고 해. 청의 개입으로 갑신정변이 실패한 이후 조선에 대한 청나라와 일본 등 외세의 간섭이 더욱 심해지게 되었지.

독립협회와 대한제국

그로부터 10년 뒤, 청, 일본, 영국, 러시아 등이 한반도를 둘러싸고 대립하는 가운데 조선에서 동학농민운동이 일어났어. 농민들은 정치와 사회 개혁을 요구하며 일본 세력을 몰아낼 것을 주장했는데, 이 과정에서 청·일 전쟁이 벌어지기도 했지. 일본은 군대를 동원해 조선의 내정에 간섭하고 개혁을 강요했어.

조선 정부는 이를 계기로 1894년부터 1896년에 '갑오·을미개혁'을 추진했는데, 이 개혁을 통해 노비 제도를 포함한 신분제가 철폐되었어. 또한 과거제가 폐지되고 전국 행정 구역이 13도로 개편되었지. 개혁은 근대 국가의 기틀을 마련했지만, 일본의 무력과 간섭 속에서 추진된 한계가 있었어. 1896년에는 서재필 등 지식인들과 정부의 개혁 관료들이 자주독립 국가 수립을 목표로 독립협회를 조직했어.

독립협회는 만민공동회를 열어 민중을 계몽했고, 의회를 설립해 입헌군주제를 도

↑ 고종 황제

입하려고 했지. 하지만 독립협회 주도 세력이 공화제를 도입하려 한다는 보수 세력의 모함으로 인해 고종의 명령으로 해산되고 말았어. 고종은 1897년 대한제국 수립을 선포하고 황제에 즉위해 광무개혁을 추진하는데, 이때 고종은 대한국 국제라는 일종의 근대적 헌법을 선포하며 대한제국이 세계 만국이 공인한 자주독립 국가임을 밝혔어.

하지만 대한국 국제에는 국민의 기본권이나 권력분립에 대한 규정이 없었고, 황제가 군사·사법·행정 전반에 절대 권한을 가지는 전제군주제를 명시했어. 또한 군제를 개편해 황제가 군대를 통솔하게 했고, 중앙군의 군사 수를 크게 늘리고 지방 주요 도시에 군대를 주둔시켰지.

을사늑약과 한일병합조약

대한제국은 러·일 전쟁 이후 일본에 국권을 침탈당했어. 가쓰라-태프트 밀약을 통해 일본이 대한제국에 대해 종주권과 외교권을 장악하는 것을 미국이 승인했고, 제2차 영일동맹을 통해 일본이 대한제국에 정치·군사·경제적으로 특별한 이익이 있음을 영국으로부터 승인받았지. 이후 포츠머스 조약을 통해 일본이 대한제국을 관리·감독·보호한다는 것을 러시아가 인정하면서 결국 을사늑약이 체결되었어.

을사늑약은 대한제국의 외교권을 박탈하고, 일본인 통감이 외교권을 행사하며 일본이 한국을 보호국화하는 것을 뜻해. 고종은 이와 같은 어려움을 돌파하고자 헤이그 만국 평화 회의에 특사를 파견했지만 이로 인해 강제 퇴위되었고, 일본은 정미 7조약으로 대한제국의 군대를 해산시켰어. 이 과정에서 의병들의 거센 저항이 있었지만, 결국 한일병합조약을 통해 대한제국은 멸망하고 한반도는 일본의 식민지가 되고 말았어.

1. 조선이 개항 이후 설치한 개화 정책 담당 관청의 이름은?

① 법부　　　　② 교정청　　　　③ 독립협회　　　　④ 군국기무처
⑤ 통리기무아문

2. 고종이 대한제국 수립을 선포하면서 반포한 근대적 헌법 성격의 문서는?

① 대전회통　　　　② 독립신문　　　　③ 홍범 14조　　　　④ 대한국 국제
⑤ 갑오·을미개혁안

3. 조선이 미국에 파견한 사절단으로 서양을 직접 시찰한 최초의 사절단은 무엇일까?

4. 을사늑약(1905)으로 박탈된 대한제국의 권한은 무엇일까?

5. 갑오·을미개혁의 주요 내용과 한계를 설명해 보자.
　　힌트 신분제 / 과거제 / 13도 / 일본 간섭

더 알고 싶어 119　　📖 도서　▷ 영상　🔍 사이트

▷ **홍선대원군부터 한일병합까지 근대 한국사 한 번에 다 보기 (로빈의 역사 기록)**
조선이 개항에서 식민지로 전락하기까지의 사건들을 정리하고, 그 과정에서 나타난 개혁과
저항을 함께 표로 정리해 보자.

▷ **[벌거벗은 한국사] 이완용의 적극적인 찬성으로 체결된 을사늑약 (디글)**
을사늑약 체결 과정을 보며 '매국'과 '생존' 사이에서 조선 지도자들이 어떤 선택을 했는지
비판적으로 생각해 보자.

 년 월 일

제1차 세계 대전은 왜 일어났을까?

제1차 세계 대전의 발발 원인

20세기 초 세계를 뒤흔든 제1차 세계 대전은
어떤 배경에서 일어났고
어떻게 전개되어 인류 역사에 큰 변화를 가져왔을까?

학습 키워드 #3국동맹 #3국협상 #사라예보사건 #무제한잠수함작전 #참호전
교과 연계 중2 2학기 > 역사(세계사) > Ⅴ-1. 제1차 세계 대전과 국제 질서의 변화

범게르만주의와 범슬라브주의의 대립

19세기 말 유럽은 식민지를 차지하기 위해 경쟁을 벌이면서 이해관계에 따라 외교 관계를 맺었어. 독일은 오스트리아·헝가리 제국, 이탈리아와 3국 동맹을 맺었고, 영국은 러시아, 프랑스와 3국 협상을 맺어 3국 동맹에 대응했지.

한편 유럽에서 민족주의가 확산됨에 따라 독일, 이탈리아가 통일 국가를 이루었는데, 이는 발칸 반도의 슬라브족에도 영향을 미쳐 같은 민족으로 이루어진 독립 국가에 대한 열망을 갖게 했어. 결국 발칸 반도에서 범게르만주의와 범슬라브주의가 충돌하게 되었지. 범게르만주의는 독일어를 사용하는 모든 지역이 독일이라는 한 나라로 통일하자는 주장이었고, 범슬라브주의는 모든 슬라브족이 합쳐서 외세를 막자는 주장이었어.

이렇게 발칸 반도에서 격화된 민족 간 대립은 결국 세르비아계 청년에 의해 오스트리아·헝가리 제국의 황태자 부부가 암살된 '사라예보 사건'을 계기로 3국 협상과 3국 동맹이 참전한 제1차 세계 대전으로 번지게 돼.

제1차 세계 대전의 전개

전쟁 초기 독일은 프랑스를 먼저 무너뜨리고 러시아를 공격하려고 했지만, 프랑스와 참호를 사이에 두고 대치하면서 전쟁이 장기화되었어. 이에 따라 일본과 이탈리아가 연합국으로 참전하고, 오스만 제국과 불가리아가 동맹국에 가담하면서 참전국이 점점 늘어났지.

↑ 참호전

제1차 세계 대전에서는 발달한 과학 기술을 바탕으로 만들어진 신무기들이 등장하면서 전쟁의 양상이 기존과는 크게 달라졌어. 기관총, 탱크, 독가스, 잠수함 등 신무기의 사용으로 지상군 진격이 어려워지자 참호를 깊게 파고 대치하는 참호전이 이루어졌지. 이러한 참호전으로 전선이 교착 상태에 빠지기 쉬워지자 전쟁이 장기화되었어.

참전국들은 모든 인력과 물자를 쏟아붓는 총력전을 펼쳤고 남성뿐만 아니라 여성들도 무기 등 군수 물자를 만드는 데 동원되었지. 영국은 독일보다 우세한 해군력을 앞세워 독일의 해상을 봉쇄했는데, 독일은 이에 맞서 1917년부터 교전국이나 중립국 선박을 가리지 않고 무차별로 공격하는 무제한 잠수함 작전을 전개했어. 이 과정에서 미국 상선이 공격당하면서 결국 중립을 지키던 미국까지 전쟁에 참전하게 됐지. 그러면서 전세는 연합국에 급속도로 유리해졌어.

한편 전쟁 중 러시아에서 혁명이 일어나 새로운 정부가 수립되면서 독일과 강화 조약을 맺고 전쟁을 멈췄어. 이후 독일은 프랑스를 거세게 공격했지만 실패했지. 전세가 불리해진 오스만 제국, 불가리아 등 동맹국들이 연합국에 항복했고, 결국 독일에서도 혁명이 일어나 황제가 퇴위하고 바이마르 공화국이 수립되었어. 이후 새로 수립된 정부가 연합국에 항복하면서 제1차 세계 대전이 끝나게 되었단다.

제1차 세계 대전이 남긴 상흔

제1차 세계 대전은 전사자 900만 명, 민간인 사망자 600만 명, 부상자 2,700만 명 등 엄청난 인명 피해를 낳았어. 독일 제국, 오스트리아·헝가리 제국, 오스만 제국, 러시아 제국은 몰락했고 러시아 제국과 독일 제국은 각각 소련과 바이마르 공화국으로 변했어. 영국과 프랑스는 승전국이었음에도 경제적으로 막대한 타격을 입었지. 제1차 세계 대전으로 이렇게 유럽은 큰 변화를 맞았어. 영국의 역사학자인 에릭 홉스봄이 "20세기는 1914년에 시작되었다."라는 표현을 남길 만큼 제1차 세계 대전은 인류 역사의 흐름을 바꾼 전쟁이었어.

한편 제1차 세계 대전을 계기로 유럽이 쇠퇴하면서 미국과 일본의 성장은 더욱 가속화되었어. 미국은 영국을 넘어 세계 제1의 무역국가가 되었고, 일본도 15위에서 8위로 도약했지. 미국의 달러는 영국의 파운드를 대체하며 세계 통화가 되었고, 전쟁에 참여했음에도 피해를 입지 않은 일본은 농업 중심에서 제조업 중심으로 전환하며 무역과 산업이 크게 성장했어.

1. 제1차 세계 대전의 직접적인 발발 계기가 된 사건은?

　① 러일 전쟁　　　② 프랑스 혁명　　　③ 보스니아 위기　　　④ 사라예보 사건
　⑤ 독일 황제 퇴위

2. 제1차 세계 대전에서 전쟁 장기화의 주요 원인이 된 전투 방식은?

　① 공성전　　　② 기동전　　　③ 유격전　　　④ 참호전　　　⑤ 해상전

3. 독일이 1917년부터 전개한 교전국·중립국 선박을 가리지 않고 공격한 전술은?

----

4. 제1차 세계 대전에 참전한 주요 동맹과 협상(연합) 세력을 각각 설명해 보자.

　힌트 3국 동맹 / 3국 협상

----

5. 제1차 세계 대전이 세계사적으로 끼친 영향을 두 가지 이상 설명해 보자.

　힌트 제국 몰락 / 신흥 강대국 / 경제적 타격

📖 도서　▷ 영상　🔍 사이트

더 알고 싶어 119

▷ **영화 〈1917〉 (15세 이상 관람가)** 전장에서 싸우는 병사의 시선을 통해 전쟁이 개인의 삶에 어떤 영향을 미치는지 느낀 점을 써 보자.

▷ **영화 〈전장의 크리스마스〉 (15세 이상 관람가)** 크리스마스 휴전을 계기로 적국 병사들이 서로를 어떻게 바라보게 되는지 살펴보고, 인간성과 전쟁의 관계를 생각해 보자.

▷ **[벌거벗은 세계사] "인류가 미쳤다" 18세기 유럽을 초토화시킨 제1차 세계 대전 (디글)** 제1차 세계 대전의 원인을 동맹 체제, 민족주의, 군비 경쟁 등으로 나누어 정리해 보자.

베르사유 체제는
국제 질서를 어떻게 변화시켰을까?

베르사유 조약은 제1차 세계 대전의 전후 처리를 위한 강화조약이야.
이로 인해 변화된 세계 질서를 '베르사유 체제'라고 하는데,
이 체제는 독일인들의 불만을 낳아 제2차 세계 대전의 원인이 되기도 했어.

학습 키워드 #파리강화회의 #베르사유조약 #베르사유체제 #국제연맹 #민족자결주의
교과 연계 중2 2학기 > 역사(세계사) > Ⅴ-1. 제1차 세계 대전과 국제 질서의 변화

파리 강화 회의와 베르사유 체제

제1차 세계 대전이 끝난 후 연합국은 전후 처리를 위해 1919년에 베르사유 궁전에서 파리 강화 회의를 열었어. 이 회의는 미국의 윌슨 대통령이 비밀 외교 폐지, 군비 축소, 민족 자결주의, 국제 평화 기구의 창설 등을 제안한 14개조 평화 원칙을 기본 원칙으로 삼았지. 이중 '각 민족의 운명은 그 민족이 스스로 결정한다.'는 민족 자결주의는 우리나라 3.1운동에도 영향을 주며, 식민지 민족들에게 큰 희망을 주었어.

하지만 문제는 이것이 승전국의 식민지가 아닌 패전국의 식민지에만 적용된다는 것이었어. 일본은 승전국이었기 때문에 우리 민족에게는 민족 자결주의가 적용되지 않았지. 이처럼 파리 강화 회의는 결국 승전국의 이익을 가장 중요시하는 성격의 회의였던 거야. 특히 독일과 전

승국 사이에 체결된 베르사유 조약은 독일에 전쟁의 책임을 묻는 보복적 성격이 강했어. 이를 주도한 것은 제1차 세계 대전으로 엄청난 피해를 입은 영국과 프랑스였지. 이로 인해 독일은 전쟁에 모든 책임을 지고 막대한 배상금을 물어야 했고, 모든 해외 식민지와 국내 영토 일부를 넘겨주어야 했지. 다른 패전국들도 전승국들과 강화 조약을 체결했어. 이처럼 베르사유 조약에 따라 새롭게 나타난 국제 질서를 '베르사유 체제'라고 해.

↑ 우드로 윌슨 대통령

국제 연맹 창설과 동유럽 국가들의 독립

베르사유 체제가 적용되는 과정에서 미국은 전쟁과 전후 처리를 주도하며 국제 사회에서 영향력을 확대해 나갔고, 제1차 세계 대전 과정에서 각종 전쟁 물자를 생산하면서 경제 호황을 누렸어. 일본 또한 전승국으로서 파리 강화 회의에 참여해 국제적으로 세력을 키워 나갔지. 한편 베르사유 조약 제1조에 따라 1920년 국제 평화를 목적으로 한 국제 연맹이 창설되었어. 국제 연맹은 42개국이 가입했지만, 제안국인 미국은 의회의 반대로 끝내 가입하지 않았어.

한편 국제 연맹은 침략국을 제재할 수 있는 군사력을 보유하지 못했다는 한계를 갖고 있었어. 그리고 제1차 세계 대전의 패전국인 독일 제국, 오스만 제국과 공산주의 국가인 소련은 가입을 거부당했어. 게다가 회원국들이 불만이 있으면 쉽게 탈퇴할 수 있었지. 그럼에도 국제 사회는 평화를 위한 노력을 계속했고, 강대국들은 군비를 축소하기 위해 여러 차례 회의를 개최했어. 미국, 영국, 프랑스 등은 분쟁 해결을 위해 전쟁을 일으키는 것을 불법으로 규정하며 분쟁을 평화적 수단으로 해결할 것에 합의하는 부전 조약을 체결하기도 했지.

베르사유 체제에 따라 동유럽과 북유럽에는 여러 나라가 민족 자결주의의 원칙에 따라 독립하기 시작했어. 러시아, 독일, 오스트리아 등이 상실한 영토에서 핀란드, 에스토니아, 라트비아, 폴란드, 체코슬로바키아, 헝가리, 유고슬라비아 등이 독립했단다.

제2차 세계 대전의 발발

독일에 대한 보복적 성격이 강했던 베르사유 조약은 독일이 다시는 전쟁을 일으키지 못하게 한다는 명분이 있었지만, 실제로는 독일인의 분노와 증오를 키워 또 다른 전쟁의 원인이 되었어. 나치 독일의 아돌프 히틀러는 1935년 베르사유 조약 파기를 선언하며, 독일군의 재무장을 추진했어. 결국 1939년 독일이 폴란드를 침공하면서 약 20년 만에 유럽에서 끔찍한 전쟁이 다시 일어났는데 그것이 바로 제2차 세계 대전이야. 평화를 위해 체결된 강화 조약이 오히려 제2차 세계 대전의 원인이 된 것은 역사의 아이러니지.

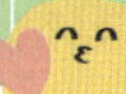

1. 제1차 세계 대전 후 전쟁 방지를 목적으로 창설된 국제 기구는?

   ① 국제 연맹　　　② 국제 연합　　　③ 유럽 연합　　　④ 국제 적십자사
   ⑤ 북대서양조약기구

2. 미국 윌슨 대통령이 제안한 14개조 평화 원칙 가운데 우리나라 3·1운동에도 영향을 준 것은 무엇일까?

3. 베르사유 조약이 독일에 부과한 대표적인 조건 두 가지는 무엇일까?

4. 국제 연맹의 한계와 그로 인해 나타난 문제점을 설명해 보자.

   힌트 미국 불참 / 군사력 부족 / 회원국 탈퇴

5. 베르사유 조약이 오히려 제2차 세계 대전 발발의 원인이 된 과정을 설명해 보자.

   힌트 보복적 성격 / 독일인 불만 / 히틀러 재무장 / 전쟁 재개

📖 도서　　▷ 영상　　🔍 사이트

더 알고 싶어 119

▷ **제1차 세계 대전 이후 유럽 비상사태 베르사유 체제 (로빈의 역사 기록)**
베르사유 조약의 주요 내용을 정리하고, 왜 독일이 여기에 강한 불만을 가졌는지 정리해 보자.

▷ **독일인들은 왜 베르사유 조약에 분노할 수밖에 없었을까? (함께하는 세계사)**
베르사유 조약이 독일 사회와 정치에 끼친 영향을 정리하고, 이 조약이 제2차 세계 대전의 원인 중 하나가 되었다는 평가에 대해 자신의 의견을 써 보자.

러시아 혁명은 세계사에 어떤 영향을 미쳤을까?

러시아 혁명

1917년 러시아 혁명으로 세계 최초의 공산주의 국가가 탄생했어.
이후 소비에트 사회주의 공화국 연방인 소련이 탄생했고,
냉전 시기 미국과 함께 세계를 양분한 초강대국이 되었지.

학습 키워드　#피의일요일사건 #소비에트 #2월혁명 #10월혁명 #레닌 #스탈린 #신경제정책(NEP)
교과 연계　중2 2학기 〉 역사(세계사) 〉 Ⅴ-1. 제1차 세계 대전과 국제 질서의 변화

러시아의 전제 정치와 더울뿐인 사회 개혁

19세기 러시아에서는 차르라 불린 황제의 전제 정치가 지속되었어. 서유럽에서 혁명과 다양한 자유주의 개혁이 이루어지면서 시민 계층이 성장한 것과 달리 러시아 농민들은 여전히 농노 신분에 얽매여 있었지. 알렉산드르 2세는 러시아의 후진성을 극복하기 위해 농노 해방령을 발표하고 지방 의회를 설치하는 등의 자유주의 개혁을 추진했지만 큰 변화는 일어나지 않았어. 오히려 알렉산드르 2세가 암살당하며 러시아의 전제 정치가 더욱 강화되었지.

한편 19세기 후반 국가 주도의 산업화로 노동자 계급이 성장했고 지식인들 사이에 사회주의 사상이 확산되면서 사회 개혁 요구가 높아졌어. 그러던 중 러·일 전쟁이 일어나 물가가 치솟고 전쟁에서 패색이 짙어지

자 노동자들은 개혁을 요구하며 시위를 일으켰지. 그러나 니콜라이 2세는 친위대를 앞세워 시위를 무력으로 진압했고, 이 과정에서 1905년 많은 사람들이 죽거나 다쳤는데 이를 '피의 일요일 사건'이라고 해.

피의 일요일 사건으로 국민들의 저항이 거세지자 황제는 이를 잠재우기 위해 국민의 자유와 권리를 인정하고 의회(두마)를 설치하는 등의 개혁을 약속했어. 하지만 개혁은 별다른 성과를 내지 못했는데, 여전히 황제가 행정, 군사, 외교 등의 실권을 장악하고 있는 체제였기 때문이야.

2월 혁명

그러던 중 제1차 세계 대전이 발발하며 슬라브 민족주의에 영향을 받은 국민들이 황제를 지지하며 연합국에 가담해 참전하게 돼. 하지만 독일과의 전투에서 연이어 패배하자 병사들의 사기가 떨어졌고, 식량과 물자 부족 등으로 국민들의 불만도 커졌어. 결국 1917년 2월 시위에서 그 불만이 폭발했고 국민들은 식량 배급, 전쟁 중지, 전제 정치 타도 등의 구호를 외치며 개혁을 요구했지. 이에 니콜라이 2세는 군대를 동원해 진압하려고 했지만 전쟁에 지친 군인들이 진압을 거부하며 시위에 동참했어. 결국 노동자, 군인, 농민들은 소비에트라는 권력 기구를 조직해 혁명을 추진해 나갔고, 그 결과 차르가 물러나면서 제정이 무너지고 임시 정부가 수립되었는데 이를 1917년의 '2월 혁명'이라고 해.

2월 혁명으로 수립된 임시 정부는 국민들이 요구하는 개혁을 제대로 추진하지 못하고 전쟁을 지속했어. 계속되는 전쟁은 임시 정부를 장악한 자본가들에게는 오히려 이득이었어. 전후 세계 질서가 재편될 것을 고려해 전쟁을 연합국 측에서 승리로 이끄는 것이 더욱 유리했기 때문이야. 노동자들은 점차 임시 정부에 등을 돌렸고, 2월 혁명 이후 만들어진 사회주의 정당 중 볼셰비키만이 이런 불만을 간파하고 임시 정부에 반대하며 전쟁 반대, 평화조약 체결, 공산주의 혁명 등을 주장했어.

레닌의 볼셰비키 혁명

이때 사회주의 혁명 운동을 하다 정부의 탄압을 피해 망명 생활을 하고 있던 블라디미르 레닌이 러시아로 귀국해 볼셰비키 집회에서 연설하며 노동자, 농민, 병사의 호응을 얻기 시작했어. 결국 레닌은 볼셰비키를 이끌고 혁명을 일으켜 임시 정부를 무너뜨리고, 세계 최초의 사회주의 정부인 소비에트 정부를 수립했어. 이를 1917년의 '10월 혁명'이라고 해. 2월 혁명과 10월 혁명은 당시 러시아에서 쓰던 율리우스력 기준으로, 양력으로는 3월 혁명과 11월 혁명이라고도 해. 레닌은 1919년 국제 공산당 기구인 코민테른을 조직해 유럽과 아시아의 반제국주의 운동을 지원했어.

이에 각국의 여러 단체와 지식인들이 사회주의 사상을 받아들이며 사회주의가 전 세계로 확산되었지. 소비에트 정부는 독일과 강화 조약을 맺으며 전쟁을 중단했고 공장, 은행, 철도 등의 주요 산업 시설과 토지를 국유화했어. 그러나 혁명에 대한 반발로 내란이 일어나고 경제가 어려워지자 레닌은 내란과 경제 위기를 수습하기 위해 자본주의적 요소를 일부 도입한 신경제 정책NEP을 실시했어. 정권을 안정시킨 레닌은 1922년 주변 소비에트를 연합해 소비에트 사회주의 공화국 연방을 수립했는데, 이것이 바로 이후 세계 질서를 미국과 함께 주도하게 되는 소련의 탄생이야. 레닌이 죽은 후 소련에서는 스탈린이 정권을 장악해 농업을 집단화하고 중공업 중심의 경제 개발 5개년 계획을 추진했지. 스탈린은 정권에 대한 비판을 금지하고 반대파를 탄압하며 독재 체제를 강화해 나갔어.

1. 1905년 러일 전쟁 패배 이후, 노동자들의 시위를 황제가 무력으로 진압하면서 수많은 사상자를 낸 사건은?

① 2월 혁명　　② 10월 혁명　　③ 피의 일요일 사건　　④ 레닌의 신경제 정책
⑤ 브레스트-리토프스크 조약

2. 1917년 레닌이 이끄는 볼셰비키가 임시 정부를 무너뜨리고 수립한 세계 최초의 사회주의 정권은?

① 두마　　　　② 코민테른　　　　③ 소비에트 정부　　　　④ 바이마르 공화국
⑤ 소비에트 사회주의 공화국 연방

3. 1917년 차르가 퇴위하고 임시 정부가 수립된 혁명을 무엇이라고 부를까?

4. 레닌이 내란과 경제 위기를 수습하기 위해 실시한 정책은 무엇일까?

5. 러시아 혁명이 세계사적으로 어떤 의의를 가지는지 두 가지 이상 설명해 보자.
힌트 사회주의 확산 / 코민테른 / 반제국주의 운동 / 소련 건국

더 알고 싶어 119

▣ 도서　▷ 영상　🔍 사이트

▷ **[벌거벗은 세계사] 러시아는 왜 사회주의 국가가 되었나 (tvN D ENT)**
러시아에서 혁명이 일어난 배경을 정치·경제·사회 측면으로 나누어 정리해 보자.

▷ **[벌거벗은 세계사] 러시아에 발발한 혁명의 물결! (tvN Joy)** 2월 혁명과 10월 혁명의 차이를 정리하고, 각각의 주도 세력이 누구였는지 표로 정리해 보자.

▷ **[벌거벗은 세계사] 레닌이 10월 혁명을 성공시킬 수 있었던 이유 (tvN Joy)**
레닌이 혁명을 성공으로 이끈 전략과 지도력을 정리하고, 혁명이 세계 다른 나라에 어떤 영향을 주었는지도 살펴보자.

아시아와 아프리카의 민족 운동은 어땠을까?

아시아와 아프리카의 민족 운동

호찌민은 베트남의 초대 국가주석인 호찌민의 이름을 딴 도시야.
호찌민은 식민지 베트남의 독립을 이루기 위해 노력한 독립 운동가였어.
호찌민이 어떻게 베트남의 독립을 위해 노력했는지 알아보자.

학습 키워드　#신문화운동　#5·4운동　#제1차국공합작　#간디　#비폭력　#불복종　#네루　#호찌민
#터키공화국

교과 연계　중2 2학기 〉 역사(세계사) 〉 Ⅴ-1. 제1차 세계 대전과 국제 질서의 변화

중국의 5.4운동과 제1차 국공 합작

신해혁명 이후 중국에서는 지식인들을 중심으로 유교 사상을 비판하고 민주주의와 과학을 강조하는 신문화 운동이 전개되었어. 한편 제1차 세계 대전 중 일본은 중국에 '21개조 요구'를 강요했지. 21개조 요구는 서구 열강들이 전쟁으로 인해 중국에 신경 쓸 겨를이 없는 틈을 타 일본이 중국을 사실상 지배하려는 의도가 담겨 있었어.

이에 중국은 파리 강화 회의에서 일본의 요구를 무효화하고자 했지만 열강들은 산둥 지역에 대한 일본의 이권을 승인했고, 이 소식이 전해지면서 1919년 베이징의 대학생들을 중심으로 대대적인 민족 운동이 일어났어. 이것이 바로 '5.4 운동'이야. 5.4 운동 이후 중국 국민당과 중국 공산당이 결성되었고, 국민당과 공산당은 제국주의 세력의 침략에 대항

해 중국 각지에서 무장하여 권력을 휘두르는 군벌 세력을 타도하기 위해 제1차 국공 합작을 맺었어. 쑨원이 죽은 후 국민당을 이끌던 장제스는 각 지역의 군벌을 무너뜨리기 위해 북벌을 시작했는데, 이 과정에서 장제스가 공산당을 탄압하고 난징에 국민당 정부를 세우면서 제1차 국공 합작이 깨졌어. 이후 장제스는 북벌을 계속하며 베이징의 군벌 정부를 무너뜨렸고, 공산당은 장제스의 공격을 피해 대장정을 단행해 옌안에 자리 잡고 국민당 정부에 대항했어.

인도의 독립 운동

한편 제1차 세계 대전 당시 인도인들은 자치를 허용하겠다는 영국 정부의 약속을 믿고 전쟁에 참여했어. 그런데 전쟁이 끝났는데도 영국은 약속을 지키지 않았고 오히려 인도인의 독립 운동을 탄압했어. 이에 간디가 이끄는 인도 국민 회의는 비폭력·불복종 운동을 전개하며, 공직

↑ 네루와 간디

거부, 영국 상품 불매 및 국산품 애용, 납세 거부 등을 주장했어. 또한 영국이 소금법을 만들어 소금의 생산과 판매를 독점하고 소금세를 신설해 인도에서 소금을 만들지 못하게 하자, 이에 항의하며 소금 행진을 벌이기도 했어. 간디의 뒤를 이어 인도 국민 회의를 이끈 네루는 인도의 완전한 독립을 주장하며 때로는 무력 투쟁을 지지하기도 했지. 결국 인도는 1935년 각 주에 군사권과 외교권을 제외한 자치권을 인정받게 되었단다.

동남아시아의 독립 운동

제1차 세계 대전 이후 동남아시아에서도 민족 운동이 확산되었어. 프랑스의 지배를 받고 있던 베트남에서는 베트남 국민당이 조직되어 프랑스에 저항했고, 호찌민은 베트남 공산당을 조직해 민족 운동을 주도했어. 인도네시아에서는 네덜란드의 지배에 맞서 수카르노 등이 인도네시아 국민당을 결성해 독립 운동을 전개했지. 필리핀에서도 미국의 지배에 저항하는 독립 운동이 일어났고, 결국 필리핀은 미국으로부터 자치를 인정받게 돼. 독립국이었던 태국은 제1차 세계 대전에 연합국으로 참전했고, 이후 청년 장교들의 쿠데타로 입헌군주제가 실시되었어.

서아시아와 아프리카의 민족 운동

제1차 세계 대전 이후 서아시아와 아프리카에서도 민족 운동이 일어났어. 오스만 제국은 제1차 세계 대전에 동맹국으로 참여했다가 패전하면서 영토를 잃었지. 이에 무스타파 케말이 세력을 모아 연합국과의 독립 전쟁을 이끌었고, 이후 술탄제를 폐지하며 열강의 간섭으로 벗어나 터키 공화국을 수립했어. 이것이 바로 오늘날의 튀르키예야. 대통령제를 실시한 터키 공화국은 초대 대통령으로 무스타파 케말을 선출했어. 그는 칼리프 제도를 폐지해 정치와 종교를 분리하고, 새로운 헌법을 제정했어. 또한 여성 참정권 인정, 문자 개혁 등 근대적 개혁을 추진했지. 이에 터키 의회는 그에게 '터키인의 아버지'라는 뜻의 '아타튀르크르'라는 칭호를 수여하기도 했어.

오스만 제국의 지배 아래 있던 아랍인들 중 일부는 서양 열강으로부터 독립을 약속받고 제1차 세계 대전에 참전해 연합국을 지원했어. 그러나 전쟁이 끝난 후에도 영국, 프랑스 등이 약속을 지키지 않자 민족 운동이 전개되었고, 결국 이라크, 시리아 등이 독립하게 되었어. 영국의 지배를 받던 이집트는 제1차 세계 대전이 끝난 이후 영국에 대항하는 적극적인 저항 운동을 펼친 끝에 1922년 독립을 이루었어. 하지만 수에즈 운하의 관리권은 여전히 영국이 가지게 되었고 영국군도 계속 주둔했다는 한계가 있어. 모로코, 알제리 등에서도 민족 운동이 일어났는데, 모로코는 에스파냐로부터 자치권을 얻었지만 다른 나라들은 큰 성과를 거두지 못했어.

1. 1919년 파리 강화 회의에서 산둥 지역에 대한 일본의 이권을 승인하자, 베이징의 대학생들을 중심으로 일어난 민족 운동은?

① 대장정　　　② 3·1 운동　　　③ 5·4 운동　　　④ 신해혁명　　　⑤ 신문화 운동

2. 오스만 제국이 패망한 뒤, 독립 전쟁을 이끌고 터키 공화국을 세운 지도자는?

① 네루　　　② 레닌　　　③ 호찌민　　　④ 수카르노　　　⑤ 아타튀르크(무스타파 케말)

3. 간디가 주도한 비폭력·불복종 운동 가운데, 영국의 소금법에 저항하며 벌인 대표적인 행동은 무엇일까?

4. 베트남 독립 운동을 주도하며 베트남 공산당을 조직한 인물은 누구일까?

5. 제1차 국공 합작이 이루어진 배경과 결과를 설명해 보자.

힌트 제국주의 침략 / 군벌 세력 / 쑨원 / 장제스 / 북벌 / 국공 분열

더 알고 싶어 119

📖 도서　▷ 영상　🔍 사이트

▷ **국공 합작&국공 내전 (로빈의 역사 기록)** 중국의 국공 합작과 국공 내전 과정을 정리하고, 반제·반군벌 싸움이 어떻게 내전으로 이어졌는지 살펴보자.

▷ **아프리카 독립 운동 (로빈의 역사 기록)** 여러 아프리카 나라들의 독립 과정을 지도에 표시하고, 공통적으로 나타나는 특징을 정리해 보자.

▷ **[벌거벗은 세계사] 쑹씨 세 자매! 중국의 근현대사를 뒤흔들다 (tvN Joy)** 쑹씨 세 자매의 삶을 통해 개인의 선택이 한 나라의 역사에 어떤 영향을 미칠 수 있는지 생각해 보자.

대공황을 극복하기 위해 어떤 노력을 기울였을까?

대공황 발생

1929년 미국에서는 경제 위기로 인해 대공황이 발생했어.
대공황이 구체적으로 어떻게 일어났고,
당시 이를 극복하기 위해 어떤 노력을 기울였는지 알아보자.

학습 키워드 #루스벨트 #뉴딜정책 #블록경제 #파시즘 #나치즘 #군국주의
교과 연계 중2 2학기 > 역사(세계사) > Ⅴ-2. 제2차 세계 대전

검은 목요일과 대공황

제1차 세계 대전 당시 전쟁터였던 유럽은 전쟁의 피해로 경제적 어려움을 겪게 되었어. 반면 미국은 전쟁 중에는 전쟁 물자를 생산하고, 전쟁 후에는 유럽의 복구를 도우며 경제적으로 크게 성장하게 되었어. 하지만 미국 내 생산 설비에 대한 과도한 투자로 인해 생산이 늘어나는 것에 비해 소비가 이를 따라가지 못하자 점차 재고가 쌓여 갔지. 재고가 늘어나자 기업은 노동자를 해고했고, 이에 따라 실업자가 늘어나면서 소비 수요가 위축되는 악순환이 벌어졌어.

결국 1929년 10월 24일, 미국의 증권 시장에서 주식 가격이 갑자기 떨어지자 주식을 팔려는 사람들로 인해 주식 가격이 하루 만에 절반이나 떨어지는 일이 발생했는데, 이날을 '검은 목요일'이라고 해. 하지만 이는

시작에 불과했어. 11월이 되자 주식 가격은 더 떨어져 사람들이 산 주식은 휴지 조각이 되어 버렸지. 경제 상황은 극도로 나빠졌고, 이후 수많은 은행, 기업, 공장이 도산하며 실업자가 늘어났어. 당시 문을 닫은 은행이 5천 개나 될 정도였다고 해. 이때의 경제 위기를 '대공황'이라고 해.

세계로 번진 대공황의 그늘

미국에서 시작된 대공황은 다른 나라로 빠르게 확산되었어. 경제 상황이 나빠진 미국은 다른 나라에 빌려준 돈을 회수하기 시작했고 전후 복구를 위해 미국에서 돈을 빌렸던 유럽 국가들은 물론, 미국과 유럽에 물건을 수출하던 다른 나라들 역시 타격을 입게 돼.

대공황 시기였던 1929년부터 1932년까지 미국에서는 국내 총생산 GDP이 3분의 1 수준으로 하락했고, 전체 노동자 중 5분의 1이 넘는 사람들이 일자리를 잃었어. 독일에서는 노동자의 3분의 1, 영국에서는 5분의 1 가까이 되는 인원이 일자리를 잃었다고 해.

대공황 시기 전 세계 실업자 수는 약 5,000만 명 이상이었어. 굶주린 실업자들은 가게와 창고 등을 털기도 했고, 굶어 죽는 사람들이 나타나기도 했어. 이러한 경제 위기는 사회 불안으로 이어졌지.

루스벨트의 뉴딜 정책과 블록 경제

1932년 미국에서는 대통령 선거가 열렸어. 대통령 선거는 당연히 대공황의 해결 방안에 초점이 맞춰졌지. 민주당의 프랭클린 루스벨트 후보는 정부의 적극적인 개입을 통한 대공황의 해결을 주장하며 대통령에 당선되었어. 루스벨트 대통령은 '새로운 합의New Deal'를 뜻하는 뉴딜 정책을 추진했지. 뉴딜 정책이란 1933년부터 1938년까지 추진된 정책으

로 국가가 경제 활동에 적극적으로 개입하는 것을 말해. 미국은 테네시 강 유역 개발 공사와 같은 도로, 교량, 공항, 공원 등 새로운 공공시설을 건립하는 사업을 일으켜 일자리를 만들어 냈어. 또한 노동자들의 권리를 보장하기 위해 최저임금제와 사회보장제 등을 실시했지. 노동자들의 구매력을 늘려 경제를 활성화시키려고 한 거야. 그 결과 1936년 루스벨트 대통령은 1932년의 대통령 선거 때보다 훨씬 큰 차이로 대통령에 재선될 수 있었고, 뉴딜 정책을 이어 나갈 수 있었어.

한편 영국과 프랑스는 자국이 가지고 있던 많은 식민지들을 하나의 시장으로 묶어 대공황을 극복하고자 했어. 이를 블록 경제라고 하는데, 영국 중심의 파운드 블록, 프랑스 중심의 프랑 블록처럼 해당 국가의 통화 단위를 붙인 게 특징이야. 영국과 프랑스는 자국에서 과잉 생산된 물건을 식민지에 팔고 외국에서 생산된 물건에는 높은 관세를 매겨 자국의 경제를 보호하고자 했어. 하지만 식민지가 없거나 적었던 독일, 이탈리아, 일본 등은 다른 나라를 침략함으로써 대공황을 극복하려고 했어. 이는 파시즘과 군국주의로 연결되어 제2차 세계 대전의 원인이 되었지.

특히 독일은 제1차 세계 대전 패전 이후 전쟁 배상금 지불을 위해 과도하게 돈을 찍어 내며 발생한 인플레이션의 수렁에서 간신히 빠져나와 경제를 회복하고 있던 상황이었는데, 미국발 대공황으로 인해 경제가 붕괴 직전에 이르게 되었어. 이로 인해 사회 전반에 '전쟁에서 지지만 않았어도 이런 일이 일어나지 않았을 텐데'라는 정치적 극단주의가 팽배해지면서 결국 나치당이 정권을 잡는 기반이 만들어졌어.

일본에서는 제1차 세계 대전으로 인한 경제적 호황의 거품이 꺼지면서 1920년대 초부터 경제상황이 어려워진 데다 대공황 때문에 경제적 어려움이 더해졌어. 이에 일본은 청·일 전쟁, 러·일 전쟁, 제1차 세계 대전 등 전쟁으로 인한 호황을 여러 번 경험했던 만큼 전쟁으로 경제 위기를 돌파하자는 주장이 힘을 얻어 사회 전반이 군국주의의 분위기로 흘러가게 되었어.

1. 1929년 10월 24일, 미국의 증권시장에서 주식이 대폭락한 사건으로, 대공황의 시작을 알린 날은?

① 검은 월요일　　② 검은 화요일　　③ 검은 목요일　　④ 검은 금요일
⑤ 붉은 목요일

2. 대공황으로 인해 가장 큰 타격을 입은 나라 중 하나로, 제1차 세계 대전 배상금 문제와 인플레이션으로 어려움을 겪던 가운데 나치당이 성장하는 계기가 된 국가는?

① 독일　　②영국　　③일본　　④프랑스　　⑤이탈리아

3. 루스벨트 대통령이 대공황 극복을 위해 추진한 정책으로, 정부가 공공사업을 벌이고 최저임금제와 사회보장제를 도입하는 등 적극적으로 경제에 개입한 정책은?

4. 대공황 당시 영국과 프랑스가 식민지를 하나의 경제권으로 묶고, 높은 관세를 매겨 자국 경제를 보호한 방식을 무엇이라고 부를까?

5. 일본이 대공황 극복을 위해 선택한 방법은 무엇이었을까? 그리고 그 결과 어떤 사상적·정치적 변화로 이어졌는지 설명해 보자.

힌트 전쟁 / 군국주의

더 알고 싶어 119　　📖 도서　▷ 영상　🔍 사이트

▷ **[벌거벗은 세계사] 황금시대를 만끽하던 미국을 몰락시킨 '경제 대공황' (tvN Joy)**
대공황이 미국 사회에 끼친 영향을 실업, 은행 파산, 농촌 붕괴 등의 측면에서 정리해 보자.

▷ **[벌거벗은 세계사] 대공황 극복을 위한 루스벨트의 파격적인 뉴딜 정책의 비밀 (사피엔스 스튜디오)** 뉴딜 정책의 주요 내용을 정리하고, 오늘날 경제 위기 극복 정책과 비교해 보자.

▷ **대공황 한 번에 다 보기 (로빈의 역사 기록)** 대공황이 미국뿐 아니라 전 세계에 어떤 파급 효과를 가져왔는지 지도와 함께 정리해 보자.

▷ **영화 〈뮌헨: 전쟁의 문턱에서〉 (15세 이상 관람가)** 전쟁을 막기 위한 '유화 정책'이 어떤 한계를 드러냈는지 영화 속 장면을 통해 생각해 보자.

파시즘과 군국주의는 왜 등장했을까?

나치즘은 독일의 히틀러가 창시한 파시즘으로
제2차 세계 대전의 원인이 된 파시즘 중 가장 폭력적이었어.
제2차 세계 대전의 원인이 된 파시즘과 군국주의는 어떤 것인지 알아보자.

학습 키워드　#이탈리아 #독일 #일본 #무솔리니 #히틀러 #파시즘 #나치즘 #욱일기 #하켄크로이츠
교과 연계　중2 2학기 〉 역사(세계사) 〉 Ⅴ-2. 제2차 세계 대전

파시즘의 등장

파시즘은 이탈리아어 파쇼^{fascio}에서 유래한 말로, 원래 '묶음'이라는 뜻이지만 '결속', '단결'이라는 의미로 확장되어 개인의 자유와 권리보다 국가 전체의 이익을 강조하는 체제를 뜻하게 되었어.

파시즘은 제1차 세계 대전과 제2차 세계 대전 시기에 유럽 국가들을 중심으로 등장한 일종의 정치 이데올로기 운동이야. 정권을 잡을 정도로 성공한 파시즘에는 이탈리아 베니토 무솔리니의 파시스트당 독재, 독일 아돌프 히틀러의 나치당 독재, 일본의 천황 중심 군국주의, 에스파냐의 프랑코 정권 등을 들 수 있어.

이탈리아와 독일의 파시스트 정권

이탈리아는 제1차 세계 대전의 전승국이었음에도 큰 이득을 얻지 못하고 경제 불안과 사회적 혼란에 시달렸어. 무솔리니는 이러한 혼란을 틈타 파시즘을 내세운 파시스트당을 결성했고, 1922년 로마 진군을 통해 정권을 장악했어. 로마 진군은 무솔리니가 이끄는 검은 셔츠의 군복을 입은 파시스트 민병대가 로마를 점령한 사건이야. 이탈리아 국왕은 진압 대신 무솔리니가 총리직에 오르는 것을 승인했다고 해. 이후 이탈리아 왕국은 제2차 세계 대전이 끝날 때까지 파시스트당의 일당 독재 체제에 놓이게 되었어.

독일의 바이마르 공화국은 제1차 세계 대전 패전 이후 전쟁 배상금 지불을 위해 과도하게 돈을 찍어 내며 발생한 인플레이션의 수렁에서 간신히 빠져나와 경제를 회복하고 있던 상황이었어. 그런데 대공황으로 인해 다시 심각한 경제 위기에 빠지게 되었지. 이러한 상황에서 히틀러의 나치스가 점차 권력을 확대하며 대중의 지지를 얻기 시작했어. 1933년 히틀러는 바이마르 공화국을 무너뜨리고 일당 독재 체제를 수립했지. 그는 1933년부터 1945년까지 독재자로서 1939년 폴란드 침공을

↑ 무솔리니와 히틀러

시작으로 제2차 세계 대전을 일으켰고, 홀로코스트와 같은 학살을 계획하고 실행했어. 에스파냐에서도 독일과 이탈리아의 지원을 받은 군부 세력이 반란을 일으켜 파시스트 정권이 들어섰지.

일본의 군국주의와 파시즘의 몰락

일본은 제1차 세계 대전 이후 정당 정치를 중심으로 한 민주주의를 발전시켰지만, 전쟁 이후 경제가 어려워지고 대공황의 충격까지 더해지면서 군부가 정권을 장악하게 되었어. 이후 군사력 확장과 대외 침략을 통해 경제 문제를 해결하고자 군국주의를 강화했지.

파시즘과 군국주의의 확산은 제2차 세계 대전의 발발 원인이 되기도 했어. 정권을 장악한 독일의 히틀러는 1933년 국제 연맹을 탈퇴하고 재무장을 선언했고, 일본은 1931년 만주 사변을 일으켜 만주를 점령한 후 괴뢰 정부인 만주국을 세웠어. 국제 연맹이 이를 비판하자 일본은 국제 연맹을 탈퇴한 뒤 1937년 중국 본토를 침략해 중·일 전쟁을 일으켰어. 이탈리아는 에티오피아를 점령한 후 국제 연맹을 탈퇴했어. 독일, 일본, 이탈리아는 서로 군사 동맹을 체결하며 추축국을 형성했는데, 이들의 국제 연맹 탈퇴는 제1차 세계 대전 이후 평화 유지를 위해 만들어진 국제 연맹이 아무런 제재를 할 수 없는 허울뿐인 존재였음을 보여주는 증거야.

결국 제2차 세계 대전에서 추축국이 패배하면서 파시즘은 몰락하게 되었어. 제2차 세계 대전 이후 국제 사회는 국제 연맹의 문제점을 보완한 국제 연합UN이라는 국제기구를 만들어 국제 평화와 안보를 강화하고 인권을 존중하는 원칙을 정립하게 되었단다. 이러한 국제적인 노력은 파시즘과 같은 극단주의적 이념의 전파를 억제하는 데 기여하고 있어.

1. 파시즘(fascism)의 어원은 이탈리아어 fascio에서 비롯되었는데, 원래 의미는?

   ① 국가   ② 군대   ③ 권력   ④ 묶음   ⑤ 전쟁

2. 1922년 무솔리니가 이끄는 파시스트 민병대가 로마를 점령하며 정권을 장악한 사건은?

   ① 로마 진군   ② 만주 사변   ③ 뮌헨 폭동   ④ 폴란드 침공
   ⑤ 에티오피아 침략

3. 제1차 세계 대전 패전 후 바이마르 공화국을 무너뜨리고, 1933년부터 일당 독재 체제를 세운 독일의 정당과 지도자는 누구일까?

4. 일본은 대공황을 계기로 군부가 정권을 장악하고, 1931년 만주를 점령하여 괴뢰 정부를 세웠어. 이 사건과 세워진 국가는 각각 무엇일까?

5. 독일·이탈리아·일본이 동맹을 맺어 추축국을 형성한 결과, 국제 연맹은 아무런 제재를 하지 못했는데, 이들의 확산은 결국 무엇으로 이어졌을까?

   힌트 제2차 세계 대전

더 알고 싶어 119

📖 도서 ▷ 영상 🔍 사이트

▷ **유럽에 다시 찾아온 위기 (로빈의 역사 기록)** 1920~30년대 유럽에서 파시즘이 등장하게 된 경제·사회적 배경을 정리해 보자.

▷ **[벌거벗은 세계사] 파시즘과 검은 셔츠단으로 로마 제국의 부활을 꿈꾸다 (디글)** 이탈리아 파시즘이 과거 로마 제국을 어떻게 이용해 국민을 선동했는지 살펴보자.

▷ **파시즘이 도대체 뭐야? 파시즘 1부 (지식한잔)** 파시즘의 핵심 특징(지도자 숭배, 전체주의 등)을 정리하고, 민주주의와 어떤 점에서 충돌하는지 써 보자.

▷ **파시즘은 어떻게 퍼져 나갔을까? 파시즘 2부 (지식한잔)**
파시즘이 다른 나라로 확산된 과정을 정리하고, 오늘날에도 비슷한 현상이 나타날 수 있는지 토론해 보자.

세계 대전이 또 다시 일어난 이유는 무엇일까?

제2차 세계 대전의 발발

제2차 세계 대전이 일어난 이유와
전쟁 이후의 수습 과정을 살펴보면서
비극적인 전쟁이 다시 일어나지 않게 하려면 어떻게 해야 할지 알아보자.

학습 키워드 #나치 #추축국 #독일 #이탈리아 #일본 #태평양전쟁 #스탈린그라드전투 #노르망디상륙 작전

교과 연계 중2 2학기 〉 역사(세계사) 〉 Ⅴ-2. 제2차 세계 대전

독소 불가침 조약과 제2차 세계 대전

제1차 세계 대전에서 패배한 독일은 국가사회주의 독일 노동자당 (나치당)의 집권 이후 국제연맹 탈퇴 및 베르사유 조약 파기를 선언하며 재무장했어. 이후 독일은 체코슬로바키아의 주데텐란트를 요구했어. 팽창주의적 모습을 보이는 독일과의 직접적인 충돌을 피하고자 했던 영국과 프랑스는 독일이 더 이상 영토를 요구하지 않는다는 조건을 걸고 체코의 영토였던 주데텐란트 지역을 독일이 병합하는 것에 묵인하고 말았지. 이를 뮌헨 회담 또는 뮌헨 협정이라고 해.

이는 제2차 세계 대전의 발발을 1년 늦추긴 했지만 1년 뒤 폴란드 침공의 배경이 되었다는 점과 제1차 세계 대전 이후 20년 동안 지속되어 왔던 베르사유 조약과 민족 자결주의 체제를 붕괴시켰다는 점에서 유

럽에 큰 충격을 주었단다. 이후 독일은 체코슬로바키아의 다른 지역까지 장악했고, 비밀리에 소련과 독·소 불가침 조약까지 맺었어. 이 조약은 독일과 소련이 서로를 침략하지 않는다는 내용으로 폴란드를 분배하고 동유럽 전체를 독일과 소련의 세력권으로 분할한다는 비밀 의정서가 덧붙어져 있었어. 서로가 서로의 체제를 부정하며 갈등하던 그들이 불가침 조약을 맺은 것은 그 누구도 예상 못한 일이었기에 유럽을 충격에 빠트렸어. 이는 독일의 팽창주의와 소련의 패권주의가 만나 이뤄진 것으로 독일, 소련 모두의 이익이 있었기 때문에 체결된 거야. 이렇게 동부 전선을 안정시킨 독일은 1939년 9월 폴란드를 침공했고, 영국과 프랑스가 독일에 선전 포고를 하면서 제2차 세계 대전이 시작되었어.

제2차 세계 대전의 전개

전쟁 초기 독일은 섬나라인 영국을 제외한 유럽 대부분을 빠른 속도로 점령했어. 폴란드를 시작으로 벨기에, 네덜란드에 이어 프랑스 파리까지 점령하자 프랑스의 샤를 드골 장군은 영국에 망명 정부를 세우고 계속 저항했어. 하지만 프랑스 내에 독일과의 평화 협정 후 나치 독일에 협력하는 괴뢰국가가 생겨났는데, 이를 '비시 정권'이라고 해. 비시 정권의 국가수반은 제1차 세계 대전 당시 프랑스의 전쟁 영웅이었던 필리프 페탱이었어.

영국이 독일의 공격에 끝까지 저항하면서 전쟁이 길어지자 독일은 식량과 석유 확보, 미국과의 전쟁 대비 등을 위해 우크라이나의 곡창 지대와 러시아의 유전 지대를 차지할 필요가 생겼어. 결국 독일이 독·소 불가침 조약을 깨고 소련을 공격했는데, 이를 '독·소 전쟁'이라고 해.

독·소전쟁은 1941년 6월부터 1945년 5월까지 독일과 소련이 싸운 전쟁으로 인류 역사상 최대 규모의 단일 전쟁이라 불릴 정도로 참혹한 전쟁이었어. 이 전쟁으로 인해 3,000만 명이 넘는 인명 피해가 발생했지. 이는 제2차 세계 대전 전체 인명 피해의 약 절반에 달하는 규모야.

한편 일본은 중·일 전쟁이 장기화되자 지하자원을 확보하기 위해 동남아시아 지역을 침략했어. 이에 미국은 일본에 철강과 석유 수출을 금지하는 등 경제 봉쇄로 맞섰지. 그러자 일본은 1941년 미국의 해군 기지가 있던 하와이의 진주만을 기습 공격하며 태평양 전쟁을 일으켰어. 지금까지 제2차 세계 대전에 참전하지 않고 버텼던 미국은 이를 계기로 연합국의 일원으로 전쟁에 참전했고, 이로 인해 전장은 유럽만이 아닌 전 세계로 확대되었어. 일본은 동남아시아와 태평양 등지로 세력을 확장했지만, 미국이 미드웨이 해전에서 일본군에 크게 승리하면서 전세가 역전되었어.

독일과 일본의 항복 선언

독·소 전쟁 중 가장 큰 전투였던 스탈린그라드 전투는 1942년 8월부터 1943년 2월까지 소련의 스탈린그라드 일대에서 벌어진 소련군과 독일군 사이의 전투로, 최대 규모의 사상자를 낸 전투였어. 독일은 이 전투에서 크게 패배했지. 영국과 미국 연합군은 북아프리카에서 독일군을 물리치고 이탈리아에 진격해 파시스트 정권을 무너뜨렸어. 이어 1944년 노르망디 상륙 작전의 성공으로 연합군은 프랑스를 해방하고 독일로 진격했어. 소련 역시 독일로 진격해 베를린을 포위했고, 세계 대전을 일으킨 독재자 히틀러는 총통 벙커에서 자살로 생을 마감했지. 이후 1945년 5월, 독일은 결국 연합군에 항복 선언을 하고 말았어.

하지만 일본은 전쟁을 포기하지 않았어. 그러자 1945년 8월, 소련이 일본에 선전 포고 후 만주의 관동군을 공격하며 전쟁에 참여했고, 미

↑ 일본 원폭 투하

국은 히로시마와 나가사키에 원자폭탄을 투하했어. 결국 1945년 8월 15일, 일본이 연합국에 무조건 항복을 선언하면서 제2차 세계 대전은 연합국의 승리로 끝나게 되었어. 우리나라도 35년간의 일제 강점기에서 벗어나 광복을 맞이할 수 있었지.

1. 1938년 영국과 프랑스가 독일의 체코 주데텐란트 합병을 묵인한 사건은?

   ① 로마 진군　　　② 만주 사변　　　③ 뮌헨 회담　　　④ 베르사유 조약
   ⑤ 노르망디 상륙 작전

2. 1939년 8월 독일과 소련이 체결한 조약으로, 폴란드를 분할하고 동유럽을 세력권으로 나눈 비밀 의정서를 포함한 조약은?

   ⑤ 독일·이탈리아 군사동맹

3. 독일과의 협정 후 프랑스에 세워진 괴뢰 정부의 이름과 국가수반은 누구일까?

4. 1941년 일본이 진주만을 기습 공격하면서 태평양 전쟁이 시작되었는데, 이 사건으로 어떤 나라가 제2차 세계 대전에 본격적으로 참전하게 되었을까?

5. 제2차 세계 대전에서 전세를 뒤집는 계기가 된 주요 전투나 작전을 두 가지 이상 쓰고, 그 의미를 설명해 보자.

   힌트 스탈린그라드 전투 / 노르망디 상륙 작전 / 미드웨이 해전

더 알고 싶어 119　　　　　　　　　　📑 도서　　▶ 영상　　🔍 사이트

▷ **[벌거벗은 세계사] 태평양 전쟁의 발단과 결말 (디글)**
일본의 침략이 어떤 과정을 거쳐 태평양 전쟁으로 확대되었는지 정리해 보자.

▷ **영화 〈덩케르크〉, 〈앤트로포이드〉 (15세 이상 관람가), 〈포화 속의 우정〉 (15세 이상 관람가)** 제2차 세계 대전을 다룬 다양한 영화를 통해 전쟁을 막기 위해서 내가 할 수 있는 노력에 대해 생각해 보자.

과거를 기억한다는 것은 무엇을 의미할까?

제2차 세계 대전 중의 인권 침해

2017년 일본군 '위안부' 피해자 기림의 날이
국가 기념일로 지정되었어. 일본군 '위안부'를 비롯해서
제2차 세계 대전 중에 일어난 인권 침해 사건에 대해 알아보자.

학습 키워드　#홀로코스트 #난징대학살 #마루타 #생체실험 #일본군위안부
교과 연계　중2 2학기 > 역사(세계사) > V-3. 민주주의의 확산과 인권 회복 및 평화를 위한 노력

독일의 유대인 학살

1939년 독일의 폴란드 침공으로 시작된 제2차 세계 대전은 1945년 일본 히로시마와 나가사키에 원자 폭탄이 투하된 후 일본이 무조건 항복하면서 끝났어. 제2차 세계 대전은 전투로 인한 인명 피해 외에도 대량 학살, 인권 침해 등으로 많은 사람들의 마음에 씻을 수 없는 상처를 남겼어.

그중 우리에게 가장 알려진 것은 히틀러가 이끄는 독일의 나치스가 자행한 유대인 학살 사건인 '홀로코스트'야. 제1차 세계 대전 이후 독일은 경제난을 겪으며 반유대인 정서가 점점 강해졌어. 그러다 제2차 세계 대전이 발발하자 이러한 반유대인 정서를 빌미로 유대인들을 수용소에 가두고 강제 노동을 시켰지. 유대인을 비롯한 집시, 장애인 등 수많

↑ 아우슈비츠 수용소

은 사람들이 아우슈비츠 같은 수용소에 강제로 갇혔다고 해. 열악한 생활로 몸이 약해져 가치가 없어진 사람들은 가스실에서 목숨을 잃었어. 폴란드에 있는 아우슈비츠 수용소에서는 하루 수천 명에 달하는 사람들이 학살되기도 했어. 독일에 의해 희생된 홀로코스트 피해자는 약 600만 명에 달한다고 해.

일본의 난징 대학살

한편 일본은 1937년 만주를 넘어 중국 본토를 침략해 중·일 전쟁을 일으켰어. 전쟁 초기 일본은 손쉽게 중국을 이길 거라 생각했지만 중국의 저항에 큰 피해를 입었어. 중화민국의 수도였던 난징을 겨우 점령한 일본은 난징에 남아 있는 사람들을 약 두 달에 걸쳐 학살하는데, 이를 '난징 대학살'이라고 해.

난징대학살기념관에는 난징 대학살 당시 피해자의 수를 의미하는 '300,000'이라는 글자가 여러 나라의 언어로 쓰여 있어. 기념관에는 "용서는 하되, 잊지는 말자."라는 말이 새겨져 있기도 해. 제2차 세계 대전이 끝나고 난징 대학살에 가담한 일본군을 심판하는 난징 전범 재판이 열렸고, 이 재판에 나온 많은 중국인들이 일본의 만행을 고발했어. 하지만 일본의 일부 세력들은 여전히 난징 대학살을 부정하며, 심지어 조작된 것이라고 주장하고 있어.

일본의 생체 실험

또한 일본은 중국을 침략하면서 효과적인 전쟁을 수행하기 위해 세균전과 관련된 연구 기관을 설치했어. 그러면서 일명 '마루타(통나무) 실험'이라 불리는 생체 실험을 자행했지. 이 과정에서 안타깝게 목숨을 잃은 사람이 바로 민족시인 윤동주 선생이야. 윤동주 선생은 후쿠오카 형무소에서 정체불명의 주사를 맞았다는 증언이 있지만 일본의 자료 소각으로 인해 구체 실험 여부와 내용은 단정하기 어려운 상황이야. 형무소에서 건강이 급속도로 쇠약해진 선생은 27세라는 젊은 나이에 목숨을 잃고 말았어. 하지만 일본은 패전 이후 생체 실험의 증거를 없애기 위해 남은 실험 대상자를 학살했고, 각종 기록까지 삭제해서 이를 증명해 내는 데 큰 어려움이 있어.

일본의 종군위안부

일본은 1932년부터 위안소를 설치하기 시작해 1937년 중·일 전쟁 이후 이를 대폭 확대 운영했어. 이곳에서는 일본군 '위안부'라는 이름으로 중국과 한반도 등에서 강제로 끌려온 젊은 여성들이 성 학대에 시달려야 했어. 당시 '위안부'로 끌려간 여성의 나이는 10대부터 40대까지 다양했는데, 이들 중에는 농촌 지역이나 가난한 집의 여성들이 직업을 구해 준다는 말에 끌려가거나 유괴된 경우도 있었어. 일본은 '위안부' 운영 사실을 숨기기 위해 피해 여성들을 모아 학살하거나 집단 자살을 강요했다고 해. 일본군 '위안부' 운영 사실은 1991년 8월 14일 김학순 할머니의 최초 증언으로 세상에 알려졌어. 이후 여러 생존자의 증언과 자료를 통해 일본군이 '위안부' 제도를 운영하며 여성들을 강제로 동원했다는 사실이 밝혀졌지.

1993년 일본 정부는 공식 관방장관 담화로 군의 개입과 강제성 등을 인정했어. 하지만 현재까지 일본 정부의 진심 어린 사과와 직접적인 보상 등 책임 있는 과거사 청산이 이루어지지 않고 있어. 이에 매주 수요일마다 주한 일본 대사관 앞에서 일본의 진정한 사과와 배상을 요구하는 수요 집회가 열리고 있지. 수요 집회 1,000회를 맞아 주한 일본 대사관 앞에 처음으로 세워진 '평화의 소녀상'은 세계 각국에 세워져 기억의 중요성과 평화의 소중함을 강조하고 있단다.

1. 2011년 일본군 '위안부' 피해자 문제 해결을 위한 수요 집회 1,000회를 맞아 주한 일본 대사관 앞에 처음으로 세워진 조형물은?

2. 다음 두 글을 읽고 역사를 어떻게 기억해야 할지 생각해 보자.

> 우리는 모두 죄가 있건 없건, 나이가 많건 적건, 우리의 과거를 받아들여야 합니다. 이제 새로운 세대가 정치적 책임을 질 수 있을 정도로 성장하였습니다. 우리 젊은이들이 40년 전 일어난 일에 대한 책임이 있는 것은 아닙니다. 그러나 그로 인해 앞으로 야기될 일들에 대해서는 그들에게도 책임이 있습니다. 우리는 기억을 생생히 간직하는 것이 왜 그렇게 중요한가를 젊은 그들이 이해할 수 있도록 도와야 합니다.
> – 독일 대통령의 1985년 5월 8일 기념행사 연설

> 1946년 5월 일본 도쿄에서는 일본의 전쟁 범죄 행위에 대한 재판이 열려 7명에게 사형이 선고되고 18명에게는 금고형이 내려졌다. 하지만 전쟁의 최종 책임자라고 할 수 있는 히로히토 천황은 재판에 넘겨지지 않았고 7명의 사형수 외에는 모두 석방되었다. 또한 한국과 타이완의 문제는 재판의 대상이 아니었으며 생체 실험 등의 책임자는 연구 자료를 넘겨 주고 미국으로부터 책임을 면제받았다. A급 전범이었던 기시 노부스케는 전쟁이 끝나고 일본의 총리가 되었다는 점에서 일본이 진정으로 반성하고 있는지 주변국에 의문을 주었다.

더 알고 싶어 119

📖 도서   ▷ 영상   🔍 사이트

📖 『쥐』 (아트 슈피겔만, 아름드리미디어, 2014) 홀로코스트를 생존자의 기억과 만화적 상징으로 표현한 작품을 읽고, '기억의 방식'이 역사 이해에 어떤 영향을 주는지 정리해 보자.

▷ 영화 〈인생은 아름다워〉 수용소 속에서도 아들을 지키려는 아버지의 모습을 통해 전쟁이 가족에게 미치는 영향과 인간 존엄성의 의미를 생각해 보자.

▷ 영화 〈피아니스트〉 나치의 박해 속에서 살아남은 피아니스트의 실제 이야기를 보며, 전쟁이 개인의 삶·예술·정체성에 남긴 흔적을 정리해 보자.

역사를 연구해 밝혀내는 사람
고고학자

우리가 배우는 세계사는 교과서나 책 속에만 있는 게 아니야. 땅속에 묻혀 있는 유적과 유물을 발굴해 그 속에서 과거 사람들의 생활과 문화를 밝혀내는 사람들이 있어. 바로 고고학자야. 고고학자는 눈에 보이지 않는 과거를 하나하나 찾아내 오늘날과 이어 주는 다리 역할을 하지. 역사를 좋아하고 탐구심이 많다면 이 직업이 꽤 매력적으로 다가올 거야.

고고학자는 어떤 사람일까?

고고학자는 땅속에 묻힌 건축물, 도구, 무덤, 유골 같은 흔적을 조사·발굴해 과거 사람들의 삶을 복원하는 사람이야. 단순히 '옛날 물건'을 찾는 게 아니라, 발견한 자료를 토대로 당시 사회 구조, 종교, 생활 방식을 연구하지. 예를 들어 이집트의 피라미드 발굴을 통해 고대 이집트인의 신앙과 정치 체제를 알 수 있고, 메소포타미아 유적에서 발견된 점토판을 통해 인

류 최초의 문자 생활을 이해할 수 있어. 즉 고고학자는 '땅 속의 역사책'을 읽는 전문가야.

뭘 준비해야 할까?

고고학자가 되려면 역사학, 특히 고고학·인류학 같은 전공이 큰 도움이 돼. 대학교와 대학원에서 이 분야를 연구하는 게 일반적이야. 발굴 현장에 직접 참여하는 경험도 중요

해. 여름방학 발굴 캠프나 대학 연구소에서 진행하는 실습에 참여하면 실제 현장을 배울 수 있어. 또 유물을 다루려면 섬세함과 끈기가 필요하고, 영어를 비롯한 외국어 능력도 연구 자료를 이해하는 데 큰 자산이 돼.

어떤 일을 할까?

고고학자의 하루는 책상과 발굴 현장을 다양하게 오가게 돼. 현장에서는 삽과 붓을 들고 흙 속에서 유물을 조심스레 파내고, 연구실에서는 발견한 유물을 정리하고 분석하지. 또 탄소연대 측정 같은 과학적 기법을 활용해 유물의 연대를 밝히기도 해. 때로는 현지 주민과 협력하거나 국제 연구팀과 함께 발굴을 진행하기도 하지. 어떤 날은 사막의 고대 도시를 탐사하고, 또 어떤 날은 바닷속 난파선을 조사하기도 해. 늘 새로운 도전을 해야 하는 직업이야.

돈을 얼마나 받을까?

수입은 연구소·대학·박물관 등 소속에 따라 달라. 공공기관 연구원이나 대학 교수로 활동하면 안정적인 급여를 받지만, 프로젝트 단위로 참여하는 경우는 기간마다 수입 차이가 있어. 세계적으로 유명한 발굴이나 연구 성과를 내면 강연, 집필, 다큐멘터리 자문 등으로 부수입을 얻을 수도 있지. 하지만 단순히 돈보다는 인류의 과거를 밝혀내는 성취감과 역사 지식 축적에 기여하는 보람이 훨씬 크단다.

앞으로의 전망

앞으로 고고학자의 필요성은 더 커질 거야. 과학 기술이 발달하면서 3D 스캐너, 드론, DNA 분석 같은 첨단 기법이 발굴에 활용되고 있거든. 덕분에 고고학은 더 정밀하고 흥미로운 학문으로 발전하고 있어. 또 문화유산 보존과 세계사 연구에 대한 관심이 높아지면서 국제 협력 발굴도 활발해지고 있지. 이 직업이 멋진 이유는 단순히 '옛날 유물'을 찾는 게 아니라, 인류가 걸어온 길을 밝혀내 오늘의 우리에게 전해 준다는 점이야. 역사를 좋아하고 호기심이 많다면 누구든 도전할 수 있는 직업이지.

5부
나뉘고 이어지는 지구,
함께 만드는 미래
냉전과 세계화 속의 현대 세계
119

민주주의는
어떤 과정을 거쳐 확산되었을까?

민주주의의 확산

미국의 모든 성인 여성이 선거권을 갖게 된 게
100년이 조금 넘었을 뿐이라는 사실을 알고 있니?
여성 참정권은 어떤 과정을 통해 확립되었는지 알아보자.

학습 키워드　#보통선거 #여성참정권운동 #에밀리데이비슨
교과 연계　중2 2학기 > 역사(세계사) > Ⅴ-3. 민주주의의 확산과 인권 회복 및 평화를 위한 노력

보통 선거와 투표권

　　보통 선거란 성별, 인종, 종교, 빈부, 계급에 상관없이 일정 연령 이상의 시민권 보유자에게 투표권을 보장하는 제도야. 유럽에 보통 선거가 처음 등장하게 된 것은 프랑스 혁명 때였어. 그런데 당시에는 모든 성인 남성에게 투표권을 보장했지만 여성들에게는 허용하지 않았어. 제1차 세계 대전 이후 유럽에 민주주의가 확산되면서 재산, 신분, 성별 등에 상관없이 선거권을 부여하는 보통 선거가 도입되기 시작했지.

　　제1차 세계 대전 중 사회주의 혁명을 겪은 러시아에서는 소비에트 정부가 모든 성인에게 선거권을 부여했어. 독일에서는 제1차 세계 대전 이후 수립된 바이마르 공화국에서 보통·평등·비밀·직접 선거가 시행되었지.

여성 참정권 운동

한편 19세기 이후 여성들은 참정권을 확보하기 위한 운동을 꾸준히 전개했어. 1913년 영국의 여성 참정권 운동가인 에밀리 데이비슨이 경기 중에 경마장으로 뛰어들어 사망하는 사건이 일어났는데, 그녀의 장례식에 수천 명의 사람들이 몰리며 여성 참정권 운동이 활발해졌다고 해.

여성들이 참정권 요구 운동을 보다 적극적으로 전개하기 시작한 것은 제1차 세계 대전 이후부터야. 당시 총력전 형태의 전쟁이 벌어지며 전방에서 직접 싸우지 않은 여성들도 후방에서 전쟁 물자를 생산하기 위해 동원되어 전쟁에 참여했어. 이로 인해 사회적·경제적 참여가 늘어난 여성들은 참정권을 적극적으로 요구하기 시작했지. 결국 1918년 영국에서 21세 이상의 모든 성인 남성과 30세 이상의 여성 중 일정한 세금을 내는 사람에게 선거권을 부여하는 법률이 만들어졌어.

이후 1928년에는 모든 성인 여성이 선거권을 갖게 되었지. 영국의 여성 참정권 운동은 미국과 유럽 각국에 영향을 끼쳤고, 점차 여성에게 참정권을 부여하는 사례가 늘어났어. 미국에서는 1920년 여성 참정권을 명시한 수정헌법 제19조가 승인되며 여성 참정권을 보장하기 시작했어. 1870년 헌법에서 흑인의 참정권을 보장하기 시작한 지 50년이 지나서야

↑ 에밀리 데이비슨

여성의 참정권을 인정한 거야. 헌법이 여성 참정권을 보장한 지 100년 만인 2020년, 미국에서 첫 여성 부통령이 탄생했어. 제46대 미국 대통령 선거에서 부통령으로 당선된 카멀라 해리스야. 일본은 1945년부터 여성 참정권을 보장했고, 우리나라도 1948년 5월 10일에 이루어진 국회의원 선거에서부터 여성의 참정권을 보장했어.

노동자 인권 운동

산업 혁명 이후 노동 계급이 형성되면서 노동자의 권리도 점차 확대되었어. 영국에서는 1867년 선거법부터 노동자의 투표권을 인정했고, 프랑스에서도 1848년 이후 성인 남성의 선거권이 인정되었지. 유럽에서는 독일의 사회 민주당, 영국의 노동당 같은 사회주의 정당이 등장하기도 했지. 19세기 말 독일에서는 노동자의 복지를 위한 질병 보험법, 재해 보험법 등이 마련되었어. 미국에서는 대공황 이후 부당 노동을 금지하고, 노동자들이 노동조합을 통해 기업가와 협상할 수 있게 하는 법안이 마련되기도 했지. 또한 사회 보장법을 통해 실업자와 노령자 등을 보호하는 최저임금제가 도입되었어.

헬렌 켈러는 장애를 극복하고 사회 운동가가 되어 소외된 사람들의 인권을 위해 노력한 사람이야. 그녀는 사회당에 가입해 노동자의 인권을 위해 싸우며 여성 참정권, 인종 차별 반대 등을 주장했어. 한편 제1차 세계 대전 이후 경제적 어려움이 가속되자 파시스트당은 공산당을 공격하고, 노동자들의 파업을 탄압했어. 독일의 나치당도 공산당과 사회 민주당을 해산하고, 노동조합을 없애며 노동자를 탄압했지.

1. 성별, 인종, 종교, 빈부, 계급에 상관없이 일정 연령 이상의 모든 시민에게 투표권을 보장하는 제도는?

　① 간접 선거　　② 보통 선거　　③ 제한 선거　　④ 직접 선거　　⑤ 평등 선거

2. 영국의 여성 참정권 운동가로 1913년 경마 경기 중 경마장으로 뛰어들어 사망하면서 참정권 운동을 상징하게 된 인물은?

　① 헬렌 켈러　　② 마거릿 대처　　③ 로자 룩셈부르크　　④ 에밀리 데이비슨
　⑤ 엘리너 루스벨트

3. 영국에서 여성 참정권이 처음 부분적으로 보장된 연도와, 모든 성인 여성에게 선거권이 확대된 연도를 순서대로 써 보자.

4. 미국에서 여성의 정치 참여 확대를 보여 준 상징적 사건으로 2020년에 최초의 여성 부통령이 탄생했는데, 이 인물은 누구일까?

5. 산업 혁명 이후 노동자의 권리 향상을 위해 만들어진 제도나 법을 두 가지 이상 쓰고, 그 의미를 설명해 보자.

　힌트 영국 선거법(1867), 독일 사회입법(질병·재해 보험법), 미국 뉴딜 정책(사회보장법, 최저임금제)

더 알고 싶어 119　　　📖 도서　　▷ 영상　　🔍 사이트

▷ **영화 〈서프러제트〉** 여성 참정권 운동가들의 삶을 보며, 참정권을 얻기 위해 어떤 희생을 치렀는지 정리해 보자.

▷ **여성참정권, 100년의 투쟁 (중앙선거관리위원회)**
　각 나라에서 여성 참정권이 인정된 시기를 정리하고, 한국의 변화 과정도 함께 비교해 보자.

세계 대전이 끝난 후 평화를 위해 어떤 노력을 했을까?

평화를 위한 노력

한반도가 남한과 북한으로 분단되어 있듯
1990년까지는 독일도 동독과 서독으로 분단된 국가였어.
독일이 왜 분단되었는지, 그 전후 상황에 대해 자세히 알아보자.

학습 키워드 #카이로회담 #카이로선언 #얄타회담 #포츠담선언
교과 연계 중2 2학기 〉 역사(세계사) 〉 Ⅴ-3. 민주주의의 확산과 인권 회복 및 평화를 위한 노력

포츠담 선언과 패전국 처리

제2차 세계 대전 중 연합국은 전쟁이 끝난 후의 문제에 대해 여러 차례 협의했어. 1943년 열린 카이로 회담에서 미국, 영국, 중국은 일본의 패전 이후 영토 처리 문제를 논의했는데, 그 결과 만주와 타이완을 중국에 반환하는 것과 함께 한국의 독립이 최초로 약속되었어. 이후 1945년에 열린 얄타 회담에서는 미국, 영국, 소련이 전후 독일 영토의 분할 점령과 국제 연합의 창설, 소련의 대일전 참전 등을 논의했대.

독일이 항복한 이후 포츠담에서 열린 회담에서 발표된 포츠담 선언에서는 미국, 중국, 영국이 일본에 무조건 항복을 촉구했고, 카이로 선언의 이행을 재확인했어. 소련도 회담에는 참여했지만 선언문에는 이름이 빠졌어. 결국 원자폭탄이 두 차례 일본에 투하된 이후 8월 15일 일본이

↑ 포츠담 회담

무조건 항복을 선언하고 포츠담 선언의 수용을 발표하며 제2차 세계 대전은 연합국의 승리로 종료되었어. 연합국의 전후 처리에 따라 독일은 동·서로 분단되었고, 미국, 영국, 프랑스, 소련 4개국에 의해 분할 통치되었어. 서부 독일에서는 독일 연방 공화국(서독)이 수립되었고, 동부 독일에는 독일 민주 공화국(동독)이 수립되었지. 일본은 패전 이후 연합국 최고 사령부의 통치를 받다가 1951년 체결되고 1952년 발효된 샌프란시스코 강화 조약을 통해 주권을 회복했어.

국제 연합의 창설과 주요 기구

두 차례의 세계 대전을 겪으며 세계는 평화 유지를 위한 강력한 국제기구 설립의 필요성을 느끼게 되었어. 제2차 세계 대전 중이던 1941년

미국의 루스벨트 대통령과 영국의 처칠 총리가 만나 대서양 헌장을 발표했는데, 이 헌장에서 전후 국제 평화를 위한 노력과 평화 수립의 원칙에 합의했어. 대서양 헌장을 바탕으로 얄타 회담에서 국제 연합 창설이 합의되었고, 샌프란시스코 회의에서 국제 연합 헌장이 만들어지면서 1945년 10월 세계 51개국이 참여한 국제 연합[UN]이 만들어졌어.

제1차 세계 대전이 끝나고 창설된 국제 연맹과 다르게 국제 연합에는 미국과 소련 등 강대국이 모두 참여했어. 또한 국제 분쟁의 처리 과정에서 경제적 제재 외에도 평화 유지군 파견이라는 군사적인 수단을 동원할 수 있게 되었지. 6.25 전쟁 당시 우리나라에 국제 연합의 평화유지군이 참전했던 것처럼 국제 연합의 세계 평화를 유지하기 위한 임무는 미국과 소련의 냉전 체제 속에서 더욱 부각되었어. 미국과 소련 두 강대국 사이에서 이해관계를 조절하고 위험한 국제 위기 상황을 잘 넘기는데 기여함으로써 세계 평화를 책임지는 국제기구로서의 역할을 잘 수행해 낸 거야.

국제 연합에는 6개의 주요 기관이 존재하는데, 회원국 전체가 모두 참여하는 총회와 안전보장이사회, 국제사법재판소, 경제사회이사회, 신탁통치이사회, 사무국이 있어. 총회에서는 가입국들의 의견을 모아 결의안을 채택하고 국제 사회의 주요 현안을 처리하고 있지. 안전보장이사회에서는 국제 사회의 안보와 국제 평화를 위협하는 사안에 대해 논의하고 있어. 안전보장이사회는 줄여서 안보리라고 부르기도 하는데, 5개의 상임이사국과 10개의 비상임이사국으로 이루어져 있어.

국제 연합의 군사적 조치 등의 결의는 상임이사국의 동의가 없으면 불가능해. 상임이사국 중 한 국가라도 거부권을 행사하면 안건 통과가 되지 않을 정도로 그 영향력이 막강하단다. 상임이사국 5개국은 미국, 영국, 프랑스, 중국, 러시아이고 이들 모두 제2차 세계 대전의 승전국이야. 국제 연합에는 이 밖에도 국제 사회 및 경제 개발을 촉진시키고 이와 관련된 분야에서 상호협력 증진을 추구하는 경제사회이사회, 국제 연합이라는 거대한 조직을 효율적으로 관리하기 위한 행정 기구인 사무국, 국가 간 갈등을 겪고 있을 때 국제법에 의거해 사법 판결을 내리는 국제사법재판소가 있어. 또한 해당 국가가 자체적으로 정부를 수립할 수 있는 능력이 부족해 국민들의 치안, 행정, 인권 등을 책임질 수 없다고 판단될 때 이러한 국가를 신탁통치해 관리하는 신탁통치이사회도 있어. 국제 연합을 이끄는 사무총장은 어떤 국가나 기구의 지시 또는 영향을 받지 않는 국제공무원이야. 우리나라는 제8대 사무총장인 반기문을 배출한 적이 있어.

1. 1943년 열린 회담으로, 미국·영국·중국이 일본의 패전 처리와 함께 한국의 독립을 최초로 약속한 회담은?

① 얄타 회담　　② 대서양 회담　　③ 카이로 회담　　④ 포츠담 회담
⑤ 샌프란시스코 회의

2. 1945년 열린 회담으로, 독일의 분할 점령, 국제연합 창설, 소련의 대일전 참전이 논의된 회담은?

① 얄타 회담　　② 카이로 회담　　③ 포츠담 회담　　④ 파리 강화 회의
⑤ 샌프란시스코 회의

3. 일본은 패전 이후 연합국 최고사령부의 통치를 받다가 ○○○○○○ 강화 조약을 통해 1952년에 주권을 회복했어. 빈칸에 들어갈 용어는 무엇일까?

4. 국제 연합(UN)의 주요 기구 6가지를 쓰고, 안전보장이사회(안보리)의 상임이사국 5개국을 말해 보자.

힌트 총회, 안전보장이사회, 국제사법재판소, 경제사회이사회, 신탁통치이사회, 사무국 / 상임이사국 5개국

5. 국제 연합(UN)이 국제 분쟁 해결 과정에서 국제 연맹과 달리 활용할 수 있었던 군사적 수단은 무엇일까?

▤ 도서　▷ 영상　🔍 사이트

더 알고 싶어 119

▷ **[차이나는 클라스] 미국, 영국, 중국의 지도자가 카이로에 모인 이유 (교양 Voyage)**
　카이로 회담에서 논의된 내용을 정리하고 전쟁 후 세계 질서를 어떻게 만들려 했는지 살펴보자.

▷ **'국제 평화는 가능한가?' 과거 현재 그리고 미래, 유엔의 딜레마 (당신이 몰랐던 이야기)**
　유엔이 평화를 지키는 데 성공한 사례와 실패한 사례를 각각 찾아보고, 그 이유를 생각해 보자.

▷ **[벌거벗은 세계사] 남한의 공산주의를 막기 위한 UN군의 6.25 전쟁 참전 (tvN Joy)** 6·25 전쟁에서 유엔이 어떤 방식으로 개입했는지 정리하고, 그 한계와 의미를 함께 생각해 보자.

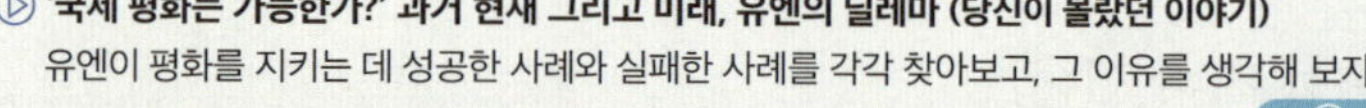

냉전 체제란 무엇일까?

제2차 세계 대전 이후 미국 중심의 자본주의 진영과 소련 중심의 공산주의 진영 사이에
벌어진 갈등을 '냉전'이라고 해. 냉전 체제가 왜 형성되었고,
우리나라에 끼친 영향은 무엇인지 알아보자.

학습 키워드　#냉전체제 #마셜계획 #북대서양조약기구 #바르샤바조약기구 #6·25전쟁 #베트남전쟁
교과 연계　중2 2학기 > 역사(세계사) > Ⅵ-1. 냉전 체제와 제3세계의 형성

냉전 체제의 형성 과정

　제2차 세계 대전이 끝난 이후 유럽은 크게 약화되었고 미국과 소련의 영향력은 확대되었어. 폴란드와 루마니아 등 동유럽 지역에는 소련의 지원을 받은 공산주의 정부가 세워졌고, 경제 상황이 악화된 서유럽 지역에서도 공산당 세력이 성장하게 되었지.

　한편 미국은 공산주의 세력의 확대를 막기 위해 서유럽 지역에 경제적 지원을 제공하는 마셜 계획을 발표했어. 마셜 계획은 제2차 세계 대전 이후 폐허가 된 서유럽 동맹국들을 중심으로 유럽 자본주의 진영 국가들의 경제적 번영을 위해 미국이 추진한 재건과 원조 계획이야. 마셜 계획의 주된 목표는 공산주의 진영이 유럽에서 확장되는 것을 막는 것이었지. 이어 1949년에는 북대서양 조약 기구NATO를 창설해 미국과 서유

럽 국가들 사이에 군사 동맹을 맺었어. 소련은 미국의 영향력 확대를 견제하기 위해 국제 공산당 정보기관인 코민포름을 창설했지. 또한 소련과 동유럽의 공산주의 국가들은 경제 상호 원조 회의COMECON와 군사 동맹 기구인 바르샤바 조약 기구WTO를 조직했어. 그 결과 세계는 미국을 중심으로 한 제1세계인 자본주의 진영과 소련을 중심으로 한 제2세계인 공산주의 진영으로 나뉘어 대립하는 냉전 체제가 형성되었단다.

베를린 장벽과 쿠바 전쟁 위기

직접적인 무력 사용 없이 경제, 외교, 정보 등을 수단으로 전개된 국제적 대립이었던 냉전 체제 속에서도 미국 중심의 자본주의 진영과 소련 중심의 공산주의 진영은 세계 각지에서 충돌했어. 독일은 제2차 세계 대전 패전 이후 승전국인 미국, 소련, 영국, 프랑스에 의해 분할 점령 및

↑ 베를린 장벽

통치되고 있었는데, 그중 베를린은 소련 점령지에 있으면서도 수도라는 특성상 4등분된 상태였어.

소련은 이러한 상황에서 우위를 점하고자 1948년 자본주의 진영인 서베를린으로 넘어가는 모든 도로와 철도, 수로를 막고 생필품 공급도 차단하는 베를린 봉쇄를 단행했지. 이로 인해 인구 220만의 서베를린이 고립되자 물가가 천정부지로 치솟았고 시장에서는 식량이 자취를 감췄어. 결국 미국은 비행기 등을 이용해 생필품을 서베를린으로 운반했는데, 이러한 베를린 공수 작전은 오히려 미국과 서유럽의 경제력을 입증하는 결과를 낳았을 뿐만 아니라, 소련에 맞서 단결하는 서독을 탄생시켰어. 결국 서베를린과 동베를린 경계에는 사람들의 이동을 막는 베를린 장벽이 만들어졌지.

한편 1962년에는 소련이 미국 남쪽에 있는 쿠바에 미사일 기지를 설치하려고 하면서 미·소 갈등이 표면화되어 전쟁 위기가 초래되기도 했어.

냉전 속의 열전

아시아 지역에서는 냉전이 전쟁의 형태로 나타났어. 이를 냉전 속의 열전이라고 하는데, 대표적인 것이 바로 중국의 국공 내전과 우리나라의 6.25 전쟁, 그리고 베트남 전쟁이야. 일본의 패전 이후 중국에서는 국민당과 공산당 간의 제2차 국공 내전이 발생했어. 내전 초기에는 미국의 지원을 받은 국민당이 우세했지만, 농촌에서 지지 세력을 확장해 온 공산당이 힘을 얻어 내전에서 승리했어. 결국 장제스가 이끄는 국민당 세력은 대만으로 이동했고 중국 본토에는 마오쩌둥의 중국 공산당 세력이 중화 인민 공화국을 세웠어.

⬆ 냉전 풍자화

　　우리나라에서 1950년에 일어난 6.25 전쟁은 북한의 남침으로 시작되었는데, 미국 등 유엔군과 국군이 중국과 소련의 지원을 받은 북한군과 맞서 싸웠지. 1953년 7월 정전 협정이 체결되기 전까지 약 3년 1개월간의 전투가 이어졌고, 정전 이후 70여 년, 냉전 체제가 해체된 지 30여 년이 지났지만 여전히 남북한의 대치 상태가 유지되고 있어. 6.25 전쟁은 우리나라 안에서 일어난 내전이지만 자본주의 진영과 공산주의 진영의 대리전 성격도 갖고 있어. 그래서 6.25 전쟁은 제2차 세계 대전 이후 냉전을 대표하는 사건들 중 하나로 평가되고 있지. 또한 미국은 1955년부터 1975년까지 베트남 민주공화국(북베트남)과 베트남 공화국(남베트남) 사이에서 일어난 전쟁에 통킹만 사건을 구실로 1964년부터 참전했어. 통킹만 사건이란 베트남 동쪽 통킹만에서 일어난 북베트남 경비정과 미군 군함의 해상 전투 사건이야. 미국이 베트남 전쟁에 참전함에 따라 중국과 소련의 지원을 받은 북베트남과 미국의 지원을 받는 남베트남의 대결로 확산되었어.

1. 제2차 세계 대전 이후 미국이 서유럽의 경제 회복을 지원하며 공산주의 확산을 막고자 한 계획은?

   ① 뉴딜 정책　　②마셜 계획　　③ 트루먼 독트린　　④ 애틀랜틱 헌장
   ⑤ 브레튼우즈 협정

2. 1949년 미국과 서유럽 국가들이 소련의 팽창에 맞서 창설한 군사 동맹은?

   ① 국제연합(UN)　　　②유럽연합(EU)　　　③ 코메콘(COMECON)
   ④ 바르샤바 조약 기구(WTO)　　　⑤ 북대서양 조약 기구(NATO)

3. 1948년 소련이 서베를린을 봉쇄했을 때, 미국과 영국은 어떤 작전으로 식량과 연료를 공급했을까?

4. 1961년 동독이 주민들의 서독 탈출을 막기 위해 세운 장벽으로, 냉전의 상징이 된 것은 무엇일까?

5. 제2차 세계 대전 이후 냉전 속에서 실제 전쟁으로 나타난 '냉전 속의 열전'에는 어떤 전쟁들이 있었는지 두 가지 이상 쓰고, 각각의 결과를 간단히 설명해 보자.

   힌트 중국 국공 내전 / 6·25 전쟁 / 베트남 전쟁

더 알고 싶어 119　　　📖 도서　▷ 영상　🔍 사이트

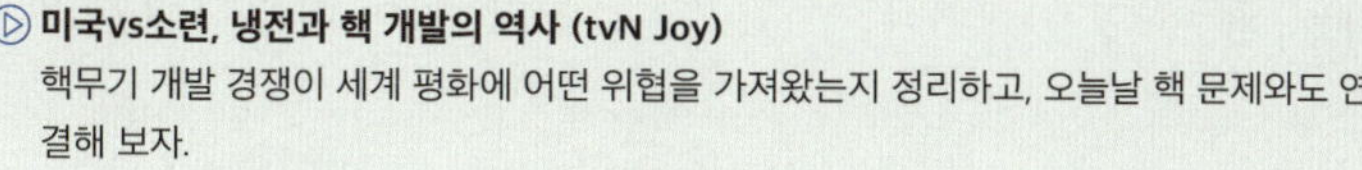

▷ **미국vs소련, 냉전시대 한 번에 다 보기 (로빈의 역사 기록)**
   냉전의 주요 사건들을 연표로 정리하고, 직접적인 전쟁 없이도 긴장이 유지된 이유를 생각해 보자.

▷ **미국vs소련, 냉전과 핵 개발의 역사 (tvN Joy)**
   핵무기 개발 경쟁이 세계 평화에 어떤 위협을 가져왔는지 정리하고, 오늘날 핵 문제와도 연결해 보자.

전쟁 이후 아시아와 아프리카에 어떤 나라가 세워졌을까?

아시아와 아프리카의 새로운 국가 건설

오늘날 뉴스에서 자주 볼 수 있는 중동 지역의 갈등은 사실 제2차 세계 대전 이후 새 나라들이 세워지는 과정에서 비롯된 거야. 팔레스타인과 이스라엘 문제도 이 시기에 시작되었지. 그렇다면 전쟁 이후 아시아와 아프리카에는 어떤 나라들이 세워졌을까?

학습 키워드　#국공내전 #중화인민공화국 #파키스탄 #스리랑카 #방글라데시 #베트남통일 #중동전쟁 #팔레스타인 #이스라엘 #아프리카의해

교과 연계　중2 2학기 〉 역사(세계사) 〉 Ⅵ-1. 냉전 체제와 제3 세계의 형성

중국과 대만

1945년 8월, 히로시마와 나가사키에 원자폭탄이 떨어진 뒤 8월 15일 쇼와 천황의 항복 방송이 전국에 중계되면서 제2차 세계 대전이 막을 내렸어. 이전까지 중국은 일본의 침략에 맞서 내전을 중지하고 제2차 국공 합작으로 일본에 대항했지만 일본이 패배하자 국공 합작의 필요성이 사라졌지.

국공 합작이 파기된 이후 국민당과 공산당은 다시 내전에 돌입했는데 이를 제2차 국공 내전이라고 해. 전

↑ 중화 인민 공화국 수립

쟁 초기에는 병력과 장비 등에서 우세한 국민당이 유리한 모습을 보였지만, 관리들의 부정부패 및 경제 정책의 실패 등으로 국민당이 지지를 잃은 반면 공산당은 점령 지역에서 토지 개혁 등을 실시해 농민들의 지지를 얻어 내며 결국 공산당이 승리하게 되었어. 결국 1949년 중국 본토에서는 오늘날의 중국인 중화 인민 공화국이 수립되었고, 내전에서 패배한 국민당 정부는 타이완으로 이동해 오늘날의 대만(중화민국)을 세웠어.

인도와 동남아시아

한편 인도는 제2차 세계 대전이 끝나고 영국으로부터 독립했는데 그 과정에서 힌두교도와 이슬람교도 사이에 종교적 갈등이 발생했어. 결국 1947년 힌두교도가 다수인 인도와 이슬람교도가 다수인 파키스탄으로 나뉘어 독립하게 되었지. 이어 1948년 불교도가 많은 스리랑카도 분리 독립했어. 독립 당시 이름은 '실론'이었다고 해. 인도의 동과 서로 갈라져 있던 동파키스탄과 서파키스탄은 종교는 같았지만 인종과 언어 등이 달라서 결국 1971년 동파키스탄이 오늘날의 방글라데시로 독립하게 되었지.

동남아시아에서도 많은 국가들이 독립을 맞이했어. 베트남은 제2차 세계 대전 이후 베트남 민주 공화국을 수립하고 독립을 선포했지. 하지만 베트남을 식민지로 삼으려 했던 프랑스에 저항하는 과정에서 베트남 독립 전쟁이 일어났고, 호찌민이 이끈 베트남 민주 공화국이 프랑스에 맞선 끝에 독립을 이뤄 냈어. 그러나 미국의 지원을 받은 남베트남이 통일 정부 수립에 반대하며 베트남 전쟁이 일어났고, 미군이 철수하고 북베트남이 남부 지역을 점령하면서 베트남은 통일되었어. 프랑스의 지배를 받고 있던 캄보디아, 라오스 등도 독립했고, 영국이 지배하고 있던 미

얀마, 말레이시아도 독립했어. 네덜란드가 지배하던 인도네시아도 독립
했고, 필리핀도 미국으로부터 독립했지.

서아시아와 아프리카

서아시아 지역에서는 시리아, 레바논 등이 제2차 세계 대전 전후로
프랑스의 위임통치에서 벗어나 독립했어. 영국은 제1차 세계 대전 중 후
세인-맥마흔 서신에서 아랍인의 독립을 시사했지만, 동시에 사이크스-피
코 협정에서는 프랑스와 중동 분할을 약속했고 밸푸어 선언에서는 유대
인의 민족 국가 건설을 지지한다고 밝혔어. 이렇게 상충하는 약속들이 팔
레스타인 지역 갈등의 불씨가 되었지. 국제 연합은 이를 조정하고자 1947
년 팔레스타인 분할안(유대 국가·아랍 국가·예루살렘 국제관리)을 제시했어.

하지만 이는 아랍인 공동체와 유대인 공동체 모두 만족스럽지 않은
방안이었지. 1948년 5월, 이스라엘이 건국선언서를 발표하자 아랍 연맹
의 회원국들이 이스라엘 임시정부에 선전포고를 하며 시작된 전쟁이 제
1차 중동 전쟁이야. 1973년 제4차 중동 전쟁 종료 이후 대대적인 전면전
은 발생하고 있지 않지만, 2023년 10월 이스라엘-하마스 전쟁이 제4차
중동 전쟁 이후 가장 심각하게 우려되는 충돌일 정도로 이곳의 정세는
아직까지도 불안정한 상황이야.

아프리카에서는 1951년 리비아의 독립을 시작으로 여러 국가가 독
립을 선언했어. 특히 1960년에는 카메룬, 나이지리아 등 아프리카 17개
국이 독립을 하며 '아프리카의 해'라고 불렸지. 하지만 아프리카 각국은
독립 이후에도 종교, 인종, 부족 간의 갈등, 자원을 둘러싼 대립 등으로
정치적 혼란이 계속되고 있으며 잦은 내전으로 여전히 많은 어려움을 겪
고 있어.

1. 1949년 중국 본토에 세워진 국가는?

   ① 대한민국　　　② 중화민국　　　③ 일본 제국　　　④ 중화인민공화국
   ⑤ 소비에트 사회주의 공화국 연방

2. 1971년 동파키스탄이 독립하여 오늘날 어떤 나라가 되었을까?

3. 유엔이 제시한 1947년 팔레스타인 분할안의 핵심 내용은 무엇이었을까?

   힌트 유대 국가 / 아랍 국가 / 예루살렘

4. 1960년을 '아프리카의 해'라고 부르는 이유는?

   ① 아프리카 내전이 종식되었기 때문이다.
   ② 아프리카 연합이 창설되었기 때문이다.
   ③ 아프리카에서 17개국이 독립했기 때문이다.
   ④ 유럽 열강이 아프리카에서 철수했기 때문이다.
   ⑤ 아프리카의 자원 개발이 본격화되었기 때문이다.

5. 전쟁 이후 독립한 아시아와 아프리카 국가들이 겪은 어려움은 무엇이었을까?

   힌트 아프리카 국경 / 민족·종교 갈등 / 내전 / 경제 구조

더 알고 싶어 119

📖 도서　▷ 영상　🔍 사이트

▷ **[벌거벗은 세계사] 인도 대륙의 분열의 시작 (디글)** 인도가 독립한 뒤 왜 인도와 파키스탄으로 분리되었는지, 종교와 민족 문제를 중심으로 정리해 보자.

▷ **절친이던 둘은 왜 원수가 되었는가? (로빈의 역사 기록)** 인도·파키스탄 갈등의 배경을 살펴보고, 국경과 분할이 사람들의 일상에 끼친 영향을 생각해 보자.

▷ **[벌거벗은 세계사] 땅 욕심이 초래한 이스라엘과 팔레스타인의 비극적 역사 총정리 (디글)** 이스라엘·팔레스타인 분쟁의 역사적 배경을 정리하고, 서로의 입장에서 주장하는 바를 비교해 보자.

▷ **영화 〈호텔 르완다〉** 르완다 내전을 다룬 영화를 보며 국제 사회가 인종 갈등과 학살을 막기 위해 무엇을 할 수 있는지 고민해 보자.

제3세계는
어떻게 형성되었을까?

1972년 미국의 닉슨 대통령의 중국 방문은 냉전 체제를 완화하는 데 기여했어.
냉전 체제는 어떻게 완화되기 시작했는지 알아보자.

학습 키워드 #제3세계 #나세르 #네루 #티토 #비동맹중립주의 #평화10원칙 #닉슨독트린
교과 연계 중2 2학기 > 역사(세계사) > VI-1. 냉전 체제와 제3 세계의 형성

제3세계의 형성

미국과 소련이 냉전으로 대립하던 시기, 아시아와 아프리카의 신생 독립국들은 미국을 중심으로 하는 자본주의 진영(제1세계)과 소련을 중심으로 한 공산주의 진영(제2세계) 중 어느 진영에도 가담하지 않고 비동맹 중립주의를 내세우며 독자적인 세력을 구축했어. 이를 '제3세계'라고 해.

1954년 인도와 중국의 대표가 만나 상호 불가침, 평화 공존 등의 내용을 담은 '평화 5원칙'에 합의했고, 이를 기초로 1955년 인도네시아 반둥에서 개최된 아시아-아프리카 회의에서 '평화 10원칙'을 결의했지. 반둥 회의에는 세계 인구의 54%가 거주하는 아시아 23개국과 아프리카 6개국, 총 29개국이 참여했어. 10원칙에는 기본적인 인권 및 UN 헌장의 목적과 원칙의 존중부터 정의와 국제의무의 존중까지 상호 존중, 평등, 평화 공

존의 정신이 담겨 있어. 제3세계의 등장은 미국과 소련 중심의 국제 질서에 새로운 변화를 가져왔고 냉전 체제가 완화되는 과정에도 영향을 끼쳤단다. 1961년 유고슬라비아를 중심으로 한 비동맹운동에도 영향을 끼쳤어. 이는 유고슬라비아의 티토, 인도의 네루, 이집트의 나세르 등이 주도하고 제3세계 국가들이 중심이 된 중립적 외교정책 노선 운동을 뜻해.

↑ 제3세계의 등장

냉전 체제의 완화

한편 1960년대 말부터 자본주의 진영과 공산주의 진영 내에서 미국과 소련의 영향력이 점차 약화되기 시작했어. 공산주의 진영에서는 소련과 중국이 이념 및 영토 문제로 갈등했고, 동유럽에서는 폴란드, 헝가리, 유고슬라비아 등이 소련과 다른 독자 노선을 추구하기 시작했지. 자본주의 진영에서는 미국이 베트남 전쟁에서 어려움을 겪으며 국제적 위상이 추락했고, 프랑스가 독자적인 노선을 추구하기 시작했어.

미국과 소련은 1962년 쿠바 미사일 사건으로 군사적으로 대치했지만, 이를 계기로 1969년부터 군비를 줄이기 위한 전략 무기 제한 협상을 시작했어. 결국 양국은 1972년과 1979년 두 차례에 걸쳐 전략 무기 제한 협정을 체결했지. 이런 맥락에서 1969년 미국의 닉슨 대통령은 미국이 베트남 전쟁과 같은 직접적인 군사 개입을 자제하겠다는 닉슨 독트린을 발표했어. 이를 계기로 '데탕트^{Détente}' 분위기가 조성되었지. 데탕트란 '긴장의 완화^{Relaxation of Tensions}'를 뜻하는 프랑스어로 냉전 체제의 완화를 뜻해. 1971년 일본에서 열린 세계 탁구 선수권 대회에서 일본이 중국을 초청했고, 대회에 참가한 중국 선수단이 미국 선수단에 상호 교류를 제안하면서 1971년 4월 미국 선수단과 기자가 베이징에 공식 방문하게 되었어. 베이징에 도착한 미국 탁구 대표단이 가진 탁구 경기는 미국과 중국 관계가 호전되는 데 기여했는데, 이를 '핑퐁 외교'라고 해. 당시 "작은 공(탁구공)이 큰 공(지구)을 움직였다."라는 말이 나올 정도로 냉전 체제 완화에 큰 기여를 했다고 해. 이어 1972년에는 미국의 닉슨 대통령과 중국의 마오쩌둥 주석의 회담이 열렸고, 1979년 미국과 중국은 국교를 정상화했어. 또한 서독은 동독을 하나의 국가로 인정하는 한편 국제 연합에 함께 가입했지.

남북한의 현실

하지만 이러한 냉전 체제 완화 분위기는 우리나라에 전혀 다른 결과를 가져왔어. 이전까지 남북한은 서로 공작원을 투입하며 치열한 첩보 전쟁을 수행했는데, 서로의 최우방인 미국과 중국이 닉슨 독트린 이후 정상회담과 수교까지 맺는 상황을 보면서 모두 엄청난 충격을 받은 거지. 결국 남북한도 냉전 체제 완화 흐름에 맞춰 1972년 7.4 남북 공동 성명을 발표하며, 자주, 평화, 민족 대단결이라는 평화 통일 3개 원칙을 설정했어. 하지만 이후 남한에서는 10월 유신으로 대통령 박정희가 국민의 기본권을 제한하고 국회해산권을 행사할 수 있는 독재 체제가 수립되었어. 북한은 사회주의헌법을 제정하여 주체사상을 강조하는 한편 김일성이 주석에 취임하며 영구 집권의 발판을 마련했지.

1. 1955년 인도네시아 반둥에서 열린 아시아·아프리카 회의에서 채택된 원칙은?

① 평화 5원칙　　② 평화 10원칙　　③ 닉슨 독트린　　④ 데탕트 선언
⑤ 불가침 조약

2. 1961년 유고슬라비아, 인도, 이집트 등이 주도하여 창설한 국제적 운동은?

① NATO　② 국제연합　③ 비동맹운동　④ 유럽 공동체　⑤ 바르샤바 조약기구

3. 1971년 미국과 중국 관계 개선에 기여한 외교 방식은 무엇일까?

4. 1972년 발표된 7.4 남북 공동 성명의 평화 통일 3대 원칙과 그 의미를 설명해 보자.

힌트 자주 / 평화 / 민족 대단결

5. 쿠바 미사일 사건 이후 미국과 소련이 체결한 군축 협정과 그것이 냉전 완화에 미친 영향을 설명해 보자.

힌트 전략 무기 / SALT / 데탕트

📑 도서　▷ 영상　🔍 사이트

더 알고 싶어 119

▷ **미국과 소련을 모두 거부한 제3세계 이야기 (로빈의 역사 기록)**
제3세계가 미국·소련 어느 쪽에도 속하지 않으려 했던 이유를 정리하고, 비동맹 운동의 의미를 생각해 보자.

▷ **[차이나는 클라스] 동남아시아 반둥, 세계를 흔들다 (교양 Voyage)**
반둥 회의에서 나온 주요 메시지를 정리하고, 식민지 경험을 공유한 나라들이 무엇을 함께 바꾸려 했는지 써 보자.

소련과 사회주의권은 왜 붕괴되었을까?

사회주의권의 붕괴와 변화

소련의 고르바초프의 개혁·개방 정책은 소련의 붕괴로 이어졌어.
소련의 개혁·개방 정책은 어떻게 진행되었고,
이후 동유럽은 어떤 변화를 맞이했을까?

학습 키워드 #고르바초프 #페레스트로이카 #글라스노스트 #독립국가연합 #베를린장벽
교과 연계 중2 2학기 〉 역사(세계사) 〉 VI-2. 세계화와 경제 통합

고르바초프의 개혁·개방 정책과 소련의 붕괴

1960년대 중반 이후 소련 사회주의 계획 경제 체제의 근본적인 비효율성이 드러나기 시작했어. 공산당 관료들의 부정부패도 심각해졌지. 사회주의 계획 경제는 경제 활동을 정부 주도로 펼치는 것으로 생산에 필요한 자원 배분이나 생산물 분배를 정부가 계획해서 결정하는 바람에 국민의 근로 의욕이 저하되었고 생필품이 부족해지는 등 경제가 전반적으로 침체되는 현상이 나타났어.

1985년 소련 공산당의 서기장이 된 고르바초프는 개혁·개방 정책을 추진하면서 사회주의 체제의 전면적인 개혁을 시도했어. 이를 글라스노스트(개방)·페레스트로이카(개혁) 정책이라고 해. 글라스노스트는 정보의 자유와 공개를 뜻해. 당시 소련에서는 언론 검열, 사상 탄압 등이

심각했는데, 언론의 자유와 비판을 허용하면서 표현의 자유를 확대했어. 또한 정치와 경제적 개혁을 의미하는 페레스트로이카를 통해 부패한 관료 사회를 개혁하고, 효율성이 떨어지는 공산주의 경제의 문제점을 개선하기 위해 점진적인 시장 자유화를 추구하는 정책을 추진했지.

당시 소련의 2배에 달하는 경제 규모를 가진 미국과의 군사

↑ 고르바초프

력 경쟁에 의미가 없다고 판단한 고르바초프는 각종 군사 무기 감축을 통해 재정을 확보하고자 했어. 고르바초프의 이러한 정책의 영향으로 소비에트 연방을 구성하고 있던 여러 공화국에서 독립의 움직임이 일어났고, 결국 소련은 붕괴하게 되었지. 이후 러시아를 포함한 여러 공화국이 모여 독립 국가 연합CIS을 결성했어. 독립 국가 연합은 소련을 구성하고 있던 15개 공화국 중 11개 공화국이 결성한 연합체로 각기 주권을 가진 독립 국가들의 느슨한 연합체의 성격을 띤 것이었어.

동구권의 변화와 독일의 통일

한편 소련의 개혁·개방 정책은 동유럽의 공산주의 정권 붕괴에도 영향을 끼쳤어. 고르바초프는 소련의 수도인 모스크바의 노선에서 벗어나는 동유럽 사회주의 국가에 대한 공식적인 간섭권을 명시한 브레즈네프 독트린을 폐기하며 다른 동유럽 공산 국가에 대한 정책 지시 및 동유

럽의 민주화 운동에 군사적으로 개입하지 않겠다고 선언했어. 이에 폴란드, 헝가리, 체코슬로바키아 등은 민주화 운동을 통해 정권을 교체하고 자본주의 체제를 받아들였지.

폴란드, 헝가리, 체코슬로바키아 등이 정권을 교체하고 자본주의 체제를 받아들였음에도, 동독은 그렇지 않았어. 왜냐하면 자본주의 도입은 동독의 국가적 정체성을 무너뜨리는 것이었기 때문이야. 하지만 1980년대 소련의 개혁·개방 정책의 영향을 받아 동독에서도 민주화를 요구하는 시위가 일어났어. 결국 동독 정부도 어느 정도의 개혁을 시작하는 것으로 방향을 잡았고, 이에 '여행 허가에 대한 출국 규제 완화'가 발표되었지. 이는 외국 여행에 필요한 절차를 완화하는 것으로 국외여행의 완전한 자유화와는 거리가 멀었어.

그런데 발표가 잘못 전달되면서 '베를린 장벽 즉시 철거'로 알려지는 바람에 1989년 11월 장벽으로 몰려온 시민들에 의해 베를린 장벽이 붕괴되고 말았어. 베를린 장벽의 붕괴를 시작으로 동독 정권은 통제력을 상실했지. 하루 약 2,000명의 동독 주민들이 서독으로 넘어갔고, 동독 주민들을 감시했던 악명 높은 비밀경찰 슈타지의 청사가 시민들의 습격으로 파괴될 정도였다고 해. 결국 동독이 해체되면서 동독을 구성하던 5개 주가 서독에 가입하는 형식으로 통합되어 1990년 10월 3일 정식으로 독일 통일이 선언되었어. 빠른 속도로 추진된 독일의 통일은 부작용도 분명했지만 독일은 오늘날 국내총생산GDP 기준 미국, 중국, 일본 다음가는 세계 4위의 경제 대국이자 유럽연합의 정치·경제적 핵심 국가로 자리 잡았어.

1. 1985년 소련 공산당 서기장이 되어 개혁·개방 정책을 추진한 인물은 누구일까?

　　① 레닌　　　② 푸틴　　　③ 스탈린　　　④ 고르바초프　　　⑤ 브레즈네프

2. 1989년 베를린 장벽이 무너진 결과로 나타난 가장 중요한 사건은?

　　① 나토 해체　　　② 소련의 붕괴　　　③ 독일의 통일　　　④ 독일의 분단 고착화
　　⑤ 제1차 세계 대전 종결

3. 고르바초프가 추진한 개혁·개방 정책을 러시아어로 각각 무엇이라고 부르는가?

4. 브레즈네프 독트린의 폐기가 동유럽 사회주의 국가들에 어떤 변화를 가져왔는지 설
　 명해 보자.

　　힌트 간섭 포기 / 민주화 운동 / 정권 교체

5. 베를린 장벽 붕괴가 독일 통일로 이어진 과정을 간단히 설명해 보자.

　　힌트 시위 / 여행 자유화 발표 / 장벽 붕괴 / 1990년 통일

더 알고 싶어 119

▤도서　▷영상　🔍사이트

▷ **영화 〈굿바이 레닌〉** 독일 통일을 배경으로, 체제가 급격히 변할 때 한 가족이 겪는 변화를 살
　 펴보고 느낀 점을 정리해 보자.

▷ **영화 〈벌룬〉** 동독에서 서독으로 탈출하려는 가족의 이야기를 통해 자유를 찾아 떠나는 사람
　 들의 마음을 이해해 보자.

▷ **드라마 〈체르노빌〉 (15세 이상 관람가)** 체르노빌 원전 사고를 보며 정보 은폐와 비민주적 체
　 제가 어떤 참사를 부르는지 생각해 보자.

▷ **[역사저널 그날] 소련, 최후의 날 (KBS)** 소련이 해체되던 마지막 순간에 각 공화국과 시민들
　 이 어떤 선택을 했는지 살펴보자.

중국의 경제 개방은 어떻게 전개되었을까?

중국의 경제 개방

1989년 일어난 중국의 톈안먼 사건은
중국의 자유와 저항을 부르짖은 상징적인 사건으로 알려져 있어.
중국의 개방 과정과 톈안먼 사건에 대해 알아보자.

학습 키워드 #대약진운동 #문화대혁명 #덩샤오핑 #개혁개방정책 #흑묘백묘론 #톈안먼사건
교과 연계 중2 2학기 > 역사(세계사) > VI-2. 세계화와 경제 통합

대약진 운동의 실패

1949년 중화인민공화국 수립 이후 마오쩌둥은 중국식 사회주의 경제를 주장하며 농촌을 중심으로 '대약진 운동'을 추진했어. 대약진 운동이란 1958년부터 1962년경까지 실시되었던 중국 공산당 주도의 경제, 사회 개발 운동인데 농촌의 집단화를 기반으로 진행되었다고 해. 이때 마오쩌둥은 철의 생산을 늘리는 것이 산업 발전의 원동력임을 강조하며 마을 단위의 소용광로를 만들었는데 이를 '토법고로'라고 불렀어. 토법고로를 통해 철을 증산하고자 했지만 철을 용광로에 넣어 제련하는 것은 상당한 기술이 필요한 일이었어. 농민들은 국가에서 요구한 목표치를 채우기 위해 농기구, 트랙터는 물론 집 안에서 쓰던 식기까지 토법고로에 넣어 철을 생산했어. 하지만 토법고로에서 만들어진 철은 불량률이 높

아 농기구로도 사용되기 어려웠대. 당연히 농업생산량은 줄어들었고 자연재해로 대기근까지 발생하면서 결국 대약진 운동은 실패로 끝나게 돼.

홍위병과 문화대혁명

마오쩌둥은 대약진 운동의 실패 이후 자신의 권력을 강화하고자 그를 지지하는 수백만 명의 학생을 홍위병으로 조직해 문화대혁명을 일으켰어. 앞서 실시한 대약진 운동의 실패로 위기에 몰리게 되자 자신의 정치적 입지를 회복하고 반대파들을 제거하기 위한 방법이었지. 1966년부터 1976년까지 10년간 진행된 문화대혁명은 전근대적인 문화와 자본주의를 타파하고 사회주의를 실천하자는 내용이었어. 마오쩌둥을 찬양하는 홍위병들은 전국 주요 도시에 진출해 학교를 폐쇄하고 유교와 같은 전통적인 가치를 공격했지. 결국 1976년 마오쩌둥이 사망하면서 문화대혁명은 종료되었고, 1981년 중국공산당은 문화대혁명이 마오쩌둥의 오류이며 책임이라고 규정하게 되었어.

덩샤오핑의 개혁·개방 정책

마오쩌둥이 죽은 뒤 1970년대 말 정권을 잡은 덩샤오핑은 마오쩌둥과 다른 실용주의 노선을 채택했어. 바로 '흑묘백묘론'이야. "검은 고양이든 흰 고양이든 쥐를 잘 잡는 고양이가 좋은 고양이다."라는 뜻으로 자본주의든 공산주의든 상관없이 중국 인민을 잘살게 하면 그것이 제일이라는 뜻이지. 이에 따라 개혁·개방 운동이 추진되었고 중국식 사회주의 체제에 자본주의 시장 경제 요소가 도입되었어. 이에 따라 연안 지역에 경제특구가 지정되어 외국 자본과 기술을 도입했고 기업의 자율적인 경영을 보장했어. 중국은 개혁·개방 정책에 따른 급속한 경제 성장으로 오늘날 세계 2위의 경제 대국으로 올라설 수 있었지만 부정부패, 도시와 농촌 간의 빈부 격차, 환경 문제 등 여러 사회 문제가 나타났어. 최근에는 급속한 고령화로 인해 2030년에는 65세 이상 인구가 전체 인구의 30%를 차지하는 초고령사회로 진입할 것이 예상된다고 해. 현재 중국의 고령화 비율은 우리나라나 일본보다 낮지만 증가율이 가파른 것이 특징이야.

톈안먼 사건과 중국의 민주화

↑ 톈안먼 사건

한편 1989년 개혁주의자로 학생들로부터 추앙받던 후야오방이 사망하면서 베이징 대학을 중심으로 정치개혁에 대한 요구들이 확산되기 시작해. 후야오방의 장례식을 계기로 대학생들이 집회를 열기 시작했고, 여기에 일반 시민들이 가세해 민주화를 요구하는 운동으로 확산되었어. 이 운동이 전국적으로 확대되면서 베이징의 톈안먼 광장에 지식인, 노동자, 일반 시민 등 100만 명이 모여 대대적인 집회를 열었지. 위기의식을 느낀 덩샤오핑은 베이징 일원에 계엄령을 선포하며 무력 진압을 전개했고, 이 과정에서 수많은 사상자가 발생했는데, 이를 '톈안먼 사건'이라고 해. 2022년 말에도 중국 정부의 엄격한 코로나19 봉쇄 정책에 반대하는 시위가 일어났는데, 베이징 시민들은 정부에 항의하는 의미를 담은 백지를 들고 나와 시위를 했어. 이것이 제2의 톈안먼 사건이 되지 않을까 하는 예측도 있었지만 여전히 중국의 정치적 민주화는 숙제로 남아 있어.

1. 1958년부터 1962년까지 마오쩌둥이 추진했으나 실패로 끝난 운동은?

① 문화대혁명　　　② 흑묘백묘론　　　③ 대약진 운동　　　④ 신경제 정책
⑤ 토지개혁 운동

2. "검은 고양이든 흰 고양이든 쥐만 잘 잡으면 된다."라는 뜻의 실용주의 노선을 무엇이
라고 부를까?

3. 덩샤오핑의 개혁·개방 정책에서 외국 자본과 기술을 받아들이기 위해 지정된 지역은?

4. 문화대혁명은 어떤 배경에서 일어났고, 중국 사회에 어떤 영향을 미쳤는지 써 보자.

힌트 대약진 운동 실패 / 홍위병 / 전통·교육 파괴

5. 1989년 톈안먼 사건이 어떤 계기로 발생했고, 어떻게 전개되었는지 설명해 보자.

힌트 후야오방 사망 / 민주화 요구 / 대규모 집회 / 무력 진압

더 알고 싶어 119

▤ 도서　▷ 영상　🔍 사이트

▷ **중국 역사를 4,000년 후퇴시킨 문화대혁명 (보다)**
문화 대혁명이 중국 사회와 경제에 끼친 부정적 영향을 정리하고, 이후 개혁·개방 정책이 왜
필요했는지 생각해 보자.

▷ **[역사저널 그날] 덩샤오핑이 시장 경제를 주장한 이유는? (KBS)**
덩샤오핑이 추진한 개혁·개방 정책의 내용과 목표를 정리하고, 지금의 중국 경제 성장과 연
결해 보자.

▷ **영화 〈인생〉 (15세 이상 관람가), 〈패왕별희〉 (15세 이상 관람가)** 인물의 삶을 통해 중국 현
대사의 격변이 개인에게 어떤 영향을 주었는지 정리해 보자.

유럽 연합과 신자유주의가 등장한 배경은 무엇일까?

유럽 연합과 신자유주의의 등장

유럽 연합을 통해 유럽 내 자유로운 사람과 물자의 이동을
가능하게 하는 솅겐 협정과 공용 화폐인 유로가 탄생할 수 있었어.
유럽 연합은 어떻게 만들어졌으며, 세계에 어떤 영향을 미쳤을까?

학습 키워드 #유럽연합 #EU #신자유주의 #다국적기업 #다문화사회
교과 연계 중2 2학기 〉 역사(세계사) 〉 Ⅵ-2. 세계화와 경제 통합

유럽 연합의 성립 과정

두 차례의 세계 대전을 겪은 유럽은 지나친 민족주의가 유럽을 멸망시킬 수도 있음을 깨닫고 유럽 통합 구상을 하기 시작했어. 1951년에 체결되고 1952년 발효된 파리 조약을 통해 공업을 공동으로 관리하는 '유럽 석탄 철강 공동체ᴱᶜˢᶜ'가 만들어지면서 유럽 통합이 첫발을 내딛게 되었지. ECSC가 유럽 통합의 시작을 의미하는 이유는 전쟁 무기를 생산하는 데 필요한 석탄과 철강을 초국가적 기구에서 관리하는 것이 유럽 국가 간 안보 요소의 공유와 경제적 협력을 의미하기 때문이야.

이후 1957년 로마 조약의 체결로 유럽 연합의 전신인 '유럽 경제 공동체ᴱᴱᶜ'가 탄생했어. 프랑스, 이탈리아, 벨기에, 룩셈부르크, 네덜란드, 서독은 이 조약에 서명하면서 유럽 경제 공동체를 세우고 국가 간 관세

장벽을 철폐했어. 관세 장벽 철폐는 국가 간 자유로운 무역을 촉진시켰고 유럽의 경제 통합에 기여했지. 이어 1967년 합병조약 체결을 통해 유럽 의회, 유럽 연합 집행위원회, 유럽 이사회를 탄생시켰고, 기존의 유럽 경제 공동체, 유럽 원자력 공동체, 유럽 석탄 철강 공동체를 통합시킨 '유럽 공동체EC'가 성립되었어. 1973년에는 덴마크, 아일랜드, 영국이 유럽 공동체에 가입했고, 1981년에는 그리스, 1986년에는 포르투갈과 스페인, 1990년에는 독일 통일로 독일이 자동으로 유럽 공동체에 편입되었어. 이후 셴겐 협정의 체결로 회원국 간의 출입국 통제가 사라지자 이동이 자유로워졌지. 이는 우리가 유럽 여행 중 국경을 넘을 때 여권을 제시하지 않아도 되는 이유야.

1992년 네덜란드 마스트리흐트에서 유럽 공동체 12개국이 서명함에 따라 1993년 11월 1일 마스트리흐트 조약이 발효되어 '유럽 연합EU'이 공식적으로 출범했어. 마스트리흐트 조약의 정식 명칭은 '유럽 연합 조약'으로 회원국 간 경제와 화폐 통합, 공동의 외교와 안보 정책, 국내 질서 유지 및 사법에 관한 협조를 목표로 해. 이를 통해 유럽에서는 국경을 넘어 상품, 노동, 자본, 서비스의 자유로운 이동이 가능해졌고, 유럽 중앙은행이 창설되고 유로화€가 도입되면서 단일 통화를 사용하는 높은 수준의 경제 통합이 이루어지게 되었어.

세계 각국의 경제 협력체와 통합

유럽에서 경제 통합이 이루어지자 다른 나라들도 경제 공동체나 협력체를 만들어 경제 통합을 확대하고 있어. 아시아·태평양 경제 협력체 APEC는 아시아·태평양 연안 국가들의 원활한 정책 추진과 협력 증진을 목표로 1989년 결성되었어. APEC 회원국인 우리나라는 2005년 부산에서 APEC 정상회의를 개최한 데 이어 2025년 경주에서도 개최했어. 1994년 결성된 북아메리카 자유 무역 협정NAFTA은 미국, 캐나다, 멕시코 3국의 단계적 관세 철폐 협정이고, 아프리카 연합AU은 2002년에 결성된 아프리카 국가 간의 정치·경제·사회적 통합을 이끌어가는 협력체야.

신자유주의의 세계적 확산

1970년대 들어 발생한 오일쇼크, 영국병(영국 경제가 몰락한 원인이 되었던 영국의 사회 상황) 등 세계 경제의 위기와 침체를 극복하기 위해 등장한 사상을 '신자유주의'라고 해. 신자유주의는 자본에 대한 국가의 개입을 지양하고 자유로운 시장 경쟁을 강화해야 한다는 사상이야.

신자유주의는 1980년대 미국의 레이건과 영국의 대처 정부가 들어서면서 급부상했어. 이들은 자유 무역을 강화하고 시장에 대한 규제를 완화하는 정책을 추진했고, 국영 기업과 자산을 민영화하고 사회 복지 비용을 줄이는 등의 개혁을 단행했어.

신자유주의는 선진국의 경제적 부흥을 이끌어 내면서 1990년대 사회주의권 붕괴 이후 전 세계적으로 확산되었어. 이에 따라 무역과 투자의 자유화를 추구하는 국제 통화 기금IMF, 세계 무역 기구WTO 같은 국제기구들이 세계적인 영향력을 갖게 되었지. 세계 각지에 현지 법인을 둔 다국적 기업의 비중 또한 커지게 되었어. 다국적 기업의 확장과 자본·노동의 활발한 이동 등으로 전 세계적으로 이주 현상이 증가하고 있는데, 이는 신자유주의와 밀접하게 연관되어 있어.

1. 1952년 발효된 파리 조약으로 유럽 통합의 첫발을 내딛은 공동체는?

  ① 유럽 연합(EU)　　　　② 유럽 공동체(EC)　　　　③ 유럽 경제 공동체(EEC)

  ④ 유럽 석탄철강 공동체(ECSC)　　　　⑤ 유럽 원자력 공동체(EURATOM)

2. 1992년 마스트리흐트 조약으로 공식 출범한 기구는?

  ① 유럽 의회　　　　② 유럽 연합(EU)　　　　③ 유럽 공동체(EC)

  ④ 유럽 경제 공동체(EEC)　　　　⑤ 북대서양조약기구(NATO)

3. 1989년 결성된 아시아·태평양 지역 경제 협력체는 무엇일까?

----

4. 신자유주의가 등장한 배경과 주요 정책을 설명해 보자.

  힌트 1970년대 오일쇼크 / 국가 개입 축소 / 민영화 / 규제 완화

----

5. 신자유주의가 세계에 끼친 영향 두 가지를 쓰고, 이를 설명해 보자.

  힌트 IMF·WTO / 다국적 기업 / 이주민 증가

📚 도서　▷ 영상　🔍 사이트

더 알고 싶어 119

▷ **영화 〈철의 여인〉** 마거릿 대처의 정책을 중심으로 신자유주의 경제 정책이 영국 사회에 어떤 변화를 가져왔는지 정리해 보자.

▷ **[차이나는 클라스] 똑똑한 경제 시민이 되는 법 (교양 Voyage)**
세계화와 신자유주의 속에서 우리가 '경제 시민'으로서 갖추어야 할 태도와 능력이 무엇인지 정리해 보자.

탈권위주의 운동과 대중문화는 어떤 관련이 있을까?

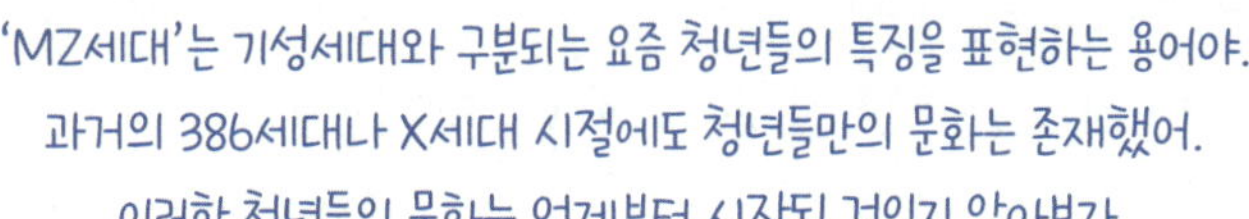

탈권위주의 운동과 대중문화

'MZ세대'는 기성세대와 구분되는 요즘 청년들의 특징을 표현하는 용어야.
과거의 386세대나 X세대 시절에도 청년들만의 문화는 존재했어.
이러한 청년들의 문화는 언제부터 시작된 것인지 알아보자.

학습 키워드　#민권운동 #마틴루터킹 #넬슨만델라 #68운동 #68혁명 #여성운동 #대중문화
　　　　　　　#86세대 #히피문화

교과 연계　중2 2학기 〉 역사(세계사) 〉 Ⅵ-3. 탈권위주의 운동과 대중문화의 발달

세계 각국의 민권 운동

제2차 세계 대전이 끝나고 세계 각국의 경제 상황이 개선되고 시민의 대학 진학률이 높아지면서 고등 교육의 기회가 확대되었어. 이에 1960년을 전후해 청년층을 중심으로 기성세대의 가치와 문화에 저항하는 탈권위주의적 풍조가 생겨나게 되었지. 미국에서는 흑인에 대한 차별과 억압을 거부하는 민권 운동이 전개되었어.

이러한 민권 운동을 이끈 사람이 바로 마틴 루터 킹이야. 목사이자 흑인 민권 운동가였던 그는 오늘날 세대, 성별, 인종, 지역, 종교와 상관없이 모든 미국인들에게 존경받는 인물이야. 인류 역사상 최고의 명연설로 꼽히는 '나에게는 꿈이 있습니다 I have a dream!'는 바로 마틴 루터 킹 목사가 1963년 링컨 기념관에서 한 연설이지.

↑ 마틴 루터 킹

남아프리카 공화국의 넬슨 만델라는 흑인의 참정권을 부정하는 극단적인 인종 차별 정책인 아파르트헤이트 반대 운동을 펼쳤어. 만델라는 아파르트헤이트 철폐와 민주화 과정에서 중요한 역할을 했고, 그 공로로 1993년 노벨 평화상을 받았단다. 이후 남아프리카 공화국 최초의 흑인 대통령으로 당선되기도 했지.

한편 프랑스에서는 정부의 실정과 사회 모순으로 인한 파리 대학생들의 봉기가 일어났는데, 이것이 노동자 총파업으로 이어지며 대대적인 사회 변혁 운동으로 발전했어. 이를 68운동 또는 68혁명이라 부르지. 68운동을 주도한 사람들은 국가 권력의 감시와 억압에 반대하며 개인의 자유와 권리 신장 등을 주장했고 미국, 독일, 체코, 일본 등 전 세계로 퍼져 각국의 탈권위, 반정부 운동에 영향을 주었어.

미국에서 청년 세대의 열망과 분노를 끌어낸 가장 결정적인 사건은 베트남 전쟁이었어. 당시 미국은 징병제를 실시하고 있었기에 청년

들을 국가의 이익을 위한 도구로 사용한다는 점에서 많은 청년들의 비
판을 받았지.

여성 인권 운동과 청년 문화

제2차 세계 대전 이후 여성들도 이전보다 높은 수준의 교육을 받으
며 다양한 직업을 가지게 되었어. 하지만 여성들은 여전히 가정에서 가
사 노동과 육아에 시달렸고 남성보다 낮은 임금을 받는 게 당연하게 여
겨지는 등 사회적 차별을 받았지. 이런 상황에서 민권 운동의 영향을 받
은 여성들 스스로 성차별을 사회적 문제로 제기하기 시작했어. 여성들은
자신의 몸에 대한 결정을 스스로 내릴 수 있는 권리인 '신체적 자기 결정
권'을 주장했고, 여성 단체를 조직해 가정 폭력 피해 여성을 보호했으며,
여성 인권 관련 법안을 만들기도 했어.

1960년대 유럽과 미국 청년들에게서 나타난 탈권위, 반정부 운동의
분위기는 새로운 문화가 만들어지는 데 큰 영향을 주었어. 청년들은 자
유분방한 록 음악을 즐겨 듣고 장발이나 청바지 같은 옷차림을 통해 자
신들의 정체성과 개성을 표현하고자 했지. 이는 개인의 행복과 자유를
추구하는 히피 문화로 연결되었어.

한국에서도 1970년대 대학생들을 중심으로 통기타와 장발 등으로
대표되는 청년 문화가 발달했어. 이러한 청년 문화는 라디오, 텔레비전,
신문 등 대중에게 대량의 정보를 쉽게 전달할 수 있는 대중 매체의 발달
에 힘입어 폭넓게 퍼져나갈 수 있었지. 대중 매체를 통해 계급, 성별, 지
역을 뛰어넘어 대다수의 사람이 즐길 수 있게 만들어진 문화를 대중문화
라고 해. 최근 K-POP(케이팝)이 전 세계적으로 유행하는 것도 대중문화
의 전 세계적 확산 사례라고 볼 수 있어.

1. 1963년 워싱턴에서 "I have a dream" 연설을 한 흑인 민권 운동 지도자는 누구일까?

① 말콤 X　　　② 로자 파크스　　　③ 넬슨 만델라　　　④ 마틴 루터 킹

⑤ 존 F. 케네디

2. 1968년 프랑스 대학생 시위에서 시작해 노동자 총파업으로 확산된 대규모 사회 변혁 운동은?

① 68운동　　② 민권 운동　　③ 반전 운동　　④ 히피 운동　　⑤ 여성 해방 운동

3. 남아프리카공화국에서 아파르트헤이트 철폐와 민주화에 앞장서 1993년 노벨 평화상을 받은 인물은 누구일까? ________________________________

4. 1960~70년대 미국 청년 세대가 베트남 전쟁에 어떻게 반응했는지, 그리고 그 과정에서 어떤 문화가 형성되었는지 설명해 보자.

힌트 징병제 / 반전 운동 / 록 음악 / 히피 문화

____

____

5. 대중 매체의 발달이 청년 문화와 대중문화 확산에 어떤 역할을 했는지 설명해 보자.

힌트 라디오 / 텔레비전 / 정보 전달 / K-POP

____

____

📖 도서　　▷ 영상　　🔍 사이트

더 알고 싶어 119

▷ **영화 〈보헤미안 랩소디〉** 퀸의 음악과 공연이 당시 젊은 세대에게 어떤 해방감과 메시지를 주었는지 생각해 보자.

▷ **영화 〈셀마〉** 미국 흑인 인권 행진을 다룬 영화를 보며, 인권 운동과 민주주의 발전의 관계를 정리해 보자.

▷ **금지하는 것을 금지한다! 68운동 이야기 (함께하는 세계사)** 1968년 학생·노동자 운동에서 제기된 요구를 정리하고, 오늘날에도 여전히 남아 있는 과제가 무엇인지 생각해 보자.

▷ **[차이나는 클라스] "모든 억압에서 벗어나자" 68혁명 일어난 계기 (교양 Voyage)** 68혁명이 단순한 학생 시위가 아니라 사회 전반의 가치관 변화를 이끌었다는 점을 중심으로 정리해 보자.

세계의 문제를 해결하기 위해서는 어떤 노력이 필요할까?

현대 세계의 문제 해결을 위한 노력

지금도 세계 곳곳에서는 난민 문제, 빈곤 문제,
질병 문제 등 수많은 문제가 일어나고 있어.
우리는 이런 문제를 해결하기 위해 어떤 노력을 해야 할까?

학습 키워드 #반전평화운동 #난민문제 #빈곤과질병문제 #유니세프 #국경없는의사회
교과 연계 중2 2학기 〉 역사(세계사) 〉 VI-4. 현대 세계의 문제 해결을 위한 노력

반전 평화 운동

제1, 2차 세계 대전이라는 인류에게 수많은 피해를 남긴 전쟁을 겪으며 전쟁에 반대하고 평화를 정착시키려는 움직임이 나타났는데, 이를 '반전 평화 운동'이라고 해. 세계 대전은 끝났지만 지금 이 순간에도 세계 곳곳에서는 전쟁이 계속 일어나고 있어. 인류의 역사가 시작된 후 일어난 많은 전쟁 때문에 군인, 민간인 등 수많은 사람이 목숨을 잃었고 삶의 터전이 파괴되었어.

1960년대 베트남 전쟁을 계기로 반전 평화 운동의 물결이 대중적으로 확산되었지. 미국이 베트남 전쟁에서 고엽제를 살포하고 민간인을 학살한 사실이 드러나면서 반전 평화 운동이 전 세계로 퍼지며 각지에서 시위가 벌어졌어. 반전 평화 운동은 최근에도 활발히 전개되고 있고, 노

동 운동이나 여성 운동과 연대해 세력을 키워가고 있지. 정보 통신 기술을 이용해 온라인상에서도 활발하게 전개되고 있단다.

난민 문제

한편 전쟁 등으로 인해 난민 문제도 세계 곳곳에서 발생하고 있어. 난민이란 전쟁이나 정치·종교·사상적 박해를 피해 다른 지역으로 이주하는 사람들을 뜻해. 내전이 벌어진 시리아에서는 생존을 위해 탈출하는 바람에 수많은 난민이 발생했는데, 난민을 감당하지 못한 주변국들이 국경을 봉쇄하면서 유럽으로 향한 난민들 때문에 유럽 난민 사태의 원인이 되기도 했어.

이러한 난민 문제를 해결하기 위해 1950년 국제 연합 난민 기구가 조직되었고, 1951년에는 난민 지위에 관한 협약이 채택되어 난민의 지위와 권리를 정의했어. 2000년에는 국제 연합에서 6월 20일을 '세계 난민의 날'로 지정하여 난민에 대한 전 세계인의 관심을 높이고자 노력하고 있어.

빈곤 문제

아프리카, 아시아 일부 국가에서는 여전히 많은 국민이 빈곤에 시달리고 있어. 선진국에서도 빈부 격차가 커지면서 빈곤 계층이 점차 늘어나고 있지. 우리나라의 노인 빈곤율은 2020년 기준 40.4%로 경제협력개발기구OECD 회원국 중 가장 높아. 국제 연합은 빈곤, 기아 등의 문제를 포함한 17개 지속가능발전목표SDGs: Sustainable Development Goals를 채택했는데, 우리나라도 국제사회의 책임 있는 일원으로서 국제사회의 공동 목표 달성에 기여하고 한국 사회에 처한 여러 문제들을 해결하기 위해 한국형

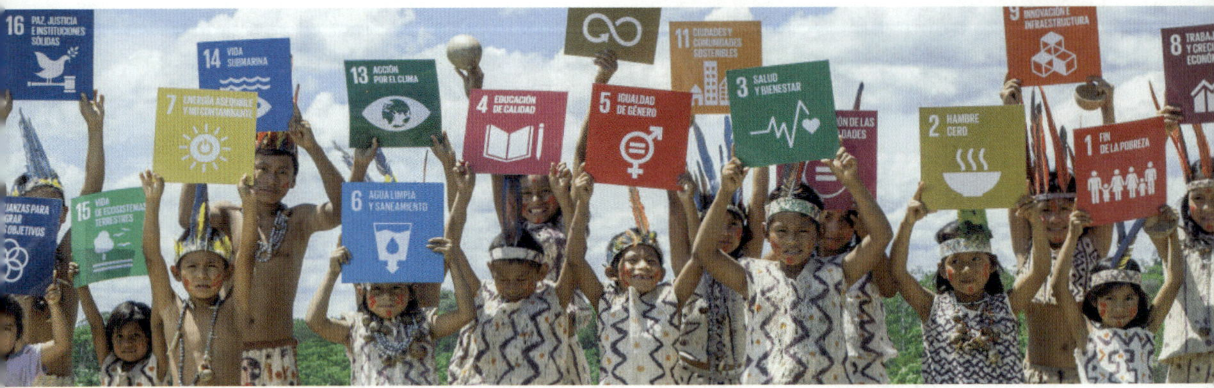

↑ UN-SDGs

지속가능발전목표K-SDGs를 수립했어. 우리나라는 정부 차원에서 국민의 료비 부담 경감, 고용보험 및 산재보험 적용 대상 확대, 장애인 재난 · 안전 지원 시스템 강화 등의 정책을 추진하고 있지.

질병 문제

빈곤 문제는 질병 문제와도 깊은 관련이 있어. 의학이 고도로 발전한 현대 사회에서도 여전히 비위생적인 환경이나 영양 부족, 질병에 대한 인식 부족으로 인해 질병에 걸리는 사례가 많아. 특히 아시아와 아프리카에서는 에이즈로 고통받는 사람들이 많은 실정이야. 에이즈는 후천성 면역 결핍 증후군으로 인체의 면역 세포가 파괴되어 면역 기능이 떨어지는 병이지만, 적절한 치료와 관리를 하면 살 수 있어. 하지만 아시아와 아프리카 일부 빈곤 국가에서는 감염자 대부분이 사망할 뿐만 아니라 주변 사람까지 감염되기도 해. 특히 빈곤 국가에서는 자신이 에이즈에 감염된 사실을 몰랐던 여성이 임신과 출산으로 태아에까지 수직 감염시키는 사례도 발생했어. 2014년 서아프리카에서는 에볼라 출혈열이 대유행했어. 서아프리카 국가들의 보건의료 체계가 부실하고 에볼라 바이러스에 대한 대비에 매우 취약했기 때문이야. 오늘날에는 교통의 발달로 국경을 넘어 자유롭게 이동하게 되면서 질병 또한 전 세계로 급격히 확산되고 있어. 대표적인 것이 최근 벌어졌던 코로나19의 유행이지.

국제 기구와 단체의 활동

빈곤과 질병 문제를 해결하는 것은 인도적 차원뿐만 아니라 전 세계적인 균형 발전 측면에서도 매우 중요한 과제야. 국제 부흥 개발 은행IBRD이나 국제 통화 기금IMF에서는 이러한 문제 해결을 위해 개발도상국에 기술과 자금을 지원하며 경제 성장을 돕고 있어. 또한 세계 보건 기구WHO는 전염병을 비롯한 각종 질병을 퇴치하기 위한 다양한 연구와 긴급 구호 활동을 전개하고 있단다. 국제 연합의 상설 기관인 유니세프UNICEF는 개발도상국 아동을 위한 긴급 구호, 예방 접종, 식수 공급, 교육 등의 사업을 펼치고 있어. 뿐만 아니라 1971년 설립된 국경 없는 의사회MSF도 전 세계 약 70개 국가에서 활동하며, 도움이 필요한 모든 사람에게 의료 서비스를 제공하고 있단다.

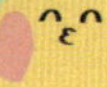

1. 1960년대 베트남 전쟁을 계기로 전 세계적으로 확산된 운동은?

   ① 노동 운동   ② 민권 운동   ③ 환경 운동   ④ 반전 평화 운동   ⑤ 여성 해방 운동

2. 1951년 채택된 협약으로 난민의 지위와 권리를 정의한 것은?

   ① 불가침 조약   ② 국제 평화 협약   ③ 세계 인권 선언
   ④ 마스트리흐트 조약   ⑤ 난민 지위에 관한 협약

3. 2015년 UN이 채택한, 빈곤·기아 해결 등 17개 공동 목표를 무엇이라고 부를까?

   ----

4. 질병 문제는 빈곤 문제와 어떤 관련이 있으며, 그 결과 어떤 일이 일어나는지 설명
   해 보자.

   힌트 위생 / 영양 부족 / 치료 부족 / 감염 확산

   ----

5. 국제기구와 단체들이 세계 문제 해결을 위해 어떤 노력을 하고 있는지 두 가지 이상
   쓰고, 설명해 보자.

   힌트 국제 부흥 개발 은행(IBRD) / 국제 통화 기금(IMF) / 세계 보건 기구(WHO) / 유엔 아동 기금(UNICEF) / 국
   경 없는 의사회(MSF)

📖 도서   ▷ 영상   🔍 사이트

더 알고 싶어 119

▷ **영화 〈가버나움〉 (15세 이상 관람가)** 난민 아동의 삶을 보며, 빈곤·전쟁·이주 문제를 해결하기
   위해 국제 사회가 해야 할 일을 생각해 보자.

▷ **영화 〈만델라: 자유를 향한 긴 여정〉** 넬슨 만델라의 삶을 통해 인종차별을 극복하고 화해를 이
   뤄 가는 과정에서 지도자의 역할을 정리해 보자.

▷ **[시사기획 창] 도움의 색깔 (KBS)** 국제 구호 활동이 가진 장점과 한계를 정리하고, 진정한
   '지속 가능한 도움'이 무엇인지 생각해 보자.

▷ **[시사기획 창] 달의 아이들, 특별기획 난민 1부 (KBS)** 난민 아동의 이야기를 중심으로 우리
   가 일상에서 난민 문제 해결을 위해 실천할 수 있는 작은 행동을 적어 보자.

역사를 미래와 이어 주는 사람
역사 교사

우리가 배우는 역사 수업은 단순히 과거 사실을 외우는 데 그치지 않아. 역사를 통해 오늘의 사회를 이해하고, 미래를 어떻게 만들어 갈지 생각하게 하지. 이렇게 역사를 가르치고 학생들이 스스로 사고할 수 있도록 길을 열어 주는 사람이 바로 역사 교사야. 역사를 좋아하고, 사람들과 배우고 나누는 것을 즐긴다면 이 직업이 꽤 매력적으로 다가올 거야.

역사 교사는 어떤 사람일까?

역사 교사는 교과서를 설명하는 데서 끝나지 않아. 과거의 사건, 인물, 문화 속 의미를 풀어내어 학생들이 스스로 질문하고 생각할 수 있도록 도와주는 사람이야. 수업을 통해 학생들이 단순한 지식이 아니라 역사의식을 기르고, 현재와 미래를 바라보는 눈을 키우도록 하는 거지. 교사는 지식 전달자이면서 동시에 학생들의 성장을 이끄는 안내자야.

뭘 준비해야 할까?

역사 교사가 되려면 역사학이나 역사교육과 같은 전공 공부가 기본이야. 교원 자격증을 얻고 임용시험에 합격해야 학교 현장에서 교편을 잡을 수 있지. 하지만 시험만 준비하는 게 다가 아니야. 다양한 역사책을 읽고, 토론과 글쓰기를 통해 생각을 깊게 하는 습

관이 필요해. 또 학생들과 소통하는 능력, 수업을 재미있고 이해하기 쉽게 만드는 창의
력도 중요한 자질이지.

어떤 일을 할까?

역사 교사의 하루는 교실에서 시작해 교실에서 끝나지 않아. 수업 준비를 위해 자료를
조사하고 수업안을 만들기도 하고, 수업 시간에는 학생들과 함께 토론하거나 사료를 분
석하기도 해. 또 현장 학습이나 역사 관련 체험 활동을 기획해 학생들이 직접 보고 느낄
기회를 마련해 주지. 어떤 날은 교무실에서 시험 문제를 출제하고, 또 어떤 날은 학생 상
담을 하면서 진로 고민을 들어주기도 해.

돈을 얼마나 받을까?

역사 교사는 공무원이기 때문에 안정적인 급여를 받는 직업이야. 근무 연수와 경력에
따라 임금이 오르고, 방학 중에도 일정한 급여가 지급되지. 물론 수업 준비나 행정 업
무 등으로 바쁜 날이 많지만, 학생들이 성장하는 모습을 보는 보람이 그 어떤 보수보다
크단다.

앞으로의 전망

앞으로 역사 교사의 역할은 더욱 중요해질 거야. 인공지능 시대에도 역사를 가르치는
교사는 단순히 지식을 전달하는 사람이 아니라, 학생들이 스스로 사고하고 가치 판단
을 내릴 수 있도록 돕는 길잡이이기 때문이지. 역사를 배우는 것은 단순히 과거를 아는
것이 아니라, 현재를 이해하고 미래를 준비하는 힘을 기르는 것이거든. 이 직업이 멋진
이유는 학생들과 함께 역사를 공부하며 그들의 삶과 세상을 바라보는 눈을 키워 주는
데 기여한다는 점이야. 역사를 좋아하고 사람들과 나누는 걸 즐긴다면 누구든 도전할
수 있는 직업이지.

01일차

1. ④

해설: 사냥감과 열매를 찾아 이동 생활하던 구석기 시대와 달리, 농경과 목축을 위해 정착 생활을 하게 된 것이 인류 역사상 큰 변화였기 때문에 '혁명'이라는 용어를 사용한다.

2. ②

해설: 이집트는 태양력을 사용했다. 태음력을 사용한 건 메소포타미아 문명이다.

3. 카스트제

해설: 중앙아시아에서 인더스 강으로 내려온 아리아인은 원주민을 효과적으로 다스리기 위해 엄격한 신분 제도인 '카스트제'를 만들었다. 카스트제는 지배층인 브라만과 크샤트리아, 피지배층인 바이샤, 수드라로 나뉘었고, 각 신분에 맞는 행동 규범을 규정했다.

4. 갑골문

해설: 국가의 중요한 일을 점을 쳐서 결정하는 신권 정치 과정에서 만들어진 문자가 바로 갑골문이다. 이 갑골문은 오늘날의 한자로 발전하게 된다.

5. 메소포타미아는 주변이 탁 트여 있는 개방적인 지형으로 인해 외부 침입이 잦았고, 홍수 같은 자연재해도 불규칙적으로 일어났기 때문에 현세적·비관적인 세계관을 가질 수밖에 없었다. 반면 이집트는 나일 강의 범람이 규칙적이고, 사방이 사막·바다로 둘러싸인 폐쇄적 지형이라 외침이 적어 오랫동안 통일을 유지할 수 있어 내세적·낙관적인 세계관을 가지게 되었다.

02일차

1. ②

해설 아시리아 제국은 서아시아 최초의 통일 제국이었지만 강압적인 통치로 반란이 끊이지 않아 멸망했고, 이후 아케메네스 왕조 페르시아가 등장했다.

2. ②

해설 다리우스 1세는 행정·교통·경제 제도를 정비해 중앙 집권 체제를 강화했고, 페르세폴리스 궁전의 건설을 시작했지만 최종 완성은 그의 뒤를 이은 크세르크세스 1세가 완성했다.

3. 왕의 귀

해설 다리우스 1세는 각 지역 총독(사트라프)이 지나치게 독립적인 세력이 되는 것을 막기 위해 '왕의 귀'라는 감찰관을 파견했다.

4. 조로아스터교(배화교)

해설 조로아스터교는 아후라 마즈다를 유일신으로 섬기고 선과 악의 대결, 사후 세계를 강조했다. 사산 왕조 시기에 국교로 지정되며 큰 영향을 끼쳤다.

5. 사산 왕조는 자신들을 아케메네스 왕조 페르시아의 후예라고 여기며 스스로를 '이란인'이라 불렀다. 이러한 정체성 인식이 오늘날 이란 민족의 뿌리가 되었기 때문에 사산 왕조는 이란 민족의 정체성 형성에 중요한 역할을 했다.

03일차

1. ④

해설 철기의 사용은 생산력과 전쟁 규모를 키웠고, 개혁을 추진해야 하는 상황 속에서 유능한 인재가 필요해 제자백가가 등장했다. 만리장성은 전국시대 때부터 북방 민족의 침입을 막기 위해 개별적으로 만들어진 성곽을 진이 통일한 뒤 연결해 만든 것이다.

2. ⑤

해설 진의 시황제는 법가를 바탕으로 군현제, 각종 통일 정책, 분서갱유, 만리장성 건설 등을 추진했지만 유교는 한나라 무제가 국가 통치 이념으로 채택한 것이다.

3. 제자백가

해설 춘추전국시대에는 개혁을 추진해야 하는 상황 속에서 유능한 인재가 필요해 다양한 학파가 등장했는데, 이를 '제자백가'라고 한다. 제자백가에는 공자와 맹자의 '유가', 노자와 장자의 '도가', 한비자의 '법가', 묵자의 '묵가' 등이 있다.

4. 황건적의 난

해설 후한 말기 외척과 환관의 권력 다툼, 호족의 토지 독점으로 농민 생활이 어려워지자 황건적의 난이 일어나서 결국 후한은 멸망하고 만다.

5. 한 무제는 군현제를 확립하고, 유교를 국가의 기본 통치 사상으로 삼았다. 또한 흉노를 정벌하는 과정에서 장건을 파견해 비단길을 개척하기도 했고, 국가 재정 확보를 위해 소금·철·술의 판매를 국가가 독점하는 전매제를 시행했다.

04일차

1. ①

해설 폴리스는 각각 독립된 도시국가였지만, 언어·종교·올림피아 제전 등을 공유해 동족 의식을 갖고 있었다.

2. ②

해설 아테네의 민주 정치는 크게 발전했지만, 여성·노예·외국인은 제외된 제한적 성격의 민주 정치였다.

3. 도편 추방제

해설 도편 추방제는 클레이스테네스가 독재자 출현을 막기 위해 도입한 제도였지만, 대중의 잘못된 판단으로 무고한 사람이 추방되는 문제도 발생할 수 있었다.

4. 아테네는 페르시아 전쟁에서 마라톤 전투, 살라미스 해전 등에서 여러 차례 승리하며 그리스 세계의 주도권을 쥐게 되었다. 전쟁에 참여해 싸운 성인 남성들에게 참정권을 부여하면서 민주 정치가 확대되었고, 페리클레스 시기에 민회 중심의 직접 민주 정치로 발전했다.

05일차

1. ③

해설 로마 공화정 초기에는 원로원 중심의 귀족 정치였으나, 평민의 참정권 요구로 평민회와 호민관이 설치되면서 귀족과 평민의 권력이 점차 균형을 이루게 되었다.

2. ②

해설 서로마 제국은 476년 게르만족에 의해 멸망한 반면, 동로마 제국(비잔티움 제국)은 천 년 이상 더 존속하다가 1453년 오스만 제국에 의해 멸망했다.

3. 12표법

해설 12표법은 로마 공화정 초기 시민의 권리와 의무를 규정한 성문법으로 이후 만민법으로 발전해 근대 유럽 법제도의 기초가 되었다.

4. 밀라노 칙령

해설 콘스탄티누스 대제는 밀라노 칙령을 통해 크리스트교를 합법화했고, 이후 테오도시우스 1세가 국교로 지정하면서 유럽의 대표 종교가 되었으며, 이후 세계 종교로 퍼져 나갔다.

5. 로마는 귀족 중심의 공화정에서 평민 권리 확대를 거쳐 균형을 이루었으나, 포에니 전쟁 이후 자영농이 몰락하고 귀족과 평민 간 갈등이 심해졌다. 카이사르가 권력을 잡아 독재를 시작했으나 암살당했고, 이후 내전에서 옥타비아누스가 승리하여 아우구스투스라는 칭호를 받고 황제가 되면서 제정 시대로 전환되었다.

06일차

1. ②

해설 불교는 누구나 해탈할 수 있다는 평등 사상을 내세워 카스트제 하층 계급의 지지를 받았으며, 크샤트리아와 바이샤가 특히 지지했다.

2. ④

해설 간다라 양식은 물결 모양 머리, 오뚝한 코, 입체적인 옷 주름 등 사실적이고 입체적인 표현이 특징이다.

3. 아소카왕의 돌기둥

해설 아소카왕은 불교를 널리 알리기 위해 돌기둥을 세우고 불교 경전을 새겨 전국에 전했다. 오늘날 인도 국기인 티랑가에도 아소카왕의 돌기둥 속 법륜이 담겨 있다.

4. 아라비아 숫자

해설 굽타 왕조에서 0의 개념과 10진법이 발전했으며, 이것이 아라비아로 전해져 오늘날의 아라비아 숫자가 만들어졌다.

5. 힌두교는 브라만교·민간 신앙·불교가 결합하여 형성된 특정 창시자나 교리가 없는 다신교로, 브라흐마·비슈누·시바 등이 대표적인 신이었다. 힌두교가 인도의 대표 종교로 자리 잡으면서 『마누 법전』을 통해 카스트제가 강화되었고, 인도 사회 전반에 큰 영향을 끼쳤다.

07일차

1. ③

해설 수는 3성 6부제, 과거제, 대운하 건설 등을 통해 통치 기반을 마련했지만, 율령체제는 수의 제도를 기반으로 당이 계승·발전시켜 일본과 베트남 등 주변 나라에도 큰 영향을 주었다.

2. ①

해설 당은 균전제(토지 분배), 조·용·조(조세), 부병제(군사)로 연결되어 운영되는 율령체제를 확립했다.

3. 한화 정책

해설 효문제는 선비족과 한족의 융합을 위해 한화 정책을 실시했고, 이는 북위 사회가 점차 한족화되는 계기가 되었다.

4. 탈라스 전투

해설 751년 탈라스 전투에서 당은 아바스 왕조에 패배했고, 서역 진출이 중단되었다. 이때 제지술이 서쪽으로 전해지며 유럽 문명 발전에 큰 영향을 주었다.

5. 당은 안사의 난 이후 귀족들이 장원을 확대하면서 농민들이 땅을 잃고 소작농으로 전락했다. 이로 인해 균전제가 붕괴되었고, 조세 제도는 조용조에서 양세법으로 바뀌었다. 또한 군사 제도도 부병제에서 모병제로 변화하면서 당의 통치 기반이 흔들리게 되었다.

08일차

1. ④

해설 당 문화는 귀족적이면서 국제적 특징을 지녔고, 장안은 세계적인 대도시로 성장했다. 한자·율령·유교·불교는 동아시아 문화권의 공통 기반이 되었다.

2. 당삼채

해설 당삼채는 주로 귀족 장례용 부장품(껴묻거리)으로 사용되었으며, 발해·일본 등에도 영향을 주었다.

3. 이백은 도교적 정취가 담긴 시를 지어 신선에 비유되었고, 두보는 유교적 풍자와 교훈적 시를 남겨 성인에 비유되었기 때문이다.

4. 당의 문화는 한자, 율령, 유교, 불교 등을 통해 동아시아 문화권의 공통 기반을 형성했다. 한자는 한국·일본·베트남에서 공용 문자로 쓰이며 각국 문자의 발전에 영향을 주었고, 율령은 중앙집권 체제 정비에 활용되었다. 유교는 정치·사회적 이념이 되었으며, 불교는 왕권 강화와 민심 통합에 기여했다. 그러나 각국은 무조건 수용하지 않고 실정에 맞게 주체적으로 받아들였기 때문에 고유한 문화도 발전할 수 있었고 오늘날에도 공통점이 남아 있는 것이다.

09일차

1. ④
   해설 622년 무함마드가 신자들과 메디나로 이주한 사건을 헤지라(이주)라고 한다. 이는 이슬람력의 기원이 되었다.

2. ⑤
   해설 우마이야 왕조는 아랍인 중심 정책으로 불만을 샀던 반면, 아바스 왕조는 차별을 폐지하며 번영을 이루었다.

3. 5행
   해설 5행은 신앙 고백, 기도, 단식, 자선, 메카 순례로 무슬림은 이를 반드시 실천해야 한다.

4. 할랄
   해설 할랄은 허용된 것을, 하람은 금지된 것을 뜻한다. 무슬림은 돼지고기 등의 하람 음식을 피해야 한다.

5. 이슬람 세계에서는 아리스토텔레스 등 그리스 철학을 아랍어로 번역해 연구했고, 이를 유럽에 다시 전해 르네상스 학문 발전에 기여했다. 또한 이븐 시나의 『의학전범』, 아라비아 숫자, 천문학과 화학·수학의 성과가 유럽으로 전해져 근대 과학 발전의 밑거름이 되었다.

10일차

1. ⑤
   해설 게르만족은 훈족의 압박과 기후 변화 등으로 이동했지만, 처음부터 크리스트교를 믿지는 않았다. 클로비스가 개종하면서 로마 교회의 지지를 얻게 되었다.

2. ②
   해설 서유럽 봉건제는 쌍무적 계약 관계로, 주군은 봉토를 주고 봉신은 충성과 봉사를 약속했다. 이 관계는 왕부터 하급 기사까지 피라미드처럼 중첩되어 있었다.

3. 클로비스
   해설 프랑크 왕국의 초대 왕 클로비스가 크리스트교

로 개종하며 교회의 지지를 얻었고, 이는 프랑크 왕국이 성장하는 중요한 이유가 되었다.

4. 봉토
   해설 봉토는 봉신이 주군에게 받아 통치·경작하던 땅이다. 봉토는 장원으로 운영되었고, 봉신은 영주로서 농노를 부리며 통치권을 행사했다.

5. 카롤루스 대제가 교황으로부터 서로마 황제의 관을 받은 것은 로마 문화·크리스트교·게르만 문화가 융합되어 새로운 서유럽 문화의 기틀이 마련되었음을 의미한다.

11일차

1. ②
   해설 서로마 제국은 게르만족에 의해 476년에 멸망했지만, 비잔티움 제국은 천 년 가까이 존속하다가 1453년에 멸망했다. 나머지는 모두 비잔티움 제국의 특징이다.

2. ② 성상 숭배 금지령
   해설 비잔티움 황제가 성상 숭배 금지령을 내리면서 동서 교회의 갈등이 깊어졌고, 결국 1054년 로마 가톨릭과 그리스 정교로 분열하게 되었다.

3. 비잔티움 제국은 황제가 교회까지 지배하는 황제교황주의, 자영농 성장, 그리스어 사용, 돔과 모자이크 중심의 건축 양식이 특징이었다. 반면 서유럽은 교황의 권위가 강했고 농노제가 발달했다.

4. 키릴문자
   해설 비잔티움 제국 선교사 형제 키릴과 메토디우스가 슬라브어 성경 번역을 위해 만든 문자로, 오늘날 러시아·동유럽 정교권에서 널리 사용되고 있다.

5. 1453년 비잔티움 제국이 멸망하자, 모스크바 공국은 자신들이 그리스 정교를 계승하고 황실 혈통(소피아 팔레올로기나와 이반 3세의 결혼)을 이어받았다고 주장하면서 스스로를 '제3의 로마'라 부르게 되었다.

12일차

1. ⑤
   해설 신성 로마 제국 황제 하인리히 4세가 교황 그레고리우스 7세에게 반발하다가 파문당하자, 결국 카노사성 앞에서 무릎을 꿇고 용서를 구한 사건을 '카노사의 굴욕'이라고 부른다. 이는 교황권이 황제권을 압도했음을 보여주는 대표적인 사건이다.

2. ⑤
   해설 클뤼니 수도원 개혁은 성직 매매와 성직자의 혼인 등 교회의 부패를 바로잡으며 교황권을 강화하는 계기가 되었다. 이 과정에서 교황은 성직자 임명권을 주장하며 세속 군주와 대립했다.

3. 길드

4. 십자군 전쟁은 성지 회복에는 실패했지만, 동방과의

교역이 활발해지며 상공업과 도시가 발달했다. 또 비
잔티움과 이슬람 문화를 받아들이면서 서유럽 문화
발전에도 기여했다. 반면 교황과 제후의 권위는 약화
되고 국왕의 권력이 강화되는 계기가 되었다.

13일차

1. ⑤

해설 십자군 전쟁 이후 지중해 무역이 활발해지면서
상공업이 발달한 이탈리아 도시들(피렌체, 베네치아
등)에서 르네상스가 가장 먼저 시작되었다.

2. ⑤

해설 북유럽 르네상스는 교회의 부패와 사회적 모순
을 비판하는 성격이 강했다. 대표적으로 에라스뮈스
의 『우신예찬』, 토마스 모어의 『유토피아』가 있다.

3. 면벌부 판매

해설 루터는 교황이 죄를 사하는 권한이 없으며, 인
간의 구원은 면벌부가 아니라 신앙과 은총에 의해 가
능하다고 주장했다.

4. 칼뱅의 예정설은 구원이 하느님의 의지로 미리 정해
져 있다고 보았고, 근면하고 절제된 생활이 선택받은
증거라 여겨졌다. 이 교리는 경제적 이윤 추구를 정
당화해 신흥 상공업자들의 지지를 얻었다.

5. 1618년부터 독일에서 30년 동안 벌어진 종교 전쟁
은 '30년 전쟁'이고, 이 전쟁은 1648년 베스트팔렌
조약으로 끝났으며 이 조약을 통해 칼뱅파가 정식으
로 승인되었다.

14일차

1. ②

해설 송 태조는 과거제를 개혁하여 황제가 직접 주관
하는 '전시'를 도입했다. 이를 통해 황제 권력이 강화되
고, 유교 지식을 갖춘 사대부가 지배층으로 성장했다.

2. ⑤

해설 왕안석은 재정난 해결과 부국강병을 위해 신법
을 실시했지만, 기득권 세력의 반발과 정쟁으로 결국
실패했다.

3. 요(거란)

해설 야율아보기가 거란을 통일하여 요를 세웠고, 발
해를 멸망시킨 뒤 연운 16주를 점령하며 송과 고려
를 압박했다.

4. 12세기 초 여진족 아구타가 세운 금이 송과 연합해
요를 멸망시킨 뒤, 오히려 송을 공격했다. 그 결과 송
은 화북 지방을 잃고 강남으로 쫓겨나 임안(항저우)
으로 수도를 옮겼는데, 이를 계기로 북송이 멸망하고
남송이 시작되었다.

5. 송대에는 벼 품종 개량과 농기구 사용으로 농업 생산
력이 늘었고, 수공업과 상업이 발전해 도시가 성장했
다. 화폐와 지폐가 널리 사용되었으며, 시박사를 두

어 해상 무역을 관리했다. 사상적으로는 주희가 성리
학을 집대성했고, 서민들의 지위 향상으로 공연·문학
같은 서민 문화가 발달했다. 또한 인쇄술, 화약, 나침
반 같은 발명품이 발전해 이슬람 상인을 거쳐 유럽에
도 전해졌다.

15일차

1. ⑤

해설 몽골은 기마병의 기동력, 화약 무기와 작은 활
등 우수한 전투력, 그리고 색목인 등 정복지 민족을
적극 활용한 덕분에 인류 역사상 최대의 제국을 건설
할 수 있었다.

2. ⑤

해설 원은 몽골 제일주의 정책을 펼쳤다. 몽골인과
색목인을 지배 계층으로 두고, 한인·남인은 차별하여
하급직이나 생산 활동에 종사하게 했다.

3. 마르코 폴로

4. 몽골 제국은 수도를 중심으로 도로망을 정비하고 교
통 요지마다 역참을 설치하여 관리와 사신, 상인들이
안전하게 왕래할 수 있게 했다. 이를 통해 동서 교류
가 활발해지고 국제 교역이 증가했으며, 유럽과 이슬
람 상인들이 활발히 중국을 드나들었다.

16일차

1. ④

해설 홍무제는 재상제를 폐지하고 황제권을 강화하
는 한편, 지방 통치를 효율적으로 하기 위해 농민을
묶어 세금·치안을 담당하게 한 제도인 '이갑제'를 실
시했다.

2. ⑤

해설 정화는 명 영락제의 명령으로 7차례 원정을 떠
나 동남아시아와 인도양을 거쳐 동아프리카 해안까
지 도달했고, 30여 개국과 책봉·조공 관계를 맺었어.

3. 팔기(군)

해설 누르하치가 조직한 팔기(군)는 군사와 행정을
겸한 체제로, 청나라의 군사적 기반이 되었다.

4. 강희제는 타이완 반청 세력을 제압하고 러시아와 네
르친스크 조약을 맺어 국경을 확정했다. 옹정제는 군
기처를 설치하여 황제 독재 체제를 강화했다. 건륭제
는 정복 활동을 통해 오늘날 중국 영토 대부분을 확
보했다.

5. 명나라가 멸망하고 만주족이 세운 청이 들어서자, 조
선 등 동아시아 국가들은 한족 왕조인 명이 사라진
것을 보고 진정한 중화는 사라졌다고 여겼다. 대신
자신들을 중화의 계승자로 생각하게 되었는데, 이를
'소중화주의'라고 한다.

17일차

1. ⑤

해설 명·청대에는 감자, 옥수수 같은 신대륙 작물이 보급되면서 농업 생산량이 크게 늘었다.

2. ⑤

해설 광저우는 명·청대 국제 무역의 중심지였으며, 일본·아메리카산 은이 대량으로 유입되었다. 중국의 은 가치가 유럽보다 높아 무역 결제에 은이 많이 사용되었다.

3. 신사

해설 신사는 학생·전현직 관료로 구성된 유교 교양 계층으로, 향촌 질서 유지에 협조하는 대신 부역 면제, 형벌 감면 등 특권을 누렸다.

4. 명·청대에는 서양 선교사들이 들어와 천문학, 역법, 지리학 등을 전파했다. 마테오 리치는 「곤여만국전도」를 제작해 중국이 세계의 중심이라는 인식을 흔들었고, 아담 샬은 역법을 개정했다. 이는 중국과 동아시아인의 세계관 변화에 큰 영향을 주었다.

18일차

1. ⑤

해설 12세기 말, 미나모토노 요리토모가 귀족 세력을 제압하고 가마쿠라 막부를 세웠다. 그는 쇼군으로 임명되어 일본 최초의 무사 정권을 열었다.

2. ⑤

해설 에도 막부는 다이묘들을 정기적으로 에도에 알현하게 하고, 가족을 인질로 두게 하는 '산킨코타이 제도'를 통해 중앙집권적 봉건 체제를 강화했다.

3. 조닌

해설 조닌은 지방 다이묘의 성을 중심으로 발달한 도시의 상인과 수공업자로, 경제적 기반 위에서 독자적인 조닌 문화를 발전시켰다.

4. 임진왜란으로 막대한 출병 부담을 지게 된 명은 국력이 쇠퇴했고, 이를 틈타 여진이 성장해 후금(뒤의 청)을 건국했다. 일본에서는 도요토미 정권이 무너지고 도쿠가와 이에야스가 에도 막부를 세우는 계기가 되었다.

5. 에도 막부는 쇄국 정책을 실시했지만, 나가사키에서 네덜란드 상인과의 제한적 교역을 허용했다. 이를 통해 포술, 의학, 천문학 등 서양 학문이 들어왔는데, 이를 '난학'이라 불렀다. 난학은 일본이 서양을 이해하고 훗날 근대화하는 데 중요한 역할을 했다.

19일차

1. ③

해설 메흐메트 2세는 1453년 비잔티움 제국을 멸망시키고 수도를 콘스탄티노폴리스(오늘날 이스탄불)로 옮겼다. 이는 중세의 종말을 상징하는 중요한 사건으로 여겨지고 있다.

2. ⑤

해설 오스만 제국은 광대한 영토를 다스리기 위해 '밀레트 제도'를 실시했다. 이 제도는 비이슬람교도에게 인두세를 부과하는 대신, 종교와 자치권을 허용하는 비교적 관용적인 정책이었다.

3. 바부르

해설 16세기 초 바부르가 북인도를 정복하고 델리를 중심으로 무굴 제국을 세웠다.

4. 아크바르 황제는 이슬람 외의 종교에도 신앙의 자유를 허용하고, 비이슬람교도에게 부과되던 인두세를 폐지하며 화합 정책을 펼쳤다. 반면 아우랑제브 황제는 이슬람 제일주의를 내세워 힌두교와 시크교도를 탄압했고, 이로 인해 각지에서 반란이 일어나 무굴 제국이 쇠퇴하게 되었다.

5. 무굴 제국 시기에는 힌두교와 이슬람교가 융합된 시크교가 발전했고, 힌두어와 페르시아어가 결합된 우르두어가 사용됐다. 건축에서는 힌두 양식과 이슬람 양식이 융합된 타지마할이 대표적인 건축물이다. 타지마할은 흰 대리석으로 지어진 아름다운 무덤으로, 정원과 대칭 구조가 조화를 이루는 세계적인 걸작이며 오늘날 유네스코 세계문화유산으로 지정되어 인도의 상징처럼 여겨지고 있다.

20일차

1. ①

해설 바스쿠 다 가마는 아프리카 남단 희망봉을 돌아 인도로 가는 항로를 개척했다. 이를 통해 포르투갈은 동방 무역을 장악할 수 있었다.

2. ①

해설 콜럼버스는 인도로 가는 항로를 찾으려다 아메리카 대륙에 도착했지만, 인도에 도착했다고 착각하여 '서인도 제도'라 불렀다.

3. 가혹한 노동과 전염병

해설 원주민들은 유럽인들의 강제 노동과 함께 천연두, 홍역 등 유럽에서 전해진 전염병에 시달리며 인구가 크게 줄었다.

4. 삼각 무역이며, 유럽에서 무기·공산품을 아프리카로 보내면 아프리카에서 노예를 아메리카로, 아메리카에서는 설탕·담배·금·은 등을 유럽으로 보내는 구조였다.

5. 가격 혁명은 아메리카 대륙에서 유입된 금과 은으로 인해 16세기 유럽 전역에서 물가가 급격히 오른 현상을 말한다. 이로 인해 상공업과 금융업이 성장했고, 주식회사·은행 같은 근대적 기업 제도가 생겨났다. 이렇게 세계 무역 확대와 자본 축적, 기업 제도의 발전으로 이어진 경제적 변화를 상업 혁명이라고 한다.

21일차

1. ⑤

　　해설 왕권신수설은 왕권이 신으로부터 직접 부여된 것이므로 절대적이며, 신하나 국민은 간섭할 수 없다고 본 이론이다. 다시 말해 왕은 '신의 대리자'로 여겨졌다.

2. ④

　　해설 ④번은 영국의 절대 군주 엘리자베스 1세의 말이다. 루이 14세는 "짐이 곧 국가다."라는 말로 유명하다.

3. 중상주의

　　해설 중상주의는 수출을 장려하고 수입을 억제하며, 금과 은을 많이 확보하는 것을 국부로 여겼다. 이를 위해 관세를 높이고, 국내 산업을 보호하고, 식민지를 확보했다.

4. 계몽 전제군주

　　해설 프로이센의 프리드리히 2세, 러시아의 표트르 대제 등이 계몽사상을 받아들여 개혁을 추진했다. 이런 군주들을 계몽 전제군주라고 불렀다.

5. 표트르 대제는 북방 전쟁에서 승리해 발트해로 진출하고, 상트페테르부르크를 건설했다. 이 도시는 러시아의 '서구로 향한 창'이라 불리며, 러시아가 유럽 열강의 일원으로 자리 잡는 상징이 되었다.

22일차

1. ④

　　해설 찰스 1세가 의회를 무시하고 탄압하면서 내전이 발생했고, 의회파가 승리하여 왕을 처형하고 공화정을 세웠는데, 이를 청교도 혁명이라 부른다.

2. ④

　　해설 명예혁명으로 권리 장전이 승인되면서 의회가 왕권보다 우위에 서는 입헌군주제가 확립되었다.

3. 인간의 기본권, 국민 주권, 혁명권

　　해설 독립 선언문에는 인간은 태어날 때부터 자유롭고 평등하다는 사상과 함께, 국민이 주권을 가지며 불합리한 지배에 맞서 혁명할 권리가 있다는 원리가 담겨 있었다.

4. 테니스코트의 서약

　　해설 삼부회에서 불리한 신분별 표결 방식에 반발한 제3신분 대표들이 테니스코트에 모여 헌법 제정까지 해산하지 않겠다고 맹세한 사건이다.

5. 세계 3대 시민혁명은 절대 왕정과 식민 지배에 맞서 시민들이 자유와 권리를 쟁취한 사건이었다. 이를 통해 자유, 평등, 국민 주권의 이념이 확립되었고, 근대 민주주의와 입헌주의가 발전하는 계기가 되었다.

23일차

1. ④

　　해설 나폴레옹 법전은 개인의 자유, 재산권 보장 등 혁명의 기본 정신을 담아 근대 시민 사회의 법적 기초를 마련했다.

2. ⑤

　　해설 빈 체제는 자유주의와 민족주의 운동을 철저히 탄압하고, 왕과 귀족 중심의 옛 질서를 회복하려는 보수적 국제 질서였다.

3. 2월 혁명

　　해설 중·하층 시민과 노동자들이 선거권 확대를 요구하며 혁명을 일으켰고, 그 결과 루이 필리프가 퇴위되고 공화정이 선포되었다.

4. 영국에서는 1차 선거법 개정으로 중간 계층에게만 선거권이 주어졌고, 하층 시민과 노동자들은 배제되었다. 이들은 인민헌장을 발표하며 선거권 확대를 요구하는 차티스트 운동을 전개했다. 당시에는 실패했지만, 이후 선거법 개정으로 노동자와 농민에게도 선거권이 확대되는 계기가 되었다.

5. 나폴레옹 전쟁은 프랑스 혁명의 자유주의 이념을 유럽 전역에 확산시켰고, 각국의 민족주의를 자극해 독립과 통일 운동으로 이어지게 했다. 이후 자유주의와 민족주의 운동은 빈 체제를 무너뜨리고 근대 유럽의 새로운 질서를 형성하는 데 중요한 역할을 했다.

24일차

1. ⑤

　　해설 국민 국가는 시민 혁명 이후 자유주의와 민족주의가 확산되며 나타났고, 통일된 영토와 국민 주권을 기반으로 한 근대 국가 체제였다.

2. 가리발디

　　해설 가리발디는 의용대를 이끌고 시칠리아와 나폴리 왕국을 점령해 남부를 장악했고, 이를 사르데냐 국왕에게 바쳐 1861년 이탈리아 통일을 완성했다.

3. ③

　　해설 비스마르크는 전쟁도 불사하겠다는 강력한 군사력 중심의 '철혈 정책'을 내세워 오스트리아와 프랑스를 물리치고 1871년 독일 통일을 이끌었다.

4. 남북 전쟁에서 링컨이 노예 해방령을 발표하면서 흑인들이 북부군에 합류했고, 국제 여론도 북부에 유리하게 돌아갔다. 이를 바탕으로 북부가 전쟁에서 승리할 수 있었다.

5. 라틴아메리카는 미국 독립과 프랑스 혁명에 자극을 받고, 나폴레옹 전쟁으로 유럽이 혼란해진 틈을 타 독립 운동을 전개했다. 영국과 미국의 지원 속에서 19세기 전반 대부분의 나라가 독립에 성공했으나, 이후 독재 체제, 외세 간섭, 경제적 어려움 등으로 국민 국가 발전에는 많은 시련을 겪었다.

25일차

1. ③

1. ①

해설 오스만 제국은 서구 문물을 받아들여 중앙집권 체제를 강화하고자 근대적 개혁을 시행했는데, 이를 '탄지마트'라고 부른다.

2. ④

해설 19세기 후반 군인과 학생들을 중심으로 조직된 청년 튀르크당은 무장 봉기를 일으켜 입헌 정치를 실시했지만, 결국 제국의 쇠퇴를 막지는 못했다.

3. 의회 설립과 입헌군주제 도입을 시도했지만, 왕실의 탄압과 영국·러시아의 간섭으로 실패하고 말았다.

해설 이란에서는 개혁이 추진되었지만 보수 세력의 반발과 외세의 간섭으로 큰 성과를 거두지 못했다. 결국 국민 의회 설립을 위한 입헌 혁명도 좌절되었다.

4. 이집트는 유럽과 아시아를 빠르게 연결해 무역을 활성화하기 위해 수에즈 운하를 건설했다. 하지만 건설 과정에서 큰 빚을 지고, 영국이 운하 운영권을 장악해 결국 영국의 보호국이 되고 말았다.

5. 와하브 운동은 이슬람교 초기의 순수성을 되찾자는 운동으로, 『쿠란』의 가르침을 중시했다. 이는 아랍인의 민족 의식을 일깨우며 훗날 사우디아라비아 건국의 이념이 되었다.

28일차

1. ②

해설 영국은 플라시 전투에서 프랑스·벵골 연합군을 격파하고 벵골의 통치권을 얻었다. 이를 계기로 인도라는 새로운 상품 시장을 독점하며 100년간 인도 전체를 지배할 기반을 마련했다.

2. ⑤

해설 세포이는 총알을 장전할 때 입으로 뜯어야 하는 탄약통에 소·돼지 기름이 발라졌다는 소문에 크게 반발했다. 이는 힌두교와 이슬람교 신앙을 모두 모욕하는 것이었기 때문이다.

3. 인도 국민 회의는 초기에 지식인들을 중심으로 결성되어 영국이 허용하는 범위 내에서 온건한 개혁 운동을 전개했으나, 이후 간디와 네루의 지도 아래 대중을 아우르는 민족 운동 단체로 성장했다.

해설 초기에는 협조적인 성격이 강했지만, 점차 대중적 민족 운동의 구심점이 되었다.

4. (1) 영국 상품 불매, (2) 국산품 애용(스와데시), (3) 자치권 획득(스와라지), (4) 국민 교육 진흥

해설 특히 스와데시 운동은 영국산 의류를 거부하고 토산품 사용을 촉진하면서 민족 단합의 힘을 보여 주었다.

5. 인도의 국민 국가 건설 운동은 제국주의 지배에 맞선 대표적인 민족 해방 운동으로, 민족주의 확산과 반제국주의 투쟁의 본보기가 되었다. 이후 간디의 비폭력 저항 운동은 세계 여러 나라 독립운동에 영향을 주었다.

해설 풍부한 석탄과 철, 식민지 시장, 정치적 안정, 인클로저 운동으로 인한 노동력 등 조건을 갖춘 영국에서 18세기 후반 산업 혁명이 가장 먼저 시작되었다.

2. ④

해설 산업 혁명은 면직물 공업에서 시작되었다. 방직기와 방적기의 발명, 그리고 증기 기관의 결합으로 면직물 생산량이 폭발적으로 증가했다.

3. ①

해설 산업 혁명 초기 노동자들은 기계가 일자리를 빼앗는다고 여겨 기계를 부수는 러다이트 운동을 전개했다.

4. 영국은 명예혁명 이후 정치적으로 안정되었고, 석탄과 철 같은 지하자원이 풍부했으며, 넓은 식민지를 통해 소비 시장을 확보했다. 또 모직물 공업 발달로 기술력과 자본이 축적되었고, 인클로저 운동으로 농민들이 도시로 유입되어 풍부한 노동력이 확보되었다.

5. 산업 혁명으로 노동자들은 열악한 환경에서 장시간 노동을 해야 했고, 아동과 여성까지 공장 노동에 동원되었으며 빈부 격차도 심해졌다. 이를 해결하기 위해 사회주의 사상이 등장했는데, 사회주의 사상가들은 공동 생산과 공동 분배를 주장하며 평등한 사회 건설을 목표로 삼았다. 대표 사상가에는 마르크스, 엥겔스가 있는데, 마르크스와 엥겔스는 『공산당 선언』을 발표해 자본주의의 모순을 비판하고, 노동자 계급의 단결을 강조했다.

26일차

1. ⑤

해설 산업 혁명 이후 선진 자본주의 국가들은 값싼 원료와 노동력, 새로운 시장이 필요했기 때문에 군사력과 경제력을 앞세워 아시아와 아프리카를 침략했다.

2. ②

해설 제국주의는 인종주의와 사회 진화론을 근거로 삼았다. 왕권신수설은 절대 왕정을 정당화하는 논리였다. 백인의 의무론과 문명화 사명론은 인종주의와 연결된 또 다른 정당화 논리였다.

3. 유럽 열강이 베를린 회의에서 민족·지리적 현실을 무시하고, 자신들의 이해 관계와 군사력 논리에 따라 자의적으로 국경선을 그었기 때문이다.

4. 아프리카에서 영국은 '종단 정책', 프랑스는 '횡단 정책'을 추진했고, 벨기에는 콩고에서 고무와 카카오를 잔혹하게 착취했다. 아시아에서 영국은 인도를 지배하고, 프랑스는 인도차이나반도를 식민지로 삼았다.

5. 제국주의 열강이 자의적으로 그은 아프리카의 직선 국경선은 지금까지도 민족 분쟁과 내전의 원인이 되고 있다. 또 식민지 수탈 구조가 여전히 남아 있어 아시아와 아프리카 국가들이 경제적으로 선진국에 종속되는 문제도 이어지고 있다.

29일차

1. ①

해설 제1차 아편 전쟁에서 패배한 청은 난징 조약을 맺고 항구를 개방했다. 이후 톈진 조약, 베이징 조약을 통해 개항은 더욱 확대되었다.

2. ⑤

해설 미국의 페리 제독이 흑선을 이끌고 에도 앞바다에 나타나 무력 시위를 벌인 사건을 '쿠로후네 사건'이라고 한다. 이를 계기로 일본은 미일 화친 조약을 체결하고 문호를 열게 되었다.

3. ③

해설 운요호 사건 이후 일본의 개항 요구에 굴복해 조선은 강화도 조약을 맺었다. 이 조약으로 조선은 불평등하게 개항했고, 기존의 조공 질서 대신 근대적 조약 질서가 자리 잡기 시작했다.

4. (1) 이금론(弛禁論), (2) 엄금론(嚴禁論)

해설 이금론은 아편 무역을 공식 허용하자는 주장이고, 엄금론은 아편을 철저히 금지해야 한다는 주장이다. 결국 엄금론이 채택되었고, 임칙서가 아편을 압수·소각하면서 아편 전쟁이 발발했다.

5. 군주제의 한계를 인식하고 정치 체제를 개혁하여 의회를 만들고 헌법을 제정하려 했으며, 서양의 과학 기술과 산업 등 근대 문물을 받아들였다.

해설 개항 이후 동아시아 3국은 서양 열강의 침투에 맞서 스스로 국민 국가를 건설하려고 노력했다. 정치 개혁과 근대 문물 수용은 그 핵심 과제였다.

30일차

1. ⑤

해설 태평천국운동은 청 왕조를 타도하고 새로운 세상을 건설하자는 대규모 농민 반란이었다. 토지 균분과 남녀평등, 전족 폐지 등을 내세웠지만 내부 분열과 외세의 개입으로 실패했다.

2. ②

해설 양무운동은 '중체서용'을 구호로 내걸고 서양의 과학 기술을 받아들였지만, 보수 세력의 반대와 청·일 전쟁의 패배로 한계를 드러냈다.

3. 캉유웨이, 량치차오

해설 이들은 일본의 메이지 유신을 본보기로 삼아 정치 개혁을 시도했지만 보수 세력의 반발로 실패했다.

4. 중화민국

해설 1911년 우창 봉기를 계기로 청 왕조가 무너지고, 쑨원이 임시 대총통으로 추대되어 중화민국이 수립되었다.

5. 쑨원은 청 왕조를 무너뜨리고 독립을 이루자는 민족, 국민의 권리를 보장하는 공화제 정부 수립을 뜻하는 민권, 토지 개혁을 통한 국민 생활 안정인 민생을 주장했다. 삼민주의는 중국 민족 운동의 중요한 이념적 기반이 되었다.

31일차

1. ⑤

해설 일본은 청일 전쟁에서 승리한 뒤 시모노세키 조약을 맺어 타이완과 랴오둥반도를 얻었고, 배상금도 받아 냈다. 그러나 삼국간섭으로 랴오둥반도는 돌려줘야 했다.

2. 이와쿠라 사절단

해설 메이지 정부는 서양 문물을 배우고 불평등 조약을 고치기 위해 이와쿠라 사절단을 미국과 유럽에 파견했다.

3. 포츠머스 조약

해설 러일 전쟁에서 승리한 일본은 미국의 중재로 포츠머스 조약을 맺었고, 한반도에서 독점적인 지위를 인정받았다.

4. 일본은 지방 영주가 다스리던 번을 없애고 현을 둬 지방 권력을 중앙에서 직접 다스리게 했고, 신분 제도를 폐지해 평등한 국민을 만들었다. 또한 초등 교육을 의무화하고 징병제를 실시했으며, 정부 주도로 산업을 육성했다.

해설: 이러한 개혁을 통해 일본은 근대적 중앙집권 국가의 토대를 다질 수 있었다.

5. 일본은 강화도 조약으로 조선을 개항시켰고, 청일 전쟁 승리 후 시모노세키 조약으로 타이완을 얻었다. 이어 러일 전쟁에서 승리해 포츠머스 조약을 맺고 한반도 지배권을 인정받았다. 이후 을사늑약으로 대한 제국의 외교권을 빼앗고, 1910년 한일 병합으로 조선을 식민지화했다.

해설 일본은 연이은 전쟁에서 승리하며 동아시아의 강대국으로 떠올랐고, 이를 기반으로 제국주의 국가로 성장했다.

32일차

1. ⑤

해설 조선은 강화도 조약 체결 뒤 개화 정책을 총괄하는 관청으로 통리기무아문을 설치했다.

2. ④

해설 1899년 고종은 대한국 국제를 선포했다. 그러나 황제에게 군사·사법·행정의 절대 권한을 부여한 전제 군주제 성격이었다.

3. 보빙사

해설 보빙사는 미국에 파견된 사절단으로 조선이 직접 서양 문물을 시찰한 최초의 사례다. 이를 계기로 최초의 미국 유학생도 배출되었다.

4. 외교권

해설 을사늑약으로 대한제국의 외교권은 일본인 통감이 행사하게 되었고, 대한제국은 사실상 보호국이 되었다.

5. 갑오·을미개혁으로 신분제가 철폐되고, 노비 제도와 과거제가 폐지되었으며, 전국 행정 구역이 13도로 개편되었다. 그러나 일본의 무력과 간섭 속에서 추진되었다는 한계가 있었다.
   해설 개혁은 근대 국가로 나아가는 중요한 조치였지만, 주체적이지 못했다는 점에서 한계가 있었다.

33일차

1. ④
   해설 1914년 세르비아 청년이 오스트리아 황태자 부부를 암살한 사라예보 사건이 전쟁의 도화선이 되었다.
2. ④
   해설 신무기 발달로 지상군 진격이 어려워지면서 참호를 파고 대치하는 참호전이 전개되었고, 전선이 교착되며 전쟁이 장기화되었다.
3. 무제한 잠수함 작전
   해설 독일은 영국의 해상 봉쇄에 맞서 무제한 잠수함 작전을 펼쳤고, 이로 인해 미국 상선이 피해를 입으면서 미국이 참전하게 되었다.
4. 독일·오스트리아-헝가리·이탈리아가 동맹국을 이루었고, 영국·프랑스·러시아가 협상국(연합국)이었다. 하지만 이탈리아는 이후 동맹국에서 이탈하여 협상국에 가담하였다.
5. 전쟁으로 독일·오스트리아-헝가리·오스만·러시아 제국이 무너졌고, 미국과 일본이 새롭게 부상했다. 또한 유럽 국가들은 승전국조차 경제적 타격을 입었다.
   해설 제1차 세계 대전은 유럽 중심의 국제 질서를 약화시키고, 미국과 일본의 성장을 촉진한 전환점이 되었다.

34일차

1. ①
   해설 1920년 베르사유 조약 규정에 따라 국제 연맹이 창설되었다. 하지만 미국은 의회의 반대로 가입하지 않았고, 군사력도 없어 한계가 많았다.
2. 민족 자결주의
   해설 윌슨 대통령의 민족 자결주의는 식민지 민족들에게 큰 희망을 주었고, 우리나라 3·1운동에도 영향을 주었다.
3. 전쟁 책임 부담, 막대한 배상금 지불, 해외 식민지와 영토 상실
   해설 독일은 전쟁의 모든 책임을 지고 배상금을 물었고, 해외 식민지와 일부 영토를 빼앗겼다.
4. 국제 연맹은 미국이 가입하지 않았고, 군사력이 없어 침략을 막을 힘이 없었다. 또 회원국들이 쉽게 탈퇴할 수 있었기 때문에 실효성이 약했다.

해설 이런 한계 때문에 국제 연맹은 국제 평화를 지키는 데 큰 성과를 내지 못했다.

5. 베르사유 조약은 독일을 약화시킨다는 명분 아래 막대한 배상금과 영토 상실을 강요했지만, 오히려 독일인의 분노와 증오를 키웠다. 이후 히틀러가 재무장을 추진하며 조약을 파기했고, 결국 제2차 세계 대전으로 이어졌다.
   해설 평화를 위한 조약이 오히려 전쟁의 불씨가 된 것은 역사적 아이러니였다.

35일차

1. ③
   해설 러시아 정부는 개혁을 요구하는 시위를 무력으로 진압했는데, 이 사건을 '피의 일요일 사건'이라 부른다. 이후 국민 저항이 더욱 거세졌다.
2. ③
   해설 1917년 10월 혁명으로 볼셰비키가 권력을 잡고 세계 최초의 사회주의 정권인 소비에트 정부가 세워졌다.
3. 2월 혁명
   해설 전쟁 패배와 식량난 속에 시위가 격화되면서 니콜라이 2세가 퇴위했고, 임시 정부가 세워졌다. 이를 2월 혁명이라고 한다.
4. 신경제 정책(NEP)
   해설 레닌은 신경제 정책을 통해 자본주의적 요소를 일부 도입해 경제를 회복시키고 정권을 안정시켰다.
5. 러시아 혁명으로 세계 최초의 사회주의 정권이 수립되었고, 코민테른을 통해 전 세계 반제국주의 운동이 지원되었다. 또한 1922년 소련이 건국되어 이후 미국과 함께 냉전 시대 세계 질서를 주도하는 초강대국으로 성장했다.
   해설 러시아 혁명은 자본주의에 맞선 사회주의의 출발점이자, 20세기 국제 질서 변화를 이끈 사건이었다.

36일차

1. ③
   해설 파리 강화 회의 소식에 분노한 중국 대학생들이 중심이 되어 5·4 운동이 일어났다. 이는 반제국주의 민족 운동의 출발점이 되었다.
2. ⑤
   해설 무스타파 케말은 술탄제와 칼리프제를 폐지하고 근대 개혁을 추진해 터키 공화국을 세웠다. 터키 의회는 그에게 '터키인의 아버지'라는 뜻의 아타튀르크라는 칭호를 주었다.
3. 소금 행진
   해설 간디와 인도인들은 소금세와 영국의 독점에 반대해 소금을 직접 만들며 시위를 벌였다.
4. 호찌민

해설 호찌민은 프랑스 식민 지배에 맞서 베트남 독립 운동을 이끌었고, 훗날 베트남의 초대 국가 주석이 되었다.

5. 중국에서는 제국주의 침략과 군벌의 지배에 맞서 국민당과 공산당이 제1차 국공 합작을 맺었다. 쑨원의 뒤를 이은 장제스가 북벌을 전개했지만 공산당을 탄압하며 국공 합작은 깨졌고, 이후 공산당은 대장정을 통해 세력을 보존하며 옌안에 자리 잡았다.
해설 제1차 국공 합작은 반제국주의 민족 운동의 중요한 전환점이었지만, 내부 갈등으로 오래가지 못했다.

37일차

1. ③
해설 이 날은 미국 증권시장의 주가가 하루 만에 절반 가까이 폭락하며 대공황의 신호탄이 된 사건이다. 이를 '검은 목요일'이라고 부른다.

2. ①
해설 독일은 전쟁 배상금과 인플레이션으로 이미 경제가 불안정했는데, 대공황으로 심각한 타격을 입으며 극단주의 세력이 힘을 얻었고, 결국 나치당이 정권을 잡는 기반이 마련되었다.

3. 뉴딜 정책
해설 루스벨트는 1933년부터 뉴딜 정책을 추진하여 공공사업으로 일자리를 창출하고 사회보장제, 최저임금제를 실시하며 경제를 회복하려고 했다.

4. 블록 경제
해설 블록 경제는 '파운드 블록', '프랑 블록'처럼 자국 통화를 중심으로 식민지를 하나의 시장으로 묶어 위기를 극복하려는 방식이었다.

5. 일본은 대공황을 전쟁을 통해 돌파하려 했다. 전쟁을 통한 경제 호황 경험이 있었기에 침략을 정당화하는 주장이 힘을 얻었고, 결국 군국주의가 사회 전반으로 확산되었다.
해설 일본은 청·일전쟁, 러·일전쟁, 제1차 세계 대전에서 전쟁 특수를 경험했기 때문에 대공황 극복 수단으로 다시 전쟁을 선택했고, 이는 군국주의 강화와 제2차 세계 대전의 발발로 이어졌다.

38일차

1. ④
해설 fascio는 '묶음'을 뜻하는 말로, 이후 '결속', '단결'을 강조하는 정치 이념인 파시즘으로 발전했다.

2. ①
해설 무솔리니는 검은 셔츠단을 이끌고 로마로 진군하여 정권을 잡았고, 이후 파시스트당의 독재 체제가 이어졌다.

3. 나치당, 히틀러
해설 히틀러가 이끄는 나치당은 대공황 이후 지지를

얻어 집권했고, 1933년부터 1945년까지 독재 체제를 유지했다.

4. 만주 사변, 만주국
해설 일본은 만주 사변을 일으켜 만주국을 세웠고, 국제 연맹의 비판에 반발해 탈퇴하면서 군국주의를 강화했다.

5. 추축국의 팽창은 결국 제2차 세계 대전의 발발로 이어졌다.
해설 독일은 폴란드를 침공하고, 일본은 중국 본토를 침략했으며, 이탈리아는 아프리카 침략을 확대했다. 국제 연맹이 무력하게 대응하면서 파시즘과 군국주의가 전 세계 전쟁으로 확산된 것이다.

39일차

1. ③
해설 영국과 프랑스는 전쟁을 피하려고 1938년 뮌헨 회담에서 독일의 주데텐란트 합병을 인정했다. 그러나 이는 히틀러의 침략을 더욱 부추기게 되었다.

2. ④
해설 독일과 소련은 서로 침략하지 않기로 한 독·소 불가침 조약을 맺었고, 비밀리에 폴란드와 동유럽을 나누기로 합의했다.

3. 비시 정권, 필리프 페탱
해설 프랑스는 독일에 점령당한 뒤 남부에 비시 정권이 들어섰고, 제1차 세계 대전의 영웅이었던 페탱이 국가 수반이 되었다.

4. 미국
해설 일본의 진주만 기습으로 미국이 참전하면서, 전쟁은 유럽뿐 아니라 전 세계로 확대되었다.

5. 스탈린그라드 전투(1942~43): 소련군의 승리로 독일군이 큰 피해를 입고 전세가 전환되었다. 노르망디 상륙 작전(1944): 연합군이 프랑스를 해방하고 독일 본토로 진격할 수 있었다. 미드웨이 해전(1942): 미국이 일본에 큰 승리를 거두며 태평양 전쟁의 흐름을 바꿨다.
해설 이 전투들은 연합국이 반격에 성공한 결정적 계기였으며, 제2차 세계 대전의 향방을 바꾼 중요한 전투들이다.

40일차

1. 평화의 소녀상
해설 2011년은 일본군 '위안부' 문제 해결을 요구하며 매주 열리던 수요 집회가 1,000회를 맞은 해로 이를 기념하기 위해 주한 일본 대사관 앞에 평화의 소녀상이 처음 세워졌다. 이 조형물은 위안부 피해자의 아픔을 기억하고 일본 정부의 진정성 있는 사과와 책임 있는 조치를 촉구하기 위한 상징물이다.

2. 독일의 연설문은 과거의 잘못을 인정하고 기억함으

로써 같은 비극을 반복하지 않도록 하자는 책임 의식을 강조한다. 반면 일본은 전쟁 책임자 처벌이 미흡하고, 일부 전범이 다시 정치 지도자가 되는 등 충분한 반성이 이루어지지 않아 주변국의 불신을 낳았다. 따라서 역사는 과거를 직시하고 피해자의 목소리를 기억하며 미래 세대가 올바른 책임 의식을 갖도록 하는 방향으로 기억해야 한다.

해설 첫 번째 글에서 독일 대통령은 과거의 잘못을 인정하고 기억하는 태도가 미래 세대의 책임 의식과 평화 유지에 중요함을 강조하고 있다. 반면 두 번째 글은 일본이 전범 처벌을 제대로 하지 않고 전쟁 범죄에 대한 충분한 반성이 이루어지지 않아 주변국의 의문과 불신을 낳았음을 보여 준다. 두 글을 통해 역사는 과거의 잘못을 숨기거나 왜곡하지 않고 정확히 기억해야 다시는 같은 비극이 반복되지 않는다는 점을 알 수 있다.

41일차

1. ②
해설 보통 선거는 차별 없이 일정 연령 이상의 시민권 보유자에게 투표권을 보장하는 제도다.

2. ④
해설 에밀리 데이비슨의 희생은 여성 참정권 운동의 열기를 더욱 높이는 계기가 되었다.

3. 1918년, 1928년
해설 1918년에는 30세 이상 일정 조건의 여성에게만 참정권이 주어졌고, 1928년에는 모든 성인 여성이 참정권을 보장받았다.

4. 카멀라 해리스
해설 2020년 제46대 대통령 선거에서 카멀라 해리스가 부통령으로 당선되었다.

5. 영국: 1867년 선거법으로 도시 노동자 참정권 인정 → 정치적 권리 확대
독일: 질병·재해 보험법 등 사회입법 → 복지 제도 시작
미국: 대공황 이후 뉴딜 정책에서 사회보장법, 최저임금제 시행 → 노동자 생활 안정
해설 산업 혁명과 대공황을 거치며 노동자의 정치적·사회적 권리가 점차 확대되었고, 복지 제도와 민주주의 발전으로 이어졌다.

42일차

1. ③
해설 카이로 회담(1943)에서 처음으로 한국의 독립이 약속되었다.

2. ①
해설 얄타 회담(1945)은 전후 처리와 UN 창설, 소련의 대일전 참전 등을 합의한 회담이다.

3. 샌프란시스코
해설 일본은 1951년 샌프란시스코 강화 조약을 체결하고, 1952년 4월 발효되면서 주권을 회복했다.

4. 주요 기구: 총회, 안전보장이사회, 국제사법재판소, 경제사회이사회, 신탁통치이사회, 사무국
안보리 상임이사국: 미국, 영국, 프랑스, 중국, 러시아
해설 UN은 1945년 창설되어 세계 평화와 안전을 책임지고 있다. 안보리는 상임이사국 5개국과 비상임이사국 10개국으로 구성되며, 상임이사국의 거부권이 막강한 힘을 발휘한다.

5. 평화 유지군 파견
해설 국제 연합은 경제적 제재뿐만 아니라 평화 유지군을 파견해 분쟁 지역에 직접 개입할 수 있었다. 6·25 전쟁 때 UN군이 참전한 것이 대표적인 사례다.

43일차

1. ②
해설 마셜 계획(1947)은 미국이 서유럽 국가들에 대규모 원조를 제공하며 공산주의 확산을 막고자 한 정책이다.

2. ⑤
해설 북대서양 조약 기구(NATO)는 미국과 서유럽 국가들이 소련 세력 확장을 막기 위해 만든 군사 동맹이다.

3. 베를린 공수 작전
해설 서방 측은 비행기를 이용해 서베를린 주민들에게 물자를 공급했는데, 이를 베를린 공수 작전이라고 한다.

4. 베를린 장벽
해설 베를린 장벽은 동베를린과 서베를린을 가르며 사람들의 이동을 차단했다. 이는 냉전 시대 동서 진영 대립의 상징으로 여겨졌다.

5. 중국 국공 내전(1945~49): 공산당 승리 → 중화인민공화국 수립, 국민당은 대만으로 이동
6.25 전쟁(1950~53): 북한의 남침 → UN군·국군 vs 북한·중국군 → 정전 협정, 한반도 분단 고착, 베트남 전쟁(1955~75): 미국이 참전했으나 북베트남 승리 → 베트남 통일, 미국은 패전 경험
해설 냉전은 직접 충돌 대신 대리전의 형태로 나타나기도 했다. 아시아에서 벌어진 전쟁들은 냉전의 대표적 '열전' 사례다.

44일차

1. ④
해설 제2차 국공내전에서 승리한 공산당은 1949년 베이징에서 중화인민공화국을 세웠고, 국민당 정부는 대만으로 옮겨갔다.

2. 방글라데시
해설 동파키스탄은 서파키스탄과 종교는 같았지만,

언어와 민족 차이로 갈등이 심해져 1971년 방글라데시로 독립했다.

3. 팔레스타인을 유대 국가와 아랍 국가로 나누고, 예루살렘은 국제적으로 관리한다는 내용
해설 이 분할안은 양측 모두에게 불만족스러웠고, 결국 이스라엘 건국과 제1차 중동 전쟁으로 이어졌다.

4. ③
해설 1960년 한 해에만 17개 나라가 독립해 '아프리카의 해'라고 불렸다.

5. 식민지 시절 자의적으로 설정된 국경 때문에 민족·종교 갈등이 발생했고, 내전과 정치적 혼란이 이어졌다. 또한 식민지 경제 구조가 남아 선진국에 종속되는 문제가 계속되었다.
해설 제국주의 시절의 유산 때문에 새로 독립한 국가들은 안정적인 국가 건설에 큰 어려움을 겪었다.

45일차

1. ②
해설 반둥회의에서는 인권 존중, UN 헌장 준수, 상호 존중과 평화 공존을 강조한 '평화 10원칙'을 결의했다.

2. ③
해설 비동맹운동은 제3세계 국가들이 어느 진영에도 속하지 않고 중립적 외교를 추진하기 위해 시작된 운동이다.

3. 핑퐁 외교
해설 세계 탁구 선수권 대회에서의 교류를 계기로 미국과 중국 관계가 개선되었고, 이는 냉전 완화에 중요한 계기가 되었다.

4. 자주, 평화, 민족 대단결. 남북한은 냉전 완화 흐름에 맞춰 이 원칙을 합의했지만, 이후 남북 모두 권위주의 체제를 강화하면서 평화 통일의 길은 멀어졌다.
해설 7·4 공동 성명은 남북이 처음으로 합의한 통일 원칙이라는 점에서 의미가 있지만, 실제로는 이후 각 체제의 안정화에 더 활용되었다.

5. 미국과 소련은 전략 무기 제한 협정(SALT)을 체결하여 군비 경쟁을 줄이려 했고, 이는 데탕트(긴장 완화) 분위기 형성에 기여했다.
해설 SALT 협정은 핵무기 경쟁으로 인한 긴장을 완화하고, 이후 미·중 화해와 동서 관계 개선 같은 냉전 완화 흐름의 출발점이 되었다.

46일차

1. ④
해설 고르바초프는 1985년 서기장에 취임해 '페레스트로이카(개혁)'와 '글라스노스트(개방)' 정책을 추진했다.

2. ③
해설 1989년 베를린 장벽 붕괴를 계기로 동독 정권

이 무너지고, 1990년 10월 3일 동독 5개 주가 서독에 편입되어 독일이 통일되었다.

3. 페레스트로이카(개혁), 글라스노스트(개방)
해설 페레스트로이카는 정치·경제 개혁, 글라스노스트는 정보 공개와 표현의 자유 확대를 의미했다.

4. 브레즈네프 독트린이 폐기되면서 소련이 동유럽에 군사적으로 개입하지 않게 되었고, 그 결과 폴란드, 헝가리, 체코슬로바키아 등에서 민주화 운동이 확산되어 공산 정권이 교체되었다.
해설 소련의 통제력이 약해지자 동유럽 사회주의 국가들이 자본주의 체제를 받아들이며 민주화로 나아갔다.

5. 1989년 동독에서 민주화를 요구하는 시위가 확산되었고, 여행 허가 완화 조치가 잘못 전달되면서 시민들이 몰려들어 베를린 장벽이 붕괴되었다. 이 사건을 계기로 동독 정권은 붕괴했고, 1990년 10월 동독이 서독에 편입되어 독일이 통일되었다.
해설 베를린 장벽 붕괴는 냉전의 상징이 무너진 사건으로, 독일 통일의 직접적인 계기가 되었다.

47일차

1. ③
해설 대약진 운동은 농촌 집단화와 철강 증산을 목표로 했으나, 불량 철 생산과 대기근으로 실패했다.

2. 흑묘백묘론
해설 덩샤오핑의 실용주의 노선으로, 자본주의든 공산주의든 상관없이 인민을 잘살게 하면 된다는 뜻이다.

3. 경제특구
해설 선전, 주하이 등 연안 지역이 경제특구로 지정되어 외국 자본과 기술을 받아들이는 개방의 거점이 되었다.

4. 대약진 운동 실패로 정치적 위기에 몰린 마오쩌둥이 권력 회복을 위해 홍위병을 조직해 문화대혁명을 일으켰다. 그 결과 학교가 폐쇄되고 전통 가치와 교육이 파괴되는 등 중국 사회에 큰 혼란이 초래되었다.
해설 문화대혁명은 10년 동안 진행되며 중국의 전통 문화를 파괴하는 등 수많은 피해를 낳았고, 마오쩌둥 사망 이후에야 끝났다.

5. 후야오방 사망을 계기로 정치 개혁을 요구하는 시위가 학생과 시민들 사이에서 확산되었고, 톈안먼 광장에 수많은 인파가 모여 민주화를 요구했다. 이에 정부가 계엄령을 내리고 무력 진압을 하면서 수많은 사상자가 발생했다.
해설 톈안먼 사건은 중국 민주화 운동의 상징이 되었으며, 이후에도 중국의 정치적 민주화는 미완으로 남게 되었다.

1. ④

해설 ECSC는 전쟁에 필요한 석탄·철강을 공동 관리하여 유럽의 평화와 경제 협력을 도모했다.

2. ②

해설 마스트리흐트 조약 발효(1993)로 EC는 EU로 발전했으며, 유로화 도입 등 높은 수준의 경제·정치 통합이 추진되었다.

3. APEC(아시아·태평양 경제 협력체)

해설 APEC은 아시아·태평양 연안 국가들의 정책 협력과 무역 자유화를 목표로 하며, 2005년 한국 부산에서 정상회의가 개최되었고, 2025년 경주에서도 개최되었다.

4. 1970년대 오일쇼크와 경기 침체를 극복하기 위해 국가 개입을 줄이고 자유 경쟁을 강조하는 신자유주의가 등장했다. 주요 정책은 무역 자유화, 국영 기업 민영화, 규제 완화, 복지 축소 등이었다.

해설 미국의 레이건, 영국의 대처 정부가 대표적으로 추진했으며, 이후 전 세계적으로 확산되었다.

5. 신자유주의는 IMF·WTO 같은 국제기구의 영향력을 확대했고, 다국적 기업의 성장으로 세계 자본·노동의 이동이 활발해졌다. 그 결과 전 세계적으로 이주민이 늘어났고 다문화 사회가 확산되었다.

해설 신자유주의는 경제적 세계화를 촉진했지만, 사회 불평등과 국가 간 격차 문제도 심화시켰다.

1. ④

해설 마틴 루터 킹 목사는 흑인 민권 운동을 이끌며 인종 차별 철폐와 평등을 주장했다.

2. ①

해설 1968년 프랑스의 학생 봉기가 노동자 총파업으로 확산되며, 개인의 자유와 권리를 주장하는 세계적 탈권위 운동으로 발전했다. 프랑스에서는 68혁명이라고도 불린다.

3. 넬슨 만델라

해설 만델라는 아파르트헤이트 철폐와 민주화 과정에서 큰 역할을 했으며, 남아프리카공화국 최초의 흑인 대통령이 되었다.

4. 징병제 때문에 청년들은 국가의 이익을 위한 도구로 이용된다고 비판하며 반전 운동에 나섰다. 이 과정에서 자유분방한 록 음악, 장발, 청바지, 히피 문화가 청년들의 새로운 정체성 표현으로 나타났다.

해설 베트남 전쟁은 청년 세대의 저항 의식을 불러일으켰고, 이는 대중문화 형성에 직접적 영향을 주었다.

5. 라디오, 텔레비전 등 대중 매체의 발달로 청년 문화가 빠르게 퍼지면서 계급·성별·지역을 넘어 대중이 함께 즐길 수 있는 대중문화가 형성되었다. 오늘날 K-POP의 세계적 확산도 그 연장선이다.

해설 대중 매체는 특정 집단의 문화가 사회 전체로 확산되는 핵심 통로였다.

1. ④

해설 베트남 전쟁에서 민간인 학살과 고엽제 살포가 알려지면서 반전 평화 운동이 전 세계로 확산되었다.

2. ⑤

해설 1951년 국제 연합이 채택한 협약으로, 난민의 권리와 법적 지위를 보장했다.

3. 지속가능발전목표(SDGs)

해설 SDGs는 2030년까지 달성해야 할 전 세계의 공동 목표이며, 우리나라도 K-SDGs를 수립해 참여하고 있다.

4. 빈곤으로 인해 비위생적 환경과 영양 부족, 의료 부족이 발생하고, 이는 에이즈·에볼라 같은 질병에 쉽게 노출되게 한다. 그 결과 감염자가 사망하거나 가족·지역 사회로 감염이 확산되는 문제가 생긴다.

해설 빈곤과 질병은 악순환의 관계로, 세계적 불평등과 보건 위기의 원인이 되고 있다.

5. 국제 부흥 개발 은행(IBRD)과 국제 통화 기금(IMF)은 개발도상국에 자금과 기술을 지원하며, 세계 보건 기구(WHO)는 전염병 퇴치 활동을 한다. 유엔 아동 기금(UNICEF)은 아동을 위한 구호·예방접종·식수 공급을 하고, 국경 없는 의사회(MSF)는 전 세계 분쟁 지역과 빈곤국에서 의료 지원을 제공한다.

해설 국제기구와 NGO들은 인도주의와 세계 균형 발전을 위해 다양한 지원 활동을 이어 가고 있다.